普通高等学校“十四五”规划旅游管理类精品教材
教育部旅游管理专业本科综合改革试点项目配套规划教材

总主编◎马　勇

旅游人力资源管理

Tourism Human Resource Management

主　编◎陈秋萍
副主编◎李建中　李培英
参　编◎李　舟　伍剑琴　杨杏月　周　丽

華中科技大學出版社
http://press.hust.edu.cn
中国·武汉

图书在版编目(CIP)数据

旅游人力资源管理/陈秋萍主编．—武汉：华中科技大学出版社，2021.3(2024.7 重印)
ISBN 978-7-5680-6917-5

Ⅰ．①旅…　Ⅱ．①陈…　Ⅲ．①旅游业-人力资源管理　Ⅳ．①F590.6

中国版本图书馆 CIP 数据核字(2021)第 042955 号

旅游人力资源管理　　陈秋萍　主编
Lüyou Renli Ziyuan Guanli

策划编辑：王　乾
责任编辑：李家乐　王梦嫣
封面设计：原色设计
责任校对：张会军
责任监印：周治超
出版发行：华中科技大学出版社(中国·武汉)　　电话：(027)81321913
　　　　　武汉市东湖新技术开发区华工科技园　　邮编：430223
录　　排：华中科技大学惠友文印中心
印　　刷：武汉科源印刷设计有限公司
开　　本：787mm×1092mm　1/16
印　　张：15.75　插页：2
字　　数：413 千字
版　　次：2024 年 7 月第 1 版第 4 次印刷
定　　价：49.80 元

Abstract 内容提要

本书根据旅游人力资源管理的职能与任务设计篇章结构，不仅思路清晰，系统有序，而且深入浅出，通俗易懂。通过深入剖析旅游企业案例，服务于旅游人力资源管理的实践。具体而言，本书共包括十章的内容，从人力资源管理概述、人力资源规划、工作分析与工作设计、招聘与甄选、培训与开发、绩效管理、薪酬福利管理、员工关系管理、跨文化管理和风险管理等方面分别进行阐述。

在编写体例上，本书采用学习引导、学习重点、案例导入、正文、本章小结、思考与练习、案例分析的结构，并辅以知识活页等说明材料，符合学生的认知规律，有助于提高学生的学习兴趣，保障教学质量。本书还开发了配套的电子教学资源，包括教学大纲、课件、复习思考题与模拟试卷等，使用便捷。

The book is designed on the functions and tasks of tourism human resource management, with systematic and clear understandings, and easy to comprehend. Through in-depth analysis of tourism enterprise cases, it serves the practice of tourism human resource management. Specifically, the book includes ten chapters which demonstrated from the aspects of overview of human resource management, human resource planning, job analysis and job design, recruitment and selection, training and development, performance management, salary and welfare management, employee relationship management, cross-cultural management and risk management, etc.

In terms of writing style, the book includes the following structure: learning guidance, learning focus, introduction of cases leading-in, main body, chapter summary, reflections and drills, case analysis, and supplemented with explanatory materials such as knowledge loose-leaf, which conforms to students' learning pattern. What's more, it helps to improve students' interest in learning and ensure the quality of teaching. The book is conveniently equipped with digital teaching resource, including syllabus, courseware, review questions and simulation tests, etc.

总　序

Introduction

伴随着我国社会和经济步入新发展阶段，我国的旅游业也进入转型升级与结构调整的重要时期。旅游业将在推动形成以国内经济大循环为主体、国内国际双循环相互促进的新发展格局中发挥出独特的作用。旅游业的大发展在客观上对我国高等旅游教育和人才培养提出了更高的要求，同时也希望高等旅游教育和人才培养能在促进我国旅游业高质量发展中发挥更大更好的作用。

《中国教育现代化2035》明确提出：推动高等教育内涵式发展，形成高水平人才培养体系。以“双一流”建设和“双万计划”的启动为标志，中国高等旅游教育发展进入新阶段。

这些新局面有力推动着我国高等旅游教育在“十四五”期间迈入发展新阶段，未来旅游业发展对各类中高级旅游人才的需求将十分旺盛。因此，出版一套把握时代新趋势、面向未来的高品质和高水准规划教材则成为我国高等旅游教育和人才培养的迫切需要。

基于此，在教育部高等学校旅游管理类专业教学指导委员会的大力支持和指导下，教育部直属的全国重点大学出版社——华中科技大学出版社——汇聚了一大批国内高水平旅游院校的国家教学名师、资深教授及中青年旅游学科带头人，在成功组编出版了“普通高等院校旅游管理专业类‘十三五’规划教材”的基础上，再次联合编撰出版“普通高等学校‘十四五’规划旅游管理类精品教材”。本套教材从选题策划到成稿出版，从编写团队到出版团队，从主题选择到内容编排，均作出积极的创新和突破，具有以下特点：

一、基于新国标率先出版并不断沉淀和改版

教育部2018年颁布《普通高等学校本科专业类教学质量国家标准》后，华中科技大学出版社特邀教育部高等学校旅游管理类专业教学指导委员会副主任、国家“万人计划”教学名师马勇教授担任总主编，同时邀请了全国近百所开设旅游管理类本科专业的高校知名教授、博导、学科带头人和一线骨干专业教师，以及旅游行业专家、海外专业师资联合编撰了“普通高等院校旅游管理专业类‘十三五’规划教材”。该套教材紧扣新国标要点，融合数字科技新技术，配套立体化教学资源，于新国标颁布后在全国率先出版，被全国数百所高等学校选用后获得良好反响。编委会在出版后积极收集院校的一线教学反馈，紧扣行业新变化，吸纳新知识点，不断地对教材内容及配套教育资源进行更新升级。“普通高等学校‘十四五’规划旅游管理类精品教材”正是在此基础上沉淀和提升编撰而成。《旅游接待业(第二版)》《旅游消费者行为(第二版)》《旅游目的地管理(第二版)》等核心课程优质规划教材陆续推出，以期为全国高等院校旅游专业创建国家级一流本科专业和国家级一流“金课”助力。

二、对标国家级一流本科课程进行高水平建设

本套教材积极研判“双万计划”对旅游管理类专业课程的建设要求，对标国家级一流本科课程的高水平建设，进行内容优化与编撰，以期促进广大旅游院校的教学高质量建设与特色化发展。其中《旅游规划与开发》《酒店管理概论》《酒店督导管理》等教材已成为教育部授予的首批国家级一流本科“金课”配套教材。《节事活动策划与管理》等教材获得国家级和省级教学类奖项。

三、全面配套教学资源，打造立体化互动教材

华中科技大学出版社为本套教材建设了内容全面的线上教材课程资源服务平台：在横向资源配套上，提供全系列教学计划书、教学课件、习题库、案例库、参考答案、教学视频等配套教学资源；在纵向资源开发上，构建了覆盖课程开发、习题管理、学生评论、班级管理等集开发、使用、管理、评价于一体的教学生态链，打造了线上线下、课内课外的新形态立体化互动教材。

在旅游教育发展的新时代，主编出版一套高质量规划教材是一项重要的教学出版工程，更是一份重要的责任。本套教材在组织策划及编写出版过程中，得到了全国广大院校旅游管理类专家教授、企业精英，以及华中科技大学出版社的大力支持，在此一并致谢！衷心希望本套教材能够为全国高等院校的旅游学界、业界和对旅游知识充满渴望的社会大众带来真正的精神和知识营养，为我国旅游教育教材建设贡献力量。也希望并诚挚邀请更多高等院校旅游管理专业的学者加入我们的编者和读者队伍，为我们共同的事业——我国高等旅游教育高质量发展——而奋斗！

总主编

2021 年 7 月

前 言

Preface

“旅游人力资源管理”既是旅游类本科、高职院校重要的专业基础课，又是旅游从业者的必修课程。它是一门集管理学、行为学、心理学的相关知识于一体的综合性课程。本课程主要面向旅游管理类学生开设，也可作为企事业单位管理人员及人力资源从业者的岗位培训课程。通过本课程的学习，学生应了解现代人力资源管理的基本概念、基本原理，掌握人力资源管理的流程与方法，为日后从事人力资源管理工作打下坚实的基础。本课程已有的教学资源包括课程教学大纲、实践教学大纲、课程评价标准、电子教案、教学课件、实训指导书、试题库等，便于广大读者的自主学习。

本书根据旅游企业人力资源管理的过程，以及完成该工作需具备的职业技能来组织教材内容，坚持“以人为本、模块学习”的原则，每个章节根据岗位需求和工作内容设置若干知识点与学习任务，并融入案例分析与思考，不仅有利于学生的系统学习，服务于教学目的，而且对人力资源管理者的实践活动具有重要的指导作用，也为广大读者了解人力资源管理的相关思想、职能与方法提供系统的框架。全书由陈秋萍副教授负责大纲的构建、统稿、修订和审核，同时负责编写第一章、第七章至第九章，暨南大学深圳旅游学院的李舟教授负责编写第二章，厦门理工学院文化产业与旅游学院的李建中讲师负责编写第三章，闽江学院旅游系的杨杏月副教授负责编写第四章，广东轻工职业技术学院管理学院的伍剑琴教授负责编写第五章，昆明学院旅游学院的李培英副教授负责编写第六章，常州工业职业技术学院的周丽教授负责编写第十章。

本书涵盖了人力资源管理的全过程，不仅注重理论体系的完整性，内容充实，逻辑性强，而且结合人力资源管理者的实际工作来设计职能模块，深入浅出，操作性强，具有一定的创新性。本书可作为高等院校旅游管理相关专业的教材，或旅游企业管理人员的培训教材，也可作为企事业单位管理人员进修的参考用书。

本书在编写过程中，得到了华中科技大学出版社旅游分社的帮助，而且参考、引用了许多学者的研究成果，在书后列出了主要的参考文献，在此一并表示衷心的感谢！另外，还要感谢马芳芳、吴佳佳、刘紫鹃三位研究生在资料查找与校对工作中的付出。由于研究水平和时间所限，本书难免存在一些疏漏之处，敬请各位同仁与读者批评指正，编者将在后续修订中逐步完善。

编　者

2021 年 1 月

目　录
Contents

第一章

人力资源管理概述

学习导引

人力资源作为企业重要的资源之一，是企业竞争力的重要来源。人力资源管理已成为旅游企业经营管理的关键性因素。通过本章的学习，引导学生理解并掌握人力资源与人力资源管理的相关概念，了解人力资源管理职能的发展历程，并思考人力资源管理工作在旅游企业中的地位与作用。

学习重点

通过本章学习，重点掌握以下知识要点：

1. 人力资源与人力资源管理的概念；
2. 人力资源管理的职能；
3. 人力资源管理的发展阶段与趋势。

案例导人　盒马鲜生与餐饮企业共享员工

2020年2月3日，阿里巴巴旗下盒马鲜生宣布联合知名品牌云海肴、新世纪青年饮食有限公司，合作解决餐饮行业待岗人员的工作及收入问题，缓解餐饮企业成本压力，试图解决商超生活消费行业人力不足的问题。这是一次"互联网＋人力资源"的实际操作案例，所用到的就是"共享员工"的理念。盒马鲜生急需大量员工，于是和餐饮企业合作，签订短期劳动合同，把餐厅的待岗人员集中到盒马鲜生的门店上班，工资由盒马鲜生支付。一是，可解决餐饮企业眼下燃眉之急，降低人工成本，避免裁员，待疫情结束，企业也不用担心员工流失问题；二是，解决了盒马鲜生特殊时期的"用工难"问题，即时即用，降本增效，让盒马鲜生得以保证居民的正常生活所需，同时赢得口碑；三是，营造了行业与行业之间开放、创新的生态样貌，为其他行业树立榜样，推动了灵活用工高效化进程。此后，沃尔玛、生鲜传奇、京东、苏宁、联想等企业也

相继跟进，推出类似的“共享员工”举措，以应对突如其来的疫情风险。

（资料来源：刘烨.疫情下的“共享+”：酒店人力成本骤增下的新业态[EB/OL]. 2020-07-31. https://www.meadin.com/zl/217458.html.）

思考：

1. 疫情时期的员工共享模式能否复制？疫情过后，“共享员工”是否会成为常态？

2. 共享模式存在什么风险？如何有效防范“共享员工”存在的风险？

第一节 人力资源管理的概念与内涵

一、人力资源的概念

（一）人力资源概念的提出

约翰·洛克斯·康芒斯（John R. Commons）[①]在《产业信誉》和《产业政府》中使用过“人力资源”这一概念，因此，康芒斯被认为是第一个使用“人力资源”一词的学者，但是他所指的人力资源与如今管理学所研究的人力资源相差甚远。

1954年，彼得·德鲁克（Peter F. Drucker）[②]在《管理的实践》中首先提出“人力资源”（Human Resource）这个概念，把“人”提升到企业其他资源不可替代的特殊地位。

（二）人力资源概念的拓展

此后，西方学者对人力资源的内涵进行了更深入的研究。根据现代经济学家的观点，人力资源的定义如下。

广义：人力资源指所有智力正常的人。

狭义：人力资源指能推动社会与经济发展，具有智力劳动和体力劳动能力的人的总和。

人力资源包括数量和质量两个指标。数量由企业现有员工和潜在员工两个部分构成。质量是指员工所具有的智力、知识、体力和技能水平，以及员工的态度、个性等。与企业的人力资源的数量相比较，人力资源的质量更为重要。社会发展、科学进步对人力资源的质量提出越来越高的要求。企业人力资源管理与开发正是为了提高人力资源的质量，改进员工工作效率，促进双方的共同发展。

在实际工作中，要注意区别人口资源、人力资源、人才资源等相关概念。三者的内涵不同，数量不同，呈逐渐递减、金字塔形的关系。首先，它们关注的重点不同，人口资源侧重于数量概念，而人力资源与人才资源侧重于质量概念。这三者在数量上存在包含关系。在数量上，人口资源是最多的，它是人力资源形成的数量基础，人口资源中具备一定脑力和体力的那部分才是人力资源；而人才资源又是人力资源的一部分，是人力资源中质量较高的部分。

① 约翰·洛克斯·康芒斯（John R. Commons，1862～1945），制度经济学派的早期代表人物之一。

② 彼得·德鲁克（Peter F. Drucker，1909～2005），现代管理学之父。

(三) 人力资本的概念

1960年,西奥多·W.舒尔茨(Theodore W. Schultz)[①]在《人力资本投资》中明确提出人力资本是促进国民经济增长的主要原因,认为"人口质量和知识投资在很大程度上决定了人类未来的前景"。他提出人是影响经济发展的关键因素,经济发展主要取决于人口质量的提高,而不是自然资源的丰瘠或资本的多寡。

舒尔茨认为人力资本是体现在具有劳动能力的人身上的、以劳动者数量和质量来表示的资本。人力资本表示某一时期一个特定会计主体拥有或控制的人力资产投资的总量,它是能为企业带来剩余价值的特殊价值。人力资本具有独特的价值,一方面人力资本可以依靠外力和内力实现自我增值,且这种增值与投入的特定企业价值的实现分不开;另一方面则表现为在知识经济环境下,企业价值的上升主要依赖于人力资本价值的提升。人力资本是蕴藏在劳动者身上的两种能力:一是通过先天遗传而获得的能力,由基因决定;二是后天获得的能力,由个人经过学习而形成,具有较大的变化性。人力资本投资的主要形式包括教育、培训、迁移、医疗保健四种。

经济学家加里·斯坦利·贝克尔(Gary Stanley Becker)[②]在《人力资本》中给出的定义是"所有用于增加人的资源并影响其未来货币收入和消费的投资为人力资本投资。这种投资包括教育支出、保健支出、劳动力国内流动的支出或用于移民入境的支出等方面"。

二、人力资源的衡量标准

(一) 人力资源的数量与质量

1. 人力资源的数量

对于企业而言,人力资源的数量就是企业内部员工的数量。对于国家而言,人力资源的数量包括现实人力资源数量和潜在人力资源数量两个部分。现实人力资源数量是指在当前的经济社会中能够创造一定价值的适龄劳动者数量;潜在人力资源数量则指由于各种原因不能投入实际生产活动中的人口数量,主要指非适龄劳动人口。我国适龄劳动人口指16~60岁的男性与16~55岁的女性。年满16岁不满18岁的属于未成年工,劳动法对其进行特殊保护。如不得安排未成年工从事矿山井下、有毒有害、国家规定的第四级体力劳动强度的劳动和其他禁忌劳动,用人单位应当对未成年工定期进行健康检查。在现实中,劳动适龄人口内部存在一些丧失劳动能力的病残人口,以及一些因为各种原因暂时不能参加社会劳动的人口,如在校就读的学生。所以,现实的人力资源总和可能小于劳动适龄人口总和。在劳动适龄人口之外,也存在一些具有劳动能力且正在从事社会劳动的人口,如延迟退休人员、退休返聘人员等。进行人力资源计量时,上述两种情况都应考虑进去,作为划分现实人力资源与潜在人力资源的重要依据。

人力资源的数量受到诸多因素的影响,统计期人口的总量与人口的年龄结构是两个主要的影响因素。人力资源属于人口的一部分,因此人力资源的数量会受到人口总量的影响。人口的年龄结构也会对人力资源的数量产生重要影响,相同的人口总量下,劳动适龄人口在人口

---

① 西奥多·W.舒尔茨(Theodore W. Schultz,1902~1998),获1979年诺贝尔经济学奖,被称为人力资本之父。

② 加里·斯坦利·贝克尔(Gary Stanley Becker,1930~2014),芝加哥经济学派代表人物之一,1992年获得诺贝尔经济学奖。

总量中所占的比重越大，人力资源的数量则相对越多；反之，人力资源的数量则相对越少。

2. 人力资源的质量

人力资源的质量是指最能体现人的体力和脑力状况的生理条件、科学文化素质等的综合水平。人力资源的质量综合体包括员工个体和整体的健康状况、知识水平、技能等级、品德态度等方面。提高人力资源的质量是现代人力资源开发的重要目标，尤其是在以科技进步为特征的知识经济时代，只有拥有高质量的人力资源才能具备更强的竞争力。

与人力资源的数量相比，人力资源的质量显得更为重要。一方面，在内部替代性上，人力资源的质量对数量的替代性较强，而数量对质量的替代性较弱，有时甚至不能替代；另一方面，技术进步对人力资源的质量提出更高的要求，人力资源质量的提高对经济发展与企业竞争起到更大的作用。

能力是人力资源的本质，人的综合能力直接决定了人力资源的质量。一般而言，劳动者的能力由体质、智商与情商三个部分构成。体质是人力资源质量的基础，智商是保障，情商是精华，三者相辅相成，共同构成人力资源的质量体系。1995 年，丹尼尔·戈尔曼在著作《情商》中剖析了情绪智力的概念与构成。情绪智力简称为情商(EQ)，具体包括了解自己情绪的能力、控制自己情绪的能力、自我激励的能力、了解他人情绪的能力、维系人际关系的能力等。在现代服务业的发展过程中，情商的重要性日益凸显，甚至成为影响职业成功的重要因素。

（二）人力资源的结构与布局

人力资源结构是指一个国家或地区的人力资源总体在年龄、学历、性别、城乡、职位、素质、个性等不同方面的分布与构成。人力资源的结构与布局合理是保证人力资源效益充分发挥的重要条件。人力资源的结构合理是指人力资源年龄结构、知识结构、能级结构和专业结构等与经济社会发展相协调，布局合理是指人力资源在各个行业、系统、组织内和各自队伍之间分布的均衡。

人力资源结构指人力资源总体在不同方面的分布或构成，具体可分为自然结构、社会结构和经济结构三个方面。人力资源的自然结构是以人的自然生理属性来进行的人力资源配置，如性别结构、年龄结构；人力资源的经济结构是对人的经济地位进行分析，如职位结构分析是根据管理幅度原理，确定主管职位与非主管职位应有适当的比例；人力资源的社会结构是指把一个社会或一个国家拥有的劳动人口看作一个整体，然后就其性质、作用与数量或比例分布进行分析而得出的不同结构类型。

三、人力资源的特点

人力资源的本质就是人所拥有的脑力与体力，人力资源的自然性与社会性兼备。与企业的其他资源相比，人力资源具有以下特征：生成过程的生物性、开发背景的时代性、开发对象的能动性、开发过程的时效性、管理过程的双重性、开发投入的持续性、使用过程的再生性及组织过程的社会性。

（一）生物性

人力资源是人类自身所特有的，具有不可剥夺性，这是人力资源最根本的特性。与其他任何资源不同，人力资源是存在于人体之中的一种“活”的资源，与人的生理特征、基因遗传等密切相关。

（二）时代性

人力资源的数量、质量以及人力资源素质的提高，即人力资源的形成受时代条件的制约，具有时代性。在不同的时代，人力资源的衡量标准存在显著的差异。

（三）能动性

能动性是人力资源与其他资源（如物力资源、信息资源）的本质区别。人具有思维与情感，能够接受教育或主动学习，自主地选择与发展职业。人能够发挥主观能动性和创造性，有目的、有意识地利用其他资源进行生产，不断地创造新的工具和技术，推动社会、经济的发展以及人类文明进步。

（四）时效性

每个人都要经历幼年期、青少年期、壮年期和老年期，人的智力、体力会相应发生变化，人力资源的可利用程度也不尽相同。组织对人才的利用也要经历培训期、试用期、最佳使用期和淘汰期的过程。人力资源的开发与管理需顺应人力资源的时效性特点。

（五）双重性

人力资源既是投资的结果，又能产生效益，两者密不可分。传统观念中，企业将人力资源的投资作为成本消耗，却忽视了它的收益效用。其实，无论从整体还是从个体来看，人力资源的收益可能大于投资。

（六）持续性

人力资源开发的持续性是指人力资源是可以不断开发的资源，不仅人力资源的使用过程是开发的过程，其培训、积累、创造的过程也是开发的过程，并且是一个连续不断、相互影响的过程。

（七）再生性

人力资源在使用过程中也会出现损耗，既包括人自身的疲劳、衰老等自然损耗，也包括知识、技能落伍而造成的无形损耗。与物质损耗不同的是，一般的物质损耗后不存在继续开发的问题，而人力资源损耗后能够实现自我补偿与自我更新。因此，人力资源的开发与管理要注重终身教育，推行长期培训工作，引导自主学习。

（八）社会性

人都是生活在社会与团体之中的，社会与企业的文化特征、价值取向与员工的价值观不断地相互渗透、相互影响。当个人价值观与企业文化所倡导的行为准则不一致时，可能会发生个人与团队的冲突。因此，人力资源的管理应重视组织中的团队建设问题，重视人与人、人与团队、人与社会之间关系的协调。

四、人力资源管理的内涵

（一）人力资源管理的操作性概念

人力资源管理概念的提出，最早源于爱德华·怀特·巴克（E. Wight Bakke）[①]于 1958 年发表的著作《人力资源功能》。他认为人力资源管理是一种与人有关的管理实践活动，包括一

① 爱德华·怀特·巴克（E. Wight Bakke，1903～1971），美国工业关系和社会学教授。

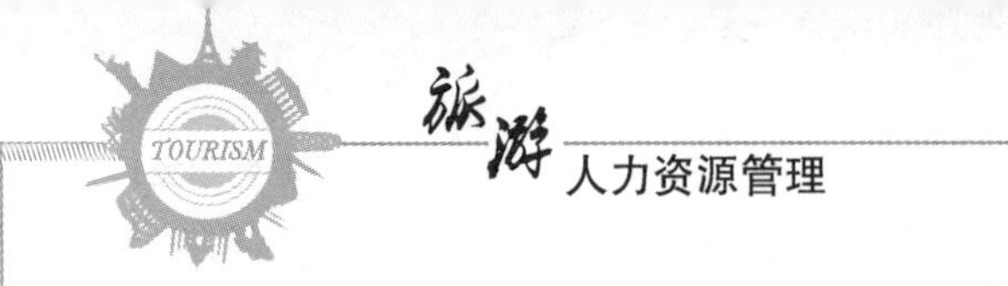

切对组织中的员工造成影响的管理决策与实践活动。人力资源管理是指企业为了实现组织的战略目标而进行的人力资源的获取、使用、保持、开发、评价与激励等一系列活动。德鲁克认为人力资源管理的本质不在于“知”而在于“行”;人力资源管理与生产、营销、财务等管理活动一样,是企业必不可少的管理职能。人力资源管理服务于企业的整体战略,以人的价值为中心,处理人与工作、人与人、人与组织的互动关系。

(二) 人力资源管理概念的拓展

人力资源管理是指运用科学方法,协调人与事的关系,处理人与人的矛盾,充分发挥人的潜能,使人尽其才、事得其人、人事相宜,以实现组织目标的过程。20 世纪以后,国内外学者从不同方面对人力资源管理的概念进行了阐释,综合起来可分为以下四类。

第一类主要是从人力资源管理的目的出发来解释它的含义,认为它是借助对人力资源的管理来实现目标。

第二类主要是从人力资源管理的过程或承担的职能出发来进行解释,把人力资源看成是一个活动过程。

第三类主要解释了人力资源管理的实体,认为人力资源管理的实体是与人的管理过程有关的制度、政策等。

第四类主要是从目的、过程等角度出发,对人力资源管理的要素进行综合解释。

(三) 现代人力资源管理的概念

从人力资源管理的目的、职能、过程进行定义,可将其分为宏观定义与微观定义。

1. 宏观定义

人力资源管理是指国家在全社会范围内对人力资源的计划、组织、控制,以适应生产力与社会经济的发展。

2. 微观定义

人力资源管理是指通过对人力资源的合理调配,促进人际协调、人事匹配,发展人的潜能,实现组织目标的过程。

企业通过各种人力资源管理活动,将人力资源整合到组织中,使之融为一体,培育员工对企业的忠诚度,激发员工的工作积极性,帮助员工改善工作业绩,并且在帮助员工实现个人发展目标的同时,实现企业的发展目标。组织的目的是使每个员工获得成长。考察一个组织是否优秀,要看其能否使员工取得更好的绩效,能否使员工的长处都发挥出来,并取得良好的组织绩效。组织的任务还在于使员工之间取长补短。

德鲁克认为管理的人事职能指运用现代化的科学方法,对人力资源进行合理的组织、培训和调配,使人力、物力经常保持最佳比例,同时对人的思想、心理和行为进行恰当的引导与协调,充分发挥人的主观能动性,使人尽其才、事得其人、人事相宜,最终实现组织的目标。中国人民大学彭剑锋教授认为人力资源管理是依据组织和个人的发展需要,对组织中的人力这一特殊资源进行有效开发、合理利用和科学管理的机制、制度、流程、技术和方法的总和。

(四) 人力资源管理的内容

1. 根据工作内容分类

人力资源管理根据工作内容的差异,可分为三个部分:一是专业职能部门的人力资源管理工作,这是人力资源管理工作的主体;二是高、中、基层领导者承担履行人力资源管理的责任,这是企业人力资源管理重要的构成部分;三是员工实现自我发展与自我开发,促进企业与员工的共同发展。

2. 根据工作价值分类

人力资源管理的基本活动根据价值要素，可分为以下三类。

(1) 最高战略价值活动，即变革性活动，约占用人力资源管理者5%～10%的时间精力，主要用于完成战略调整、文化变革、知识管理、管理开发等战略性工作。

(2) 中等战略价值活动，即传统性活动，约占用人力资源管理者15%～30%的时间精力，主要用于完成招聘与录用、培训、绩效考核、薪酬管理、员工关系等传统职能性工作。

(3) 较低战略价值活动，即事务性活动，约占用人力资源管理者65%～75%的时间精力，主要用于完成福利管理、人事记录、员工服务等日常事务性工作。

五、人力资源开发与管理

(一) 人力资源开发和管理的概念

1. 人力资源开发

人力资源开发是指对员工知识、技能、态度等素质的培养与提高，目的在于提高员工的工作能力，使员工的潜能得到充分发挥，从而更好地实现个人价值以及提升组织绩效。

2. 人力资源管理

人力资源管理是指在人本思想的指导下，通过招聘、甄选、培训、报酬等过程对人力资源进行有效运用，满足组织当前与未来发展的需要，保证组织目标实现，以及员工发展的一系列活动的总称。

(二) 人力资源开发和管理的关系

1. 相同点

人力资源开发与人力资源管理的出发点都是基于优质人力资源的使用，尽可能地优化整体人力资源，为社会创造更多的物质财富和精神财富。

2. 差异

人力资源开发和管理在内容、侧重点、目的等方面存在显著的差异，具体见表1-1。

表1-1 人力资源开发和管理的对比

依据区别	人力资源开发	人力资源管理
内容	全社会的正规教育、人员培训及人员政策的制定、人才布局规划	招募、培训、薪酬、考核、调配、协调、职业管理、激励
侧重点	宏观、外部	微观、内部
目的	全社会素质的提高	提高人员的使用效率

第二节 人力资源管理的职能

一、人力资源管理的基本职能

人力资源管理的传统六大职能，又称人力资源六大模块，具体包括人力资源规划、工作分析、招聘与录用、培训与开发、绩效管理与薪酬福利管理。

1. 人力资源规划

人力资源规划是指将企业对人员数量和质量的需求与人力资源的有效供给进行协调。需求源于组织工作的现状与对未来的预测，供给则涉及内外部的有效人力资源的数量与质量。人力资源规划活动将概括出有关组织的人力需求，并为人员选拔、培训与奖惩、绩效考核等活动提供信息。

其主要任务包括：人力资源现状的分析；企业的战略与发展阶段，以及人力资源SWOT分析；制订人力资源各类业务计划；理顺企业战略与组织结构的关系；企业组织结构的设计与分析。

2. 工作分析

工作分析是对组织中某个特定职位的设置目的、任务或职责、权力和隶属关系、工作条件和环境、任职资格等相关信息进行收集与分析，并对该职位的工作做出明确的规定，且确定完成该工作所需的行为、条件、人员的过程。

其主要任务包括：工作分析的用途与方法；工作价值体系的资料收集；工作分析问卷的编制；工作分析面谈的设计与进行；编写职位说明书的职责划分；职位评价的依据与方法；职位评估委员会的组建及其任务。

3. 招聘与录用

招聘与录用是指按照企业经营战略规划的要求把优秀、合适的人招聘进企业，并放在合适的岗位的过程，具体包括征召、筛选、录用等步骤。招聘是获取人力资源与优化配置的主要途径。

其主要任务包括：制定招聘与选拔的要求；制定内外部招聘的策略；制定人员的选拔与评价标准；制定人力资源测评的方法；纠正人才测评的误区；发挥人才测评对企业人力资源能力的建设价值。

4. 培训与开发

培训与开发是指企业通过学习、训练、辅导的手段，提高员工的工作能力、知识水平，促进员工的潜能发挥，改变员工的态度与行为，使员工个人素质与工作需求相匹配，促进员工的工作绩效的提高。员工开发着眼于长远目标，包括促进员工身心健康，提高知识技能水平，培养综合素质等方面。

其主要任务包括：制定企业的培训战略；构建企业的培训管理体系；企业培训体系的发展；培训效果的合理评估；促进培训成果的转化。

5. 绩效管理

绩效管理指各级管理者和员工为了达到组织目标共同参与的绩效计划制订、绩效辅导沟通、绩效考核评价、绩效结果应用、绩效目标提升的持续循环过程，绩效管理的目的是持续提升个人、部门和组织的绩效。

其主要任务包括：明确绩效管理的定义与用途；构建绩效管理体系的人员选择；绩效管理方案的选择与比较；KPI关键绩效指标的制定与执行；确定绩效管理战略目标的来源、目标管理体系；制定绩效目标分解的方法。

6. 薪酬福利管理

薪酬福利是指员工为企业提供劳动而得到的各种货币与实物报酬的总和。薪酬管理是指在企业发展战略指导下，对员工薪酬支付原则、薪酬策略、薪酬水平、薪酬结构、薪酬构成进行确定、分配和调整的动态管理过程。科学合理的薪酬福利制度是激励与留住员工的重要因素。

其主要任务包括：企业薪酬福利的策略的制定；全面薪酬福利计划的制订；进行职位分级与市场薪酬调查；技术在薪酬福利管理中的应用；薪酬给付的依据与结构的确定；奖励和惩罚的标准与实施；高层激励体制的设计等。

人力资源管理不是以上各项职能的简单集合，而是各项职能相互作用、相互联系的一个体系。人力资源管理正是通过这些职能来协调和管理组织中“人”的资源，配合其他资源的使用来实现组织效率和公平的整体目标。

二、人力资源管理职能的拓展

随着时代的推移，人力资源管理的职能出现新的拓展，职业生涯管理、员工关系管理从传统的职能中分离出来，引起管理者与员工的共同重视。

（一）职业生涯管理

职业生涯管理是从组织角度，对员工从事的职业所进行的一系列计划、组织、领导和控制等的管理活动，以实现组织目标和个人发展的有机结合。职业生涯规划是组织帮助员工获取目前及将来工作所需的技能、知识的一种规划。

其主要任务包括：划分职业生涯发展的阶段；确定职业生涯发展的基本模式；进行职业生涯设计；组织对企业人力资源进行的知识、能力和技术的发展性培训、教育等活动。

（二）员工关系管理

员工关系是指劳动者和用人单位（包括各类企业、个体工商户、事业单位等）在劳动过程中建立的社会经济关系。企业与员工建立、维护良好的关系有利于企业员工的稳定及长久的发展。

其主要任务包括：处理劳动争议；员工纪律管理；员工人际关系管理；员工沟通管理；企业文化建设等。

员工关系管理的目的在于协调员工与管理者、员工与员工之间的关系，引导建立积极向上的工作环境，为员工提供各项服务与支持。

三、现代企业人力资源管理职能的转变

随着西方人力资源管理理论引入中国，并进入政府部门的决策系统，加之中国经济转型的客观需要，我国传统的人事管理模式开始向现代的人力资源管理模式转变。为了与这一变化相适应，人事管理部门的职能也发生了变化，即从对人才市场的直接经营管理转变为“服务性”管理，从对人的管理转变为对市场的管理。

（一）传统人事管理与现代人力资源管理的共同点

传统人事管理与现代人力资源管理的管理对象都是人，在管理内容、管理方法上存在某些相同点。如薪酬、编制、劳动安全等都是两者的管理内容，制度、纪律、奖惩、培训等都是两者可能使用的管理方法。

（二）现代人力资源管理的发展与变化

1. 工作内容由行政事务管理扩展到战略变革管理

现代人力资源管理的工作内容的扩展体现在从日常行政事务到战略变革活动的转变。

1998年,美国学者莱特(Patrick M. Wright)[①]等人对企业人力资源管理活动进行调查,发现了不同层次的人力资源管理者在管理中所花费的时间与企业的附加值之间的联系,具体见表1-2。

表1-2 不同层次的人力资源管理者花费时间与企业附加值的关系比较

管理内容	花费时间	产生的附加值
行政管理	60%	10%
事务管理	30%	30%
变革性活动	10%	60%

由此可见,人力资源管理者应在处理好行政与事务管理工作的基础上,增加对人力资源变革性活动的投入,以实现人力资源管理价值的更大提升。

2. 工作重心由重管理向重开发转变

开发是一种具备长期性目标的行为,而管理则是一种具有短期性目标的行为。开发关注未来,而管理更关注企业的现状与现实需求。许多知名企业成功的重要因素之一就是注重人才的长期开发,如成立专门的培训学校,建立完善的培训机制,关注员工职业生涯规划,促进人才的有效利用。

3. 管理方式由标准化、集权化向个性化、分权式转变

传统的人事管理所采用的标准化流程,忽视员工之间的差异、个性与需求。人事部门有绝对的权威,采用集中的管理方式。现代人力资源管理则强调弹性管理、文化管理以及动态管理,管理更富有人情味,更尊重员工个人的需求与发展。

4. 地位从战略执行者向战略参与者转变

人力资源管理者的角色也相应地发生明显的转变,从企业的战略执行者向战略参与者转变,地位的重要性日渐上升。现代人力资源管理的重点为完善企业员工的知识、技能、态度、创造力等特质,促进员工具备企业所需要的上述特质,并持续地补充、提升,以协助企业的管理与发展。

5. 观念视角从"经济人"向"社会人"转变

传统人事管理与现代人力资源管理的本质区别是管理价值观与人性假设的区别。在观念上,传统的人事管理视员工为"经济人",认为员工都会最大限度地满足自己的私利,争取最大的经济利益,因而在企业中是被动地受操纵、激发和控制的,企业应制定严格的工作规范,加强规章制度管理。而现代人力资源管理视员工为"社会人",对员工实行以人为本的管理,充分满足员工自我发展的需要。两者的差异见表1-3。

表1-3 对比传统人事管理与现代人力资源管理

差异	传统人事管理	现代人力资源管理
侧重点	重在管理	重在开发
核心	以事为主	以人为本
人的定位	人是管理的对象	人是开发的主体

---

① 帕特里克·M. 莱特(Patrick M. Wright),美国康奈尔大学教授。

续表

差　异	传统人事管理	现代人力资源管理
管理方式	重视硬管理	重视软管理
目的	为组织创造财富	为组织创造财富的同时发展个人
方法	单一且规范的管理	重视个性化管理

案例分析　上海春秋国际旅行社的成功之道

上海春秋国际旅行社作为一家民营企业，是在中国旅游强劲发展的大背景之下，以骄人的业绩和鲜明的特色从众多实力及背景雄厚的旅行社中脱颖而出、独领风骚，成为较具活力的旅行社代表之一。其成立于1981年，以国内游起家，通过20多年的发展，成为上海市第一个获得著名商标的旅行社企业，是国内连锁经营最多的全资公司、最具规模的旅游批发商。其国内旅游业务连续十年获得全国第一，并且在拥有了属于自己的航空公司之后，在横向和纵向上的扩张对国内其他旅行社起到了典范的作用。

上海春秋国际旅行社于2002年完成了产权制度的改革，成为民营企业"全员所有制"旅行社，即旅行社全体成员共同占有企业生产资料，并实行劳动量股权定额的所有制产权的组织形式。这一制度的改革摆脱了产权不明晰的种种束缚，使得全体员工心中有底气、有动力。企业基本建立了现代企业产权制度，而产权制度的明晰使得各项经济活动能够更加流畅顺利地开展。

上海春秋国际旅行社于2004年获民航总局(现中国民航局)批准，筹建春秋航空股份有限公司。这一举动一度成为社会热议的话题，尤其对于国内旅游界来说更是一个创举。从业务扩展范围来讲，航空公司属于产业链前端，航空公司作为母公司筹建或者收购后端旅行社较为常见，但处于产业链后端的旅行社去收购或者组建航空公司实属罕见。但几年来的事实证明，春秋旅行社得到了认可并且其经营航空公司的策略大获成功。旅行社在组团出游时经常会受到航空公司的各种限制，时间上、航线上的选择都要服从于航空公司，迫使旅行社在生产自己的旅游产品时不得不考虑这些因素。但如果航空公司为旅行社所拥有，那么不但成本费用、风险管理费用将大大降低，更重要的是在制定产品策略上可以放开手脚，集中精力与资源充分地提升自身核心业务。在上海春秋国际旅行社拥有自己的航空公司之前，其每年仅支付给航空公司的包机费用就高达10亿元。在比较了经营管理成本与包机等成本之后，其克服了种种阻力，以追求低成本、平民化的定位，通过以"旅游＋航空"为特色开展了航空领域的经营。这种模式成为中国旅行社的典型代表。其设有严格的质量监督管理机制，诚信经营，坚持"99＋0＝0"和"每团必访"的优质服务质量观，以良好的管理，在消费者心目中树立了高品质的品牌形象。春秋航空要求空乘人员为顾客提供跪式服务，而这在普通航空公司是只有头等舱乘客才能享受到的服务，但在春秋航空任何一位乘客都能以较低的价格享受到同等待遇。

我国许多旅行社都存在着员工流失惨重、只关注自我发展、没有企业归属感、非一线员工懈怠等现象。这些现象的存在与企业制定不利的员工激励制度息息相关，上海春秋国际旅行社的做法值得借鉴。其员工股金分为两部分，每个员工的个人奖金中提出15%，然后由旅行社基金中再补贴15%，即个人和旅行社各占15%，两者相加占员工奖金的30%成为股金总额。这一制度的产生，不但使员工更积极努力地投身到自己的工作当中，而且由于自身的利益与企业的利益密不可分，员工也更加关注企业的长远发展，认同感与归属感随之提升。

（资料来源：根据相关资料整理。）

问题：

上海春秋国际旅行社在人力资源管理方面有哪些值得借鉴的经验？

知识活页　廉价航空

第三节　人力资源管理的发展阶段与趋势

一、人力资源管理价值观的演进

在企业人力资源管理活动中，管理者对下属员工本性的假设，是管理行为与决策的出发点。人性的假设是管理者对被管理者的需要、态度和工作目的的基本估计，即对员工追求什么的基本看法。人性的假设，最初是由美国管理学家道格拉斯·麦格雷戈(Douglas Mcgregor)[①]在《企业的人性方面》(发表于1957年11月出版的美国杂志《管理评论》)一文中提出。他认为在每一个管理决策或管理措施的背后都有关于人性的基本假设。管理理论和管理者观念在先，管理政策与具体措施是第二位的，管理者看待员工的观念决定了管理政策与管理方式的选择。

在管理实践的发展过程中，管理价值观经历了四个阶段的演进，出现了四种对人的本性的假设："经济人"假设、"社会人"假设、"自我实现人"假设和"复杂人"假设(见表1-4)。四种管理价值观是伴随管理学理论的发展而先后出现的，体现了西方管理学学术界对人性假设认识的加深。这四种管理价值观各有其合理、科学的部分，至今仍对企业人力资源管理工作有借鉴作

① 道格拉斯·麦格雷戈(Douglas Mcgregor，1906～1964)，美国心理学家、管理学家。

用。在人力资源管理工作中，应权变、辩证地看待这四种管理价值观，因地制宜，培育适合企业自身情况与员工发展需要的管理价值观。

（一）“经济人”假设

“经济人”假设起源于享受主义哲学和英国经济学家亚当·斯密(Adam Smith)[1]关于劳动交换的经济理论。亚当·斯密认为人的本性是懒惰的，必须加以制度约束。“经济人”假设的管理是以金钱为主的机械的管理模式。“经济人”是以追求物质利益为目的而进行经济活动的主体，人都希望以尽可能少的付出，获得最大限度的收获，并且为此可以不择手段。“经济人 ”假设的管理思想也是科学管理理论的出发点，认为人的一切行为都是为了最大限度地满足自己的私利，工作的目的只是为了获得经济报酬。

（二）“社会人”假设

从“经济人 ”假设到“社会人”假设是管理思想上的一个进步。“社会人”假设的优点是使人的地位得到提升，需求得到重视。对于企业管理和制定各项管理制度很有意义。它的局限性在于过分否定“经济人”假设的管理作用，完全忽视员工的经济需要，过于重视非正式组织的作用，对正式组织较为忽略。

（三）“自我实现人”假设

“自我实现人”假设是资本主义高度发展的产物，是西方管理者为了克服员工由于分工过细、重复劳动所产生的士气低落、劳动生产效率逐渐下降等问题而提出的。马斯洛提出的“自我实现人”指的是人都需要发挥自己的潜力，表现自己的才能，只有人的潜力与才能充分表现出来，人才会感到最大的满足。因为受到社会环境的束缚，在现实中多数人达不到“自我实现”的水平。麦格雷戈认为人的行为表现并非由固有的天性所决定，而是由企业中的管理实践造成的。麦格雷戈指出必须充分肯定作为企业生产主体的人，员工乐于工作、勇于承担责任，且多数员工都具有解决问题的想象力、独创性和创造力，关键在于如何从管理方面将员工的这种潜能和积极性充分发挥出来。

（四）“复杂人”假设

“复杂人”假设认为上述三种人性假设，均有其合理性的一面，但并不能适用于一切人。人性是复杂多变的。“复杂人”假设包含辩证法思想，以及权变理论思想的精髓，主张采用灵活的管理方式，对管理者具有较大启发作用。但是它也存在局限性，它在强调个性的同时却忽视了共性，人不仅有个性的一面，也有共性的一面，而这种假设忽视人的共性，仅强调个性，不利于企业规章制度的建立，也否认了管理的一般规律。

在管理实践的发展过程中，各假设之间的关系不仅是互相否定、向前发展的关系，也是互相补充的关系，随着人性假设理论的不断发展，对人性的认识也在不断深入。人性假设是管理者进行各项活动的出发点，也是影响管理方式与管理效果的主要因素。

表 1-4 所示为四种人性假设及其相关管理手段。

---

[1] 亚当·斯密(Adam Smith,1723～1790)，英国经济学家、哲学家、作家。

表 1-4　四种人性假设及其相关管理手段

人性假设	观　点	代表理论和管理手段
“经济人”假设	“经济人”(Rational-economic Man)又称唯利人或实利人。 “经济人”假设认为人的行为动机源于经济诱因，在于追求自身的最大利益，为此，需要用金钱与权力、组织机构的操纵和控制，使员工服从与维持效率	麦格雷戈的X理论。 (1) 对于积极工作者施以金钱的刺激或引导； (2) 对于消极怠工者则严厉惩罚，以制止损害企业利益的行为再度发生； (3) 企业管理的重点在于订立各种严格的工作规范，加强对员工的管制，提高员工工作效率，促使他们完成工作任务； (4) 提倡工作方法标准化、劳动定额、计件工资、建立严格的管理制度等
“社会人”假设	“社会人”(Social Man)又称社交人。 “社会人”假设认为人在工作中得到的物质利益对于调动其生产积极性只有次要意义，人们最重视的是工作中与周围人的友好关系(重视社会需要和自我尊重)。良好的人际关系是调动员工生产积极性的决定因素	美国行为学家乔治·埃尔顿·梅奥(George Elton Mayo)①在1933年出版的《工业文明中人的问题》中提出“人群关系理论”。 (1) 强调以人为中心的管理，管理人员除了关心工作任务外，还应注重满足员工的社会需要，关心、尊重员工，培养员工的归属感和认同感； (2) 主张实行“参与管理”
“自我实现人”假设	“自我实现人”(Self-actualizing Man)又称自动人。 “自我实现人”假设认为人并无好逸恶劳的天性，人们力求最大限度地将自身的潜能充分发挥出来，只有在工作中将自己的才能充分表现出来，才会得到最大的满足。人除了社会需要以外，还有一种想充分运用自己的各种能力、发挥自身潜力的欲望	美国心理学家亚伯拉罕·马斯洛(Abraham H. Maslow)②20世纪50年代提出“需要层次理论”；麦格雷戈的Y理论。 (1) 提倡为员工创造一个发挥才能的环境和条件； (2) 重视人力资源的开发； (3) 重视内在奖励
“复杂人”假设	“复杂人”(Complex Man)。 “复杂人”假设认为因为人是很复杂的，所以不能用单一的模式去管理。每个员工的需求结构是不同的，即使同一名员工在不同的时间和情境下，需求也不尽相同	基于“复杂人”假设，约翰·莫尔斯(John J. Morse)和杰伊·洛希(Jay W. Lorsch)③提出了超Y理论，也叫“权变理论”(Contingency Theory)，“权变”是根据具体情况而采取的相应的管理措施，提倡因人、因时、因事而异的管理

① 乔治·埃尔顿·梅奥(George Elton Mayo，1880～1949)，美国行为科学家，人际关系理论的创始人。
② 亚伯拉罕·马斯洛(Abraham H. Maslow，1908～1970)，美国著名社会心理学家，提出需求层次理论。
③ 约翰·莫尔斯(John J. Morse)，杰伊·洛希(Jay W. Lorsch)，均为美国管理心理学家。

二、人力资源管理的发展阶段

人力资源管理的发展与管理理论的演变是相辅相成的，而管理理论的演变又与生产力发展水平密切关联。工业革命使以机器为主的现代意义上的工厂成为现实。亚当·斯密在《国富论》中首次提出劳动分工概念后，管理学逐渐形成完整体系，管理理论的发展主要包括以下三个阶段：古典管理理论阶段（20世纪初到20世纪30年代行为科学学派出现前）、现代管理理论阶段（20世纪30年代到20世纪80年代，主要指行为科学学派及管理理论丛林阶段）和当代管理理论阶段（20世纪80年代至今）。

人力资源管理的发展相应地分为以下四个阶段。

（一）早期人事管理活动阶段

这个阶段指工业革命以前的时期。在奴隶社会，奴隶主把奴隶看成会说话的工具，当作牲口一样管理，不考虑人的思维能力和独立人格；在封建社会，经济活动的主要形式是家庭手工作坊，各个行会负责管理相关行业的生产方法和产品质量，制定加入行会的条件，开始出现针对工人的一些浅层次的管理，但没有完整理论的支持。因此，这一阶段被称为早期人事管理活动阶段。

（二）人事管理阶段

这个阶段正式开始于20世纪初期，以工业革命开始为标志。虽然罗伯特·欧文（Robert Owen）①在19世纪就提出了人本管理的概念，但并没有形成理论，也没有大范围进行推广。直到工业革命实现了劳动专业化程度的提高和产量的剧增，人事管理才逐渐从管理职能中分离出来。劳动分工的出现，不仅大大提高了工作效率，降低了人工成本，而且产生了以技能为基础的工资等级。同时，这个时期泰勒提出的科学管理理论，使管理真正成为一门学科。泰勒强调人是机器的附属，所有的管理方法论都在于推动工具与动作的标准化。又如吉尔布雷斯的动作标准化研究，福特的流水线作业，法约尔的经营六项活动和管理的五项职能，韦伯的行政组织理论等，都坚持认为通过科学的分工、标准化的动作能提高生产效率。

随着社会阶层两极分化越来越严重，长期枯燥的工作使工人感到生活和工作条件的艰难，劳资关系日渐紧张，甚至出现了工人破坏机器的行为。为了缓解这种矛盾，某些企业开始成立福利人事部，由企业提供资源来改善员工的生活和工作环境。福利人事部的尝试让社会开始对“工人应该如何被对待”这个问题进行研究。罗伯特·欧文在19世纪提出的人本管理概念在这一时期才真正被正确认知。

雨果·芒斯特伯格（Hugo Munsterberg）②在《心理学与工业生产效率》一书中提出把注意力放在选择合适的工人来适应工作，并设想通过特殊设计的心理测试了解一个人的性格特征，在此基础上评价这个人是否与岗位匹配。此后，福利人事部开始向人事管理部门转变，1910年，普利茅斯出版社成立人事部，聘请专业人士担任负责人，其职责就是通过工作分析来挑选合适的人选，至此，人事管理作为一个独立的部门正式进入企业管理的活动范畴。

（三）人际关系与组织行为科学阶段

古典管理理论的杰出代表泰罗、法约尔等人都着重强调管理的科学性、合理性、纪律性；却

---

① 罗伯特·欧文（Robert Owen，1771～1858），现代人事管理之父，人本管理的先驱。

② 雨果·芒斯特伯格（Hugo Munsterberg，1863～1916），工业心理学的创始人之一，行为科学的先驱之一。

并未足够重视管理中的人员因素及其作用。古典管理理论是基于"经济人"的假设，即社会是由一个个无组织的个人所组成的；员工在思想上、行动上关注个人利益，追求最大限度的经济收入。

20世纪中期，梅奥在霍桑工厂进行了著名的霍桑实验。目的是根据科学管理原理，探讨工作环境对生产率的影响，研究心理和社会因素对工人劳动过程的影响。研究结果主要有以下五点：一是，强调管理者要改变对工作的态度和监督方式；二是，提倡下级参与企业的各类决策，鼓励上下级之间交流意见，以改善上下级之间的关系；三是，建立面谈和调解制度，以消除不满和争端；四是，重视管理者的人际关系能力；五是，重视非正式组织，建立与完善相关的生活环境、福利设施。这些思想和措施后来成为人事管理中保持和激励职能的基本内容。

随着梅奥的人际关系理论的普及，人际关系理论开始向行为科学管理理论发展，出现了麦格雷戈的X-Y理论、赫茨伯格[①]的双因素理论，以及马斯洛的需要层次理论，这些管理理论承认了人的价值，强调员工不是机器，而是有需要、有动机、有个性的组织成员。

20世纪后半叶，组织行为学的科学研究突破了人际关系学派的局限，用整体的角度研究群体和组织，对人的价值也有了更深刻的认知。这一时期彼得·德鲁克出版了《管理的实践》，怀特·巴克出版了《人力资源功能》等著作，把人力资源管理作为管理的重要职能来进行深入的探讨。至此，人力资源管理开始从最初的劳动管理、人事管理走向更为规范的发展道路；职能涵盖了劳动人事阶段的组织、工作分析、分工、选人、福利、激励，以及行为科学阶段的职业规划、企业文化、培训、绩效等比较全面的人力资源职能。

（四）战略人力资源管理阶段

20世纪后期，随着经济全球化和一体化，以及科学技术的迅猛发展，企业开始进行全球化布局，管理学也开始向系统化管理演变，如西蒙提出的管理就是决策，孔茨提出的管理理论的丛林和明茨伯格的管理者角色理论，一直到以德鲁克为代表的经验管理学派以及系统管理理论。这一时期，由于信息技术的发展，以及互联网和电子商务的应用，人类进入新经济时代，知识在造就组织竞争优势方面的决定性作用日渐显现。同时，由于人的需求与价值观趋向多元化，对人的管理变得更加复杂。由此，智力资本的概念得以出现，而对知识型员工的管理成为企业的一个新的挑战。

1981年，Devanna、Formbrum和Tichy在《人力资源管理：一个战略观》中提出了战略人力资源管理的概念；1984年，Beer等人的著作《管理人力资本》的出版标志着人力资源管理向战略人力资源管理的飞跃。

20世纪90年代，人力资源管理研究领域的一个重要变化就是把人力资源看成是企业战略的贡献者，依靠核心人力资源建立竞争优势，依靠员工实现战略目标成为战略人力资源管理的基本特征。战略人力资源管理是为了实现企业长期目标，以战略为导向，对人力资源进行有效开发、合理配置、充分利用和科学管理的制度、程序和方法的总和。它贯穿于人力资源的整个运动过程，包括人力资源规划、工作分析与工作设计招聘与配置、培训与开发、绩效管理、薪酬福利管理、组织与发展、企业文化、劳动关系管理等环节，以保证企业获得竞争优势和实现最优绩效。战略人力资源管理强调在企业管理活动中，人力资源管理应处于核心的位置而不是协调位置，强调人力资源与企业战略的匹配。这个阶段对人力资源的吸引、保持和开发不再仅

---

① 弗雷德里克·赫茨伯格（Frederick Herzberg，1923～2000），美国心理学家。

仅是人力资源部门的责任，而是强调企业的管理者对于人力资源的优化所需要承担的重任，强调系统地将人与组织关联起来并形成统一的匹配的人力资源管理以支持战略目标的实现。

三、现代人力资源管理的发展趋势

随着业界与学界对人力资源管理战略地位的认识不断强化，人力资源管理理论的研究不断深化，以及人力资源管理工作在世界范围内的不断展开，人力资源管理无论在观念形态上，还是在实际行为上，都出现了一些新的发展趋势。

（一）人力资源开发的投资程度增强

人力资源作为一种经济性资源，它具有资本属性，但又与一般的资本不同。它作为一种经济性资源，与一般的物资资本有基本的共同之处。人力资源是社会和个人投资的产物。人力资源的质量很大程度上取决于投资程度。一个人的能力固然与先天因素有关，但后天获取的能力也是非常重要的。一个人后天获取能力的过程，便是接受培训教育的过程，教育培训是最常见的一种投资，人力资源投资是人力资本形成的基本条件。传统的人力资源相关理论在很大程度上忽视了这一点，甚至错误地认为人力资源是自然形成的同质资源。如今，人们已经普遍认可人力资源的教育培训是一种投资(Investment)，而不是一种消费(Expense)。投资人力资源并使之优先发展已成为大多数国家的战略共识。

（二）终身教育理念的确立

在当今世界，知识、技能、价值观变化的速度越来越快。学习已经不再是人生某个阶段的事情。终身学习是指社会每个成员为适应社会发展和实现个体发展的需要，贯穿其一生的，持续的学习过程。“终身教育”这一术语自1965年在联合国教科文组织主持召开的成人教育促进国际会议期间，由联合国教科文组织成人教育局局长保罗·朗格朗(Parl Lengrand)正式提出以来，在世界范围内形成普遍共识，并得到了广泛的传播。许多国家在制定本国的教育方针、政策或构建国民教育体系的框架时，均以终身教育的理念为依据，以终身教育提出的各项基本原则为基点，并以实现这些原则为主要目标。企业的培训也将以终身教育为指引，促进员工养成主动的、不断探索的、自我更新的、学以致用的和优化知识的良好习惯。

（三）学习型组织的建立

管理者曾将企业视为一个工作场所、利润生产中心或控制管理的场所。在技术、知识、环境日益变化的今天，学习型组织(Learning Organization)应运而生。美国《财富杂志》认为，20世纪90年代以来，最成功的企业将是学习型组织或知识创造公司(Knowledge Creating Companies)。丹尼尔·托宾(Daniel R. Tobin)认为学习型组织最大的特点在于接受新观念的开放性，具有鼓励并提供学习与创新机会的文化，具有整体目的与目标。另一些学者认为学习型组织的基本特征在于学习意愿强，具有强烈的效力，利于新知识的传播，善于学习组织环境外的新知识。学习型组织反映了当今企业与知识技术变化的适应，强调知识、科学、技术对组织的重要性，并倡导组织作为知识创造中心的作用。在许多发达国家，企业的培训和教育规划十分广泛与深入，代表着全国公立、私立学校以外的另一个体系。美国培训与发展协会(ASTD)的调查表明，大型公司基本配有专职的培训师，并创立有独特的培训模式。

（四）绿色人力资源管理

绿色人力资源管理起源于可持续发展理论，强调员工和企业以及企业与社会之间的和谐共生，主要包括招聘有环保意识的员工，增强员工的环保知识和技能，制定提高员工环保参与度的培训课程，对采取环保行为的员工进行奖励并将环保绩效纳入绩效考核系统等人力资源管理措施。绿色人力资源管理不仅有利于员工自身的成长，而且有助于优化社会环境，促进企业的可持续发展。绿色人力资源管理强调通过实施绿色招聘、环保培训及绿色绩效管理等具体措施鼓励员工参与企业运营过程中的环境保护、污染防治等活动，以实现企业的长远发展目标。

本章小结

(1) 人力资源的概念。人力资源指能推动社会与经济发展，具有智力劳动和体力劳动能力的人的总和，包括数量、质量、结构等指标。舒尔茨认为人力资本是体现在具有劳动能力的人身上的、以劳动者数量和质量来表示的资本。

(2) 人力资源管理的概念。宏观的人力资源管理是指国家在全社会范围内对人力资源的计划、组织、控制，以适应生产力与社会经济的发展。微观的人力资源管理是指通过对人力资源的合理调配，促进人际协调、人事匹配，发展人的潜能，实现组织目标的过程。人力资源管理是依据组织和个人的发展需要，对组织中的人力这一特殊资源进行有效开发、合理利用和科学管理的机制、制度、流程、技术和方法的总和。

(3) 人力资源管理的职能。人力资源管理的传统六大职能包括工作分析、人力资源规划、招聘与录用、培训与开发、绩效管理与薪酬福利管理。随着时代的推移，人力资源管理的职能出现新的拓展，职业生涯管理、员工关系管理从传统的人力资源管理职能中单列出来。

(4) 人力资源管理的发展阶段。人力资源管理的发展分为早期人事管理活动阶段、人事管理阶段、人际关系与组织行为科学阶段、战略人力资源管理阶段。

思考与练习

1. 什么是人力资源？什么是人力资源管理？
2. 结合实例分析人力资源管理的主要职能。
3. 简述人性假说的发展。
4. 试述人力资源管理的发展阶段。
5. 结合实例谈谈人力资源管理的发展趋势。

案例分析

迪士尼主题公园的人力资源管理

主题公园是指从环境布置到娱乐设施都集中表现一个或几个特定主题的公园。从1955年沃尔特·迪士尼在美国洛杉矶创建世界上第一个生产快乐的主题公园——迪士尼乐园，到1971年的美国佛罗里达州奥兰多迪士尼乐园、1983年的日本东京迪士尼乐园、1992年的法国巴黎迪士尼乐园和2005年的香港迪士尼乐园，再到2016年的上海迪士尼乐园。迪士尼名震全球，已成为世界旅游业主题公园中的一张王牌。

关于迪士尼的人力资源管理，曾任迪士尼公司总裁及CEO的迈克·伊斯纳提出："我们不是希望将员工放在迪士尼中，而是希望将迪士尼放在员工心中，我们要以'心'服人。"在企业招聘时，迈克·伊斯纳坚持这一原则——保持公司良好的企业文化是我所要做的最重要的事。新员工进入迪士尼乐园工作，首先要接受Tradition（传统）、Discovery Day（探索迪士尼）和On-work Training（岗位培训）三种培训。这些培训不局限于基本的技能教育，而是更重视精神层面的引导，注重向新员工传递公司快乐的理念。公司不仅对新员工进行企业文化、历史传统、成就、经营宗旨与方法、管理理念和风格等方面的培训，还花费3天的时间对其进行实际操作能力的培训，通过这些培训使员工能够真正为顾客提供优质和微笑服务。同时，对于迪士尼的老员工而言，其得到的培训更多，从内容到形式都非常丰富。譬如"生涯提升周""未来生涯"等课程，会告诉员工在迪士尼乐园中有些什么新的机会，以及该如何去准备它。还有"应征课程"培训，会告诉员工如何做一份好的履历表，如何透过履历表推荐自己，以及如何进行面试。迪士尼员工的职业教育终身化为企业人力资源的培养与提高奠定了重要的基础。在培训期间，迪士尼公司会按照课时付给员工工资。老师授课时也非常注重员工的参与度，并且注重学习的游戏性。

早在20年前，迪士尼公司就开始实行公司范围内的员工协调会议，每月举行一次，公司管理人员和员工一起开诚布公地讨论彼此关心的问题。同时，迪士尼拥有完善的正式和非正式沟通渠道，通过正式的沟通渠道，员工可以在既定的时间内了解到公司的最新消息；通过非正式沟通渠道，公司会帮助员工及时疏导不良的情绪，员工也可以及时将自己的不满表达出来，从而防止其将不良情绪带到工作中，给顾客留下不好的印象。迪士尼坚信，完善的内部沟通网络是保持员工积极性的一个重要方法。

（资料来源：根据相关资料整理。）

问题：

1. 该案例主要描述了人力资源管理的哪些职能？
2. 迪士尼公司的人力资源管理有哪些值得借鉴与学习的地方？

第二章

人力资源规划

学习导引

在旅游企业里，人力资源的供求平衡是一个永远的话题。很多旅游企业都具有鲜明的季节性用工特点，比如在主要节庆以及寒暑假游人众多时需要大量的临时用工，这一特征在旅游景区、旅行社、度假酒店类企业表现得特别明显。而从较长时期来看，旅游企业的用工结构、行业流失率等都是非常令人关注的重要问题。旅游企业应如何做好人力资源规划，既能满足企业发展战略需要，又能满足每一阶段的运营需求？旅游企业人力资源规划的重点任务是什么？如何制定旅游企业人力资源规划？具体到不同类型、不同规模的旅游企业，应如何做好人力资源规划工作？有哪些方法可以帮助预测不同时间段旅游企业人力资源的供给与需求状况？通过本章的学习，让我们去寻找答案。

学习重点

通过本章学习，重点掌握以下知识要点：

1. 人力资源规划的概念和意义；
2. 人力资源规划的主要内容；
3. 人力资源的供求预测及其方法；
4. 人力资源规划的实施与控制。

案例导人　酒店的人力资源应当怎样规划？

2020年1月，新冠肺炎疫情席卷全国，对旅游行业影响巨大。由于人们需要保持社交距离、减少人员流动、适度隔离等，跨省、跨境的旅游活动均被限制，会展活动也大大减少。在此背景下，很多酒店担忧入住率过低，是否要给员工放无薪假期来渡过难关。

随着武汉2020年4月8日全面解封，复工复产不断推进，一线城市商务酒店入住率逐步恢复，入住率达到了40%—50%。而疫情的发展、反弹与反复，又使得酒店业起起落落。一方面，酒店面临着合格员工的短缺，员工流失严重，如何吸引、招聘、保留优秀的员工成为酒店业发展的关键；另一方面，如何平衡酒店现有用工数量和结构，有效控制酒店人力成本，也成为令酒店人力资源管理者头痛的问题。

未来，新冠肺炎疫情防控进入常态化阶段，酒店业如何做好企业的人力资源规划和保留，以应对外部环境的不断变化和酒店内部的现实需求，这一问题显得尤为重要。

（资料来源：根据相关资料整理。）

思考：

新冠肺炎疫情对酒店人力资源规划的影响有哪些？

第一节　人力资源规划概述

管理的四大职能：计划、组织、控制、领导。其中，“计划”是前提，是企业开展管理工作的基础。在整个人力资源管理系统中，科学地做好计划也是保证系统正常运行的前提。

一、人力资源规划的概念

规划[1]的基本意义由“规”（法则、章程、标准、谋划，即战略层面）和“划”（合算、刻画，即战术层面）两部分组成，“规”是起，“划”是落。规划从时间尺度来说侧重长远；从内容角度来说侧重（规）战略，重指导性或原则性。规划就是个人或组织制订的比较全面和长远的发展计划，是对未来整体性、长期性、基本性问题的思考和考量，设计未来整套行动的方案。

旅游企业人力资源规划是在本企业发展战略的指导下，分析影响旅游企业内外部环境的各种因素，对旅游企业在某一时期内的人员供给和需求状况进行预测，并根据预测结果采取相应的措施来实现供求平衡，以满足旅游企业对于各类型劳动力在数量、质量方面的需求，为旅游企业的发展提供保质保量的人力资源支持。

广义的旅游企业人力资源规划是指旅游企业根据其发展战略、目标及内外环境的变化，预测未来组织的任务和环境对组织的要求，以及为完成任务和满足要求而制定和实施相应的人力资源政策、措施的过程。

狭义的旅游企业人力资源规划是指旅游企业对未来人力资源供求情况进行预测，为满足未来需要而提供保质保量的人力资源的过程。

对旅游企业而言，准确地理解人力资源规划工作的内涵，需要把握好以下要点。

（一）旅游企业发展战略和经营规划是前提和基础

人力资源规划是分析与识别有效人力资源需求和可用性，以满足旅游企业经营目标和发

[1] 在人力资源管理领域，规划一般用作名词，英文一般为Program或Planning。

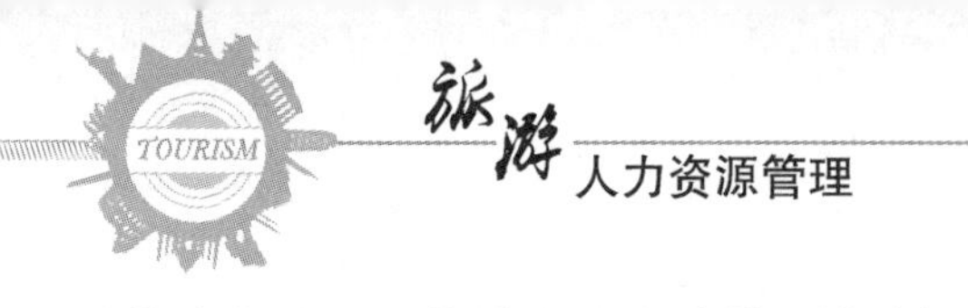

展战略的过程。旅游企业人力资源规划工作要适应不断发展变化的旅游业内外部环境的需要。

（二）旅游企业人力资源规划是一项全方位的系统工程

旅游企业人力资源规划应当包括两个方面：一是对旅游企业特定时期内的员工供给和需求进行科学预测；二是根据预测的结果有针对性地采取相应的措施来实现供求平衡。在人力资源规划过程中，旅游企业必须考虑到人力资源供给的有效性及长期人力资源的配置问题，而不只是考虑满足和解决企业短期的人力资源需求。旅游企业应通过对人力资源需求的预测与供给状况的评估，来制定满足未来人力资源需要的行动方案。

（三）旅游企业人力资源供求的预测应兼顾数量和质量

对于旅游企业人力资源供给与需求的预测工作，应充分考虑数量和质量两个方面，做到保质保量，让旅游企业人力资源实现数量上的均衡发展，结构上的匹配适应。因此，旅游人力资源规划的对象应包括企业内外部的人力资源，而不是只研究企业内部。

在此基础上，人力资源规划还应考虑到旅游企业内部的员工转岗、临时解雇、员工数量削减、员工培训与发展，以及特殊阶段或特殊部门员工需求量的增加。因此，在工作过程中需要考虑的因素较多。不仅应考虑当前旅游企业中现有员工的知识背景、技术能力、性别、年龄等基本结构，还应充分考虑由于员工退休、晋升、跳槽、解雇等引起的岗位空缺问题。总之，人力资源规划需要专业的人力资源管理人士与业务部门人员共同付出努力。

二、人力资源规划的目标和意义

对于旅游企业来说，人力资源规划的目标就是确保企业各类工作岗位在适当的时机，获得适当的人员（包括数量、质量、层次和结构等），实现人力资源的最佳配置，最大限度地开发和利用人力资源，有效地激励员工，保持智力资本竞争的优势。具体来看，就是需要得到和保持一定数量的具备特定技能、知识结构和能力的人员；能够充分利用现有的人力资源；能够预测旅游企业组织中潜在的人力过剩或人力不足的问题；建设一支训练有素、运作灵活的旅游企业劳动力队伍，增强旅游企业适应未知环境的能力；减少旅游企业在关键技术环节对外部招聘的依赖性。

（一）有助于旅游企业发展战略的实施

在实施人力资源规划时，应以旅游企业的发展战略和经营规划为依据，二者之间存在双向的互动关系。在制定旅游企业发展战略时，需要考虑旅游企业自身的人力资源现状，若现有人员供给无法支撑企业发展目标，则可能需要对旅游企业发展战略和经营规划进行相应的调整；反之，若有良好的人力资源规划支撑，则会对旅游企业发展战略和经营规划的实现更有帮助，使战略能够更加顺利地推进。

（二）有助于稳定旅游企业人力发展

人力发展包括人力预测、人力增补及人员培训，三者紧密联系，不可分割。人力资源规划一方面对目前人力现状予以分析，以了解人事动态；另一方面对未来人力需求做一些预测，以便对企业人力的增减情况进行通盘考虑，再据此制订人员增补和培训计划。因此，人力资源规划是人力发展的基础。

（三）有助于促进人力资源的合理运用

只有少数企业的人力配置完全符合理想的状况。在相当多的企业中，一些员工的工作负荷过重，而另一些员工则工作过于轻松；又或者有一些员工的能力有限，而另一些员工则感到能力有余，未能充分利用。人力资源规划可改善人力分配不平衡的状况，进而谋求合理化，以使人力资源能配合组织发展的需要。

（四）有助于配合旅游企业自身发展的需要

不断追求生存和发展是每个组织的特性，而生存和发展的重要前提是人力资源的获得与运用，也就是如何适时、适量及适质地使组织获得所需的各类人力资源。由于现代科学技术日新月异，社会环境变化多端，如何针对这些多变的因素，配合组织发展目标，对人力资源进行恰当的规划显得尤为重要。

（五）有助于帮助旅游企业降低用人成本

影响企业用人的因素有很多，如业务、技术革新、机器设备、组织工作制度、工作人员的能力等。人力资源规划可对现有的人力结构做一些分析，并找出影响人力资源有效运用的瓶颈，使人力资源效能得到充分发挥，降低企业用人成本。

综上所述，在旅游企业发展稳定良好的情况下，人力资源规划的作用可能并不凸显。但是，当人力资源的供给与需求不能自动平衡的时候，就需要有目的、有意识地通过计划平衡人力资源供给与需求的关系。

三、人力资源规划的程序和内容

旅游企业作为一类特定的经济组织，要想实现自己的发展战略目标，就必须保证组织机构的有效正常运转。而组织机构制定和实施人力资源规划，则是实现发展战略目标的重要工作。人力资源规划又称人力资源计划，它必须适应组织总体计划。旅游企业开展人力资源规划的目的是使企业的各种资源（人、财、物）彼此协调并实现内部平衡。人（或人力资源）是企业内最活跃的因素，因此人力资源规划就成了企业规划中起决定性作用的规划。旅游企业开展人力资源规划的总目标是确保企业各类工作岗位在适当的时机，获得适当的人员（包括数量、质量、层次和结构等），实现人力资源与其他资源的最佳配置，有效地激励员工，最大限度地开发和利用人力资源潜力，从时间、空间以及技能等多方面实现科学合理调配，从而最终实现员工、企业、客户、社会利益的契合一致，并在此基础上实现旅游企业经济效益和社会效益的最大化。

（一）人力资源规划的程序

为了达到预期的工作目标，在进行人力资源规划时需要按照一定的程序和步骤来进行。一般来说，开展人力资源规划工作的程序包括以下四个步骤。

1. 准备

企业要想做好每一项人力资源规划，充分的准备工作是前提。在确定人力资源规划的目标后，最重要的工作就是充分、完整地获取相关的信息。由于影响人力资源供给与需求的相关因素较多且较复杂，为了能够相对准确地开展预测工作，就需要充分收集必要的相关信息，开展各类调查与调研活动，以确保较全面地获取各方面的信息，具体包括企业外部环境的信息、企业内部环境的信息，以及调查企业现有人力资源存量状况等相关信息。只有对企业进行一次完善的人力资源信息大盘点，及时更新、修正和提供相关的信息，才能有效地支撑企业做出准确的预测。

2. 预测

在这一阶段，企业需要在掌握足够真实准确的相关信息的基础上，采用有效的预测方法，

对未来某一时间的人力资源供给和需求做出预测，这也是在整个人力资源规划中最为关键、最具有挑战性的一个部分，直接决定了人力资源规划工作能否成功，未来是否可以提出有效的规划方案进行供求平衡。开展人力资源供给和需求的具体方法，将在第二节内容中进行详细讲述。

3. 实施

实现人力资源的供求平衡，是企业开展人力资源规划工作的终极目标。根据供求预测的比较结果，通过人力资源的总体规划和业务规划，企业将制定和实施供求平衡的措施方案来满足不同时段对人力资源的需求，具体实施措施将在第三节内容中进行详细讲述。

4. 评价

经过人力资源规划的实施阶段后，如何评价人力资源规划实施的效果，开展相应的评估与反馈是整个规划工作过程的最后步骤。由于现实环境是一个开放的动态系统，人力资源预测也并非完全精准，人力资源规划需要适时进行调整和更新。所以开展人力资源规划的评价，一方面，可以在实施过程中不断根据企业内外部环境的变化，对供求预测结果、供求平衡措施等进行修正与完善；另一方面，可对供求预测结果以及制定的规划措施进行分析，通过评估找出存在的问题，总结有益的经验和方法，以期为后续的人力资源规划工作提供借鉴和参考。

（二）人力资源规划的内容

从宏观方面分析，人力资源规划起源于企业战略规划，要想明确企业的战略规划，就必须先研究企业到底是什么，在干什么，为什么能存在。人力资源规划是企业人力资源管理的一项基础性活动，是为企业战略管理发展服务的工作。

具体来看，人力资源规划的内容包括两个层次，即总体规划与业务计划。人力资源总体规划是指在计划期内人力资源管理的总目标、总政策、实施步骤和总的预算安排；人力资源业务计划包括人员招聘计划、使用计划、人员补充计划、人员分配计划、人员接替和提升计划、教育培训计划、工资激励计划、劳动关系计划、退休解聘计划等。这些业务计划是总体规划的展开和具体化，每一项业务计划都由目标、政策、步骤及预算等部分构成。如表 2-1 所示，各项业务计划的结果应能保证人力资源总体规划目标的实现。

表 2-1　部分人力资源规划内容一览表

计划类别	目标	政策	步骤	预算
总体规划	总目标：绩效、收缩、保持稳定	基本政策：扩大、收缩、保持稳定	总步骤：按年安排，如完善人力信息系统	总预算：×××万元
人员补充计划	根据类型、数量、层次，对人力资源的素质、结构及绩效进行改善等	人员素质标准，人员来源范围、起点待遇	拟定补充标准，广告吸引，面试，笔试，录用，教育上岗	招聘挑选费用
人员分配计划	人力结构优化及绩效改善、人力资源的能位匹配，职务轮换幅度	任职条件，职位轮换范围及时间	略	按使用规模、差别及人员状况决定的工资、福利预算

续表

计划类别	目　标	政　策	步　骤	预　算
人员接替和提升计划	后备人员数量保持稳定，改善人才结构及提高绩效目标	全面竞争，择优晋升，制定选拔标准，提升比例，未提升人员的安置	略	职务变动引起的工资变动
教育培训计划	素质及绩效改善、培训数量及类型增加，增加新人员，转变态度及作风	培训时间的保证，培训效果的保证（如待遇、考核、使用）	略	教育培训总投入和产出，脱产培训损失
工资激励计划	人才流失减少，士气水平提升，绩效改进	工资政策，激励政策，激励重点	略	增加工资奖金预算
劳动关系计划	降低非期望离职率、改进干群关系、减少投诉和不满	参与管理，加强沟通	略	法律诉讼费
退休解聘计划	劳务成本降低及生产率提高	退休政策及解聘程序	略	安置费、人员重置费

第二节　人力资源的供求预测

人力资源规划中最重要、最复杂的工作环节即准确地完成人力资源的供求预测。可以说，开展人力资源供求关系的预测是完成人力资源规划的前提。其中，人力资源的需求预测是指企业为实现既定目标而对未来所需员工数量和种类的估算；而人力资源的供给预测是确定企业能否保证员工具有必要能力以及员工具有合理来源的过程。

一、旅游企业人力资源的需求预测

旅游企业人力资源需求预测主要是根据旅游发展总体规划而确定的规划目标以及长远利益，对未来某一特定时期所需要的人力资源的质量、数量和结构进行科学分析，并给出符合发展需要的预测结果。这里所指的需求是完全需求，是在不考虑旅游企业现有人力资源状况和变动情况下的需求，而非净需求，后者需要与供给预测结果进行比较后才能够得到。

（一）旅游企业人力资源需求预测的分类

1. 旅游企业人力资源存量与增量的预测

根据旅游企业的人力资源现状，对未来拥有的不同层次的人力资源数量进行预测与判断。就存量而言，主要是指旅游人力资源的自然损耗（如自然减员）和自然流动（如专业转移、变动）引起的人力资源变动；就增量而言，主要是指随着旅游企业经营规模的扩大等发展带来的人力资源的新需求。而对不同类型的旅游企业而言，比如景区、旅行社，其规模扩大不是在一地进行企业规模拓展，而是通过地域连接、进行网状的规模扩张。因此，其人力资源的需求有可能是跨地区、跨文化的，相对来说管理挑战更大。

通过对旅游企业人力资源存量与增量的分析，再依据人力资源再生能力，可以进行预测，以便当科技发展和产业结构发生调整时，能够根据需求补充新的不同层次的人力资源，及时满足旅游发展的需要。

2. 旅游企业人力资源结构预测

进行人力资源结构预测的目的，主要是为了防止旅游企业出现人力资源结构不合理的问题，以保证旅游企业在各种发展情况下都能具有较好的人力资源结构的组合，以避免出现不同层次的人力资源组织不配套或者结构比例失调等情况，如性别失调、年龄结构不合理、教育水平不合理等。

3. 旅游企业特殊人力资源需求预测

旅游企业具有一定的特殊性，以旅行社为例，开设旅行社需要特殊经营许可；对于很多旅游景区而言，表演是景区的灵魂，对演艺人才的需求量很大。这些都是有别于常规企业的人力资源需求。这一部分的特殊需求，正是旅游企业特别面向特种人才和资源的需求而进行预测的基础，具有较强的针对性。通过专门的特殊人力资源需求预测，可以使旅游企业通过一些特殊的手段与方法，加快专门人才的开发和培养，以满足企业的业务需求和发展需要。

（二）旅游企业人力资源需求的影响因素

旅游企业人力资源需求分析一般包括总量需求和个量需求的分析。其中，总量需求是指一个国家在某一阶段或时限内旅游人力资源的需求总量，包括数量、质量和结构等方面的需求量，如果该国旅游产业为支柱产业，则人力资源的需求总量就会比较突出，对数量、质量和结构等方面的要求也会较高；而个量需求是指某一组织在某一阶段或时限内人力资源的需求量，同样表现在数量、质量和结构等方面的需求量，在旅游产业中则表现为对具体某一旅游企业一定时期内人力资源需求的分析和预测。

人力资源需求预测是指根据旅游企业的发展规划和企业的内外条件，选择适当的预测技术，对人力资源需求的数量、质量和结构进行预测。预测要在内部条件和外部环境的基础上进行，必须符合现实情况。人力资源需求预测所涉及的变量与旅游企业经营过程所涉及的变量是共同的。应该把预测看成是完善周围的人力资源需求决策的一个工具。因为好的决策要求拥有尽可能多的信息，以保证对未来的预测更加精确、更加有效。

具体分析，影响旅游企业人力资源需求的主要因素包括内部因素和外部因素。

1. 内部因素

(1) 旅游企业的发展战略和经营规划。

旅游企业所选择的发展战略，直接决定着企业未来的职位设置情况与职位结构变动。例如，某旅游企业选择了竞争性发展战略，将在较短时期内尽快提升企业的市场占有率，因而需要在市场营销部门进行较多的人员投入，增加新的职位，网状布点以加强营销工作。

(2) 旅游产品和服务的需求。

从本质上来看，旅游企业之所以需要大量的员工提供产品和服务，实际上是因为游客对旅游企业产品和服务存在现实需求。随着未来的发展，如果旅游者认为人的服务与机器服务并无差别时，那么旅游企业为旅游者提供旅游产品和服务的生产过程将会有较大的调整变化，旅游企业将无须设置面面俱到的基层服务岗位，也无须招募那么多的基层服务人员，这完全取决于旅游者对旅游产品和服务的需求变化。以阿里巴巴旗下推出的无人服务式酒店“菲住布渴”为例，整个酒店内所设置的职位急剧减少，因此在进行人力资源规划的需求预测时也就无须考虑这一部分的员工需求。

（3）旅游企业现有职位的变动情况。

假定在其他因素不变的前提下，旅游企业根据行业发展需要，对现有的组织架构、岗位设置等进行调整和变动，也将影响旅游企业的人力资源需求预测情况。以旅行社为例，随着导游职业向着自由职业演变，大部分旅行社内不再单独设立导游这一部门和相关职位，因而也减少了企业对此类人员的招募，旅行社将更多地采用与导游服务中心、导游公司合作的方式解决导游用工问题。

（4）旅游企业技术与设备条件的变化。

随着互联网与高新科技在旅游产业的广泛应用，随之而来的是更多的智慧酒店、无接触服务、一站式入住等更为便捷的服务消费方式。而旅游企业每一次技术与设备条件的变革和调整，都会相应地引发对企业原有人力资源规划的影响和变动，从而也会相应地产生企业员工的增减和变动。

（5）旅游企业规模和经营方向的变化。

在旅游企业不断成长和发展的过程中，由于市场热点的转换，旅游企业规模和经营方向可能会发生调整和变化。在这一背景下，旅游企业人力资源规划也会相应地发生调整，对人力资源需求预测的精准性也会产生影响。企业员工的正常离职，比如退休和调动，也会引起旅游企业现有员工数量和结构的变化。可以说，旅游企业内部的人力资源本身就处于不断的变化常态之中，对旅游企业所引发的各种影响均有一定的滞后性，所以更有必要积极开展人力资源需求预测，进行人力资源规划工作。

（6）旅游企业员工队伍的稳定性。

一直以来，旅游企业面临的一大挑战就是行业居高不下的员工流失率和离职率。如何保持旅游企业的员工队伍维持在一个较为合理的稳定水平？这是旅游企业非常关注的重要课题。无论因为何种原因，当旅游企业发展过程中出现较大幅度的员工离职、流失等现象，都提醒我们应该对旅游企业未来发展的人力资源需求进行再次预测。

2. 外部因素

（1）经济环境。

经济周期不仅直接影响旅游行业景气指数，还会影响旅游企业的人力资源规划与目标。当失业率上升时，可雇佣的员工数量可能会有所增加，这将使旅游企业的招聘工作相对容易。但也有不符合这一规律的时候，比如2020年全球爆发的新冠肺炎疫情对旅游业造成了巨大打击，由于对人们外出以及社交活动的限制，旅游行业面临着非常两难的情境，一方面失业率上升，另一方面人们也不愿意加入旅游行业。

（2）技术环境。

外部整体技术环境的提升或变化，对整个旅游行业也会产生非常显著的影响。比如目前中国正在进行的5G升级，相信在不远的将来，旅游行业中的各个企业都会随之做出相应的调整安排，在人员配备上也会根据这一环境的变化进行相应的调整与配置。

（3）竞争对手。

直接竞争和间接竞争都是对企业人力资源的一个重要外部影响力量，首先表现在旅游企

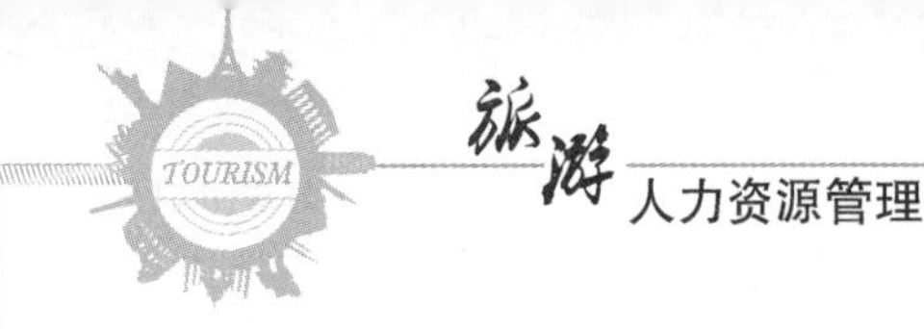

业的外部招聘工作环节，以深圳市为例，如果不能再持续提供与其他城市相比有优势的工资水平与奖励机制，那么其对外部人力资源的吸引力则会减弱，从而造成劳动力资源的流转和移动。

无论是企业的内部或外部因素，上述的每一项分析都是在假定其他因素不变的前提下进行的。如果上述的多个因素同时发生作用，产生的预测结果则可能会有所不同，有些相反的作用可能会互相抵消影响。

（三）旅游企业人力资源需求预测的主要方法

在旅游企业人力资源需求预测过程中，人力资源需求预测的方法有很多，有些方法属于定性分析预测法，有一些则属于定量分析的预测方法，以下选取几种有代表性的常用方法予以介绍。通常，在实际预测过程中，建议不要只采用单一方法，应将多种方法结合起来使用，使预测的结果更为准确、科学。

1. 经验判断法

经验判断法是最简单的需求预测方法。一般是根据旅游企业管理人员以往的工作经验和直觉来进行判断，具有一定的主观性。实际操作过程中，一般由部门负责人根据所在部门一定时期内工作量或人员配备情况，预测本部门的未来人力资源需求，然后再逐层向上汇总平衡。这一方法的依据主要来自管理人员的经验判断，适合规模较小或经营相对稳定、员工流失率较有规律的旅游企业，通常用于对短期人力资源需求的预测。但在采用预测结果时，需要考虑是否存在部门负责人预测需求时主观夸大的情形。

2. 专家评判法

专家评判法是按照一定的理论，建立在逻辑思维和逻辑推理基础之上的预测方法。具体包括函询调查法、专家会议法、德尔菲法三种。前两种比较简单，这里重点介绍第三种方法。

20 世纪 40 年代，美国兰德公司提出了德尔菲法，又称为“专家经验预测法”，属于定性预测法。这种预测方法通常是通过邀请在某一领域的专家或有经验的资深管理者对某一问题进行预测，凭借预测专家的经验、知识和综合分析能力，对旅游企业的人力资源发展的前景、规模、方向和速度等做出比较接近实际的分析和判断。这类预测的质量主要取决于预测者的业务水平、分析能力、对各类有关资料数据的掌握程度，以及当时外部环境对预测者的心理影响等。

在应用该方法时，具体操作步骤如下。

（1）确定调查问题，拟定调查提纲，准备向专家提供的资料（包括预测目的、期限、调查表以及填写方法等），整理相关问题的背景资料并设计调查问卷。

（2）有针对性地列出专家名单，组成专家小组。按照课题所需要的知识范围，确定专家。专家人数的多少，可根据预测课题的大小和涉及面的宽窄而定，一般不超过 20 人。

（3）向所有专家提出所要预测的问题及有关要求，并附上有关这个问题的所有背景材料，同时请专家提出还需要什么材料，再由专家给予书面答复。各个专家根据他们所收到的材料，提出自己的预测意见，并说明自己是怎样利用这些材料从而得出预测值的。

（4）将各位专家第一次判断意见汇总，列成图表，进行对比，再分发给各位专家，让专家比较自己同他人的不同意见，修改自己的意见和判断。也可以把各位专家的意见加以整理，或请身份更高的其他专家加以评论，然后把这些意见再分送给各位专家，以便他们参考后修改自己的意见。

（5）将所有专家的修改意见收集起来，整理后，再次分发给各位专家，以便做第二次修改。逐轮收集意见并为专家反馈信息是德尔菲法的主要环节。收集意见和信息反馈一般要经过三四轮。在向专家进行反馈的时候，只给出各种意见，但并不说明发表各种意见的专家姓名。这一过程会重复进行，直到每一位专家不再改变自己的意见为止。

（6）对专家的意见进行综合处理，得到预测结论。

3. 趋势预测法

趋势分析（Trend Analysis）最初由 Trigg 提出，采用 Trigg's 轨迹信号（Trigg's Tracking Signal）对测定方法的误差进行监控。此种轨迹信号可反映系统误差和随机误差的共同作用，但不能对二者分别进行监控。其后，Cembrowski 等单独处理轨迹信号中的两个估计值，使之可对系统误差和随机误差分别进行监控，其一即为“准确度趋势”（均数）指示系统——Trigg's 平均数规则，其二即为反映随机误差的“精密度趋势”（标准差）指示系统——Trigg's 方差卡方规则。

趋势预测法又称为时间序列法，是一种定量预测方法，是将历史资料和数据按时间顺序排成一系列，根据时间顺序所反映的发展过程、方向和趋势，将时间顺序外推或延伸，以预测未来所需的人力资源。

在旅游企业应用过程中，一般是根据旅游企业的历史人员数据，分析出未来的变化趋势，并以此为依据来预测该企业在未来一段时间内的人力资源需求数量和结构。

（1）直线预测法。

首先，收集旅游企业在过去几年内人员数量的历史数据，并以此为依据作图，然后用数学方法修正使其成为一条平滑的曲线，将这条曲线延长就可以大致分析出未来的人力资源需求变化趋势的预测结果。

（2）回归预测法。

该方法来源于统计学，通过找出与旅游企业的人力资源需求关系密切的因素，并依据过去的相关资料确定它们之间的数量关系，建立一个回归方程。之后，根据这些相关因素的变化，通过确定的回归方程来预测未来的旅游企业的人力资源需求。

根据回归方程中变量的数目，可以将回归预测法分为一元回归预测和多元回归预测两种，前者只涉及一个变量，建立回归方程时相对简单；而后者则会涉及多个变量，因此建立方程时要更为复杂，但也大大地提高了预测的准确性。

（四）旅游企业人力资源需求预测的步骤

旅游企业人力资源需求预测可分为现实人力资源需求、未来人力资源需求、未来流失人力资源需求三部分，具体步骤如下。

（1）根据职务分析的结果，来确定职务编制和人员配置。职务分析包括工作分析和工作评价两部分内容。即借助于一定的分析手段，确定工作的性质、结构、要求等基本因素的活动，然后根据工作分析的结果，按照一定标准，对工作的性质、强度、责任、复杂性及所需资格条件等因素的差异程度进行综合评价，用以确定企业各部门的人员编制及具体要求。

（2）进行人力资源盘点，统计出人员的缺编、超编以及是否符合职务资格要求。人力资源盘点包括统计现有人员的数量、质量、结构以及人员分布情况。企业应当弄清楚这些情况，为人力资源规划工作做好准备。这项工作要求企业建立人力资源信息系统，详细记载企业员工的各种信息，如个人自然情况、录用资料、工资、工作执行情况、职务和离职记录、工作态度和绩效表现等。只有这样,才能全面了解企业人员情况,才能准确地进行企业人力资源规划。

(3) 将上述统计结论与部门管理者进行讨论,修正统计结论,该统计结论则为现实人力资源需求。

(4) 根据企业发展规划,确定各部门的工作量。

(5) 根据工作量的增长情况,确定各部门还需增加的职务及人数,并进行汇总统计,该统计结论则为未来人力资源需求。

(6) 对预测期内退休的人员进行统计。

(7) 根据历史数据,对未来可能发生的离职情况进行预测。

(8) 将预测期内退休的人员数以及未来可能发生的离职人数和预测结果进行汇总,得出未来流失人力资源需求。

(9) 将现实人力资源需求、未来人力资源需求和未来流失人力资源需求汇总,即得到企业整体人力资源需求预测。

二、旅游企业人力资源的供给预测

(一) 旅游企业人力资源供给的内外部分析

以旅游企业为主体,其人力资源供给的来源主要有两种,分别是外部供给和内部供给。旅游企业人力资源供给分析的基础有两方面的内容:一是,估计目前的人力资源供给状况;二是,人力资源流动情况的分析。

1. 旅游企业人力资源的内部供给分析

在旅游企业内,构建人力资源信息系统是旅游企业唯一的内部人力资源供给依据和工具。下述几种情况均属于企业内部的人力资源供给变动情况,需要我们对旅游企业现有人力资源的存量及其在未来的变化情况做出预测判断。

(1) 旅游企业员工的自然流失。

员工自然流失的常见形式有伤残、退休、死亡等。在旅游企业人力资源管理过程中,与其他类型的企业相似,员工也会产生自然流失的现象,包括员工出现一些伤残、意外,员工的正常退休,或员工还在岗位时发生了死亡现象,等等。这些都属于企业员工的自然流失。不过,整体从自然流失的视角来看,导致员工自然流失最大的影响因素是员工的退休,所以在进行人力资源规划工作时,需要提前一定时间来做好安排,以应对自然流失所导致的企业员工数量减少,以免对企业正常用工产生不良影响。

(2) 旅游企业员工的内部流动。

员工内部流动的常见形式有晋升、降职、平调等。很多旅游企业的规模大小不同,或者隶属于一个旅游集团旗下不同类型的旅游企业,从而会在各个板块内部或同一企业的不同部门之间发生员工内部流动,包括晋升、降职、平调等不同的情况,这为企业员工在内部打开了一些个人成长与发展的路径,有些企业也会在进行规划时为员工设计相应的职业生涯发展路径。

(3) 旅游企业员工的离职。

在旅游企业人力资源管理过程中,企业员工的离职现象是比较普遍的。相较于一般类型的服务企业,旅游企业整体的员工流失水平是相对较高的。当然,引发旅游企业员工离职的原因可能也是多种多样的,包括员工合同到期解聘、主动离职跳槽、被动离职等各种情况,但实质上都会造成员工数量减少,在应对时,特别应该根据岗位的重要性、工作的紧迫性等原则进行判断和区别处理。

2. 旅游企业人力资源的外部供给分析

一般来说，影响旅游企业的人力资源外部供给的主要因素有下述几个方面：

(1) 旅游企业所在地区的经济形势和教育水平；

(2) 旅游行业竞争状态及企业的竞争力；

(3) 社会失业率与行业失业率等；

(4) 国家有关法律和政府的劳动法规；

(5) 人们的就业意识、择业心态、模式和观念等的变化；

(6) 科技的发展。

(二) 旅游企业人力资源供给的影响因素

1. 企业内外部环境

人力资源供给的来源包括内部供给和外部供给，供给预测只针对有效供给进行，超越企业能力的人力资源供给对企业没有实质意义。相对内部供给而言，外部供给具有许多不可控因素。因此，人力资源供给的预测主要侧重于企业内部供给的预测。影响人力资源供给的因素包括企业外部环境与企业内部条件两个方面。

(1) 企业外部环境。

一般来说，影响企业人力资源外部供给的因素主要有社会劳动力市场的状况、人们的就业意识、企业的吸引力等。当社会劳动力市场紧张时，外部供给的数量就会减少；而当社会劳动力市场宽松时，外部供给的数量就会增多。在人们的就业意识中，如果企业不属于人们择业的首选行业，那么外部供给数量自然就比较少，反之就比较多。当企业对人们的吸引力比较强时，人们都会愿意到这里来工作，外部供给数量也就会比较多；相反，如果企业不具有吸引力，人们都不愿意到这里来工作，那么外部供给数量就会减少。此外，国家政策、竞争对手动态等也会影响企业的劳动力供给。所以，在分析企业的吸引力时，不仅要看绝对的水平，还要看相对的水平，也就是企业与竞争对手相比较而言的吸引力如何，这对于吸引专业性较强的人力资源来说更有意义。

(2) 企业内部条件。

由于人力资源的内部供给来自组织内部，组织在预测期内所拥有的人力资源就形成了内部供给的全部来源。内部供给的分析主要是对现有人力资源的情况及其未来的变化情况做出判断。影响内部供给的主要因素有：企业现有人力资源状况；企业员工的自然损耗，包括辞退、退休、伤残、死亡等；企业员工的内部流动，包括晋升、降职、平职调动等；企业员工的跳槽；企业总体经营战略改变导致的人力资源政策变化等。

2. 工资与非工资因素

除了企业内外部环境因素之外，人力资源供给的影响因素还可从工资因素和非工资因素两方面来衡量。

(1) 工资因素。

工资是影响人力资源供给的最为基本的因素，因为它是满足人们各种需要的基础。如果没有这个因素的作用，人力资源的流动将大受影响，人力资源需求与供给的方方面面都可能无从谈起。有研究显示，越是经济不够发达的国家，工资因素的制约性就越大；越是高工资的企业、行业和地区，就越可优先获得所需的人力资源。

（2）非工资因素。

非工资因素主要指工作因素和劳动者因素两个方面。工作因素包括职业声望、环境、工作条件、组织文化及安全保障等因素。人们总是愿意选择那些有职业声望和备受社会关注的工作，比如管理、法律、财务等方面的工作。工作条件的好坏、工作环境的优劣以及安全情况等，都是劳动者就业时考虑的主要因素。自身因素的影响也是显而易见的，身体状况的好坏、心理素质、人格特征等都会影响企业的人力资源供给。

（三）旅游企业人力资源供给预测的方法

针对旅游企业内部供给预测而言，人力资源供给预测的方法有多种，下面重点选取几种有代表性的方法予以介绍。

1. 技能清单

技能清单是对员工竞争力的反映，较为侧重一线员工和技术工种，可以用来预测潜在的人力资源供给。通过收集员工的教育背景、工作经历、培训情况、所掌握技能与证书、岗位适合度、技术等级和潜力等信息，较清晰地预测未来旅游企业的人力资源供给潜力。

具体的技能清单包括内容如下：

（1）员工的工作岗位、经验、年龄；

（2）员工技术能力、责任、学历；

（3）对员工工作表现、提升准备条件等的评价；

（4）对员工最近一次的工作表现的评价等。

2. 管理能力清单

管理能力清单反映的是管理者的管理才能及管理业绩。具体内容如下：

（1）管理幅度范围；

（2）管理的总预算；

（3）下属的职责；

（4）管理对象的类型；

（5）受到的管理培训；

（6）当前的管理业绩。

3. 替换单法

替换单法最早用于人力资源供给预测，后来也应用于需求预测，一些组织利用替换单对每一位内部候选人进行跟踪，以便为组织的重要职位挑选候选人。这种方法通常用于管理职位的供给预测。在替换单中，要给出职位名称，现任员工姓名、年龄，预计的提升时间，可能的替换候选人及其提升时间的预期。图 2-1 是一张简单的替换单。在现有人员分布状况、未来理想的人员分布和流失率已知的条件下，由待补充职位空缺所要求的晋升量和人员补充量即可知人力资源供给量，这种方法相当直观。

替换单法以绩效为预测依据，当员工的绩效很低时，将被辞退或调离，当绩效很高时，将获得提升。预计提升时间很大部分是以此为依据，同时兼顾考虑人员的技能、能力等。该方法的步骤如下：

（1）确定要进行人力资源规划的工作职能范围；

（2）确定关键职位的候选人；

（3）评价候选人的工作情况及对提升要求的满足情况；

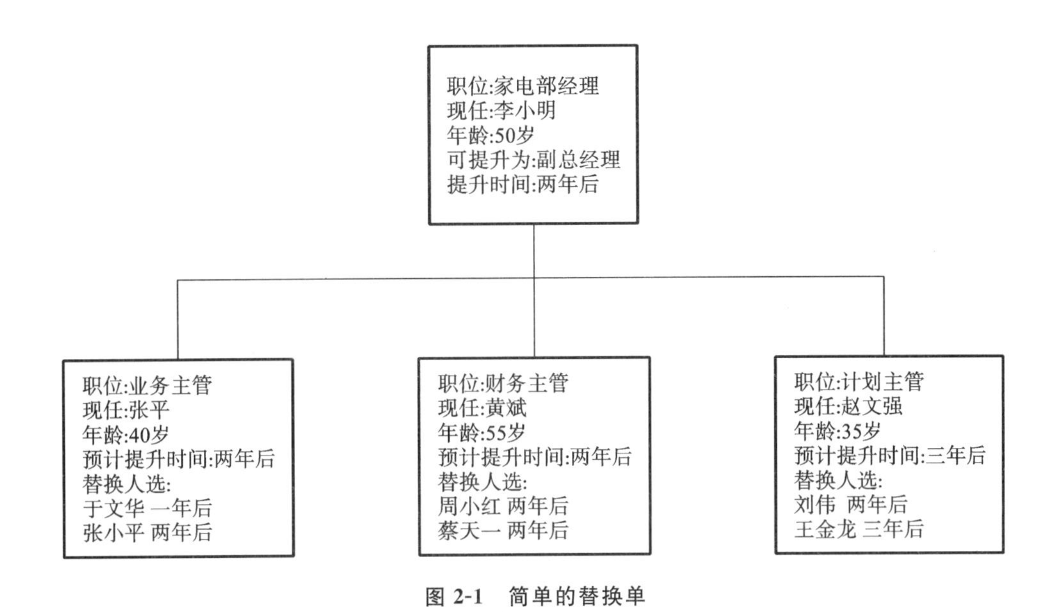

图 2-1 简单的替换单

(4) 了解候选人的职业发展需要,将个人职业发展与组织发展相结合。

替换单法适用于管理人员供给预测,比较简单、直观,但需要根据组织环境变化及时进行调整。

(四) 旅游企业人力资源供给预测的步骤

人力资源供给预测也称为人员拥有量预测,是人力资源预测的又一个关键环节,只有进行人员拥有量预测并把它与人员需求量进行对比之后,才能制定各种具体的规划。人力资源供给预测包括两部分:一部分是内部拥有量预测,即根据现有人力资源及其未来变动情况,预测规划各时间点上的人员拥有量;另一部分是对外部人力资源供给量进行预测,确定在规划时间点上的各类人员的可供量。

1. 计算人力资源供给预测值

第一,应认真进行人力资源盘点,了解企业员工现状;第二,分析企业的岗位调整和历史员工调整数据,统计出员工调整的比例;第三,向各部门的人事决策者了解可能出现的人事调整情况,据此得出企业内部人力资源供给预测值;第四,分析影响外部人力资源供给的地域性因素及全国性因素,得出企业外部人力资源供给预测值;第五,将企业内部人力资源供给预测值和外部人力资源供给预测值汇总,得出企业的人力资源供给预测值。

评估者在开展人力资源规划预测时,应考虑以下具体问题:一是,预测所依据的信息的质量、广泛性、详尽性、可靠性,以及信息的误差及原因;二是,预测所选择的主要因素的影响与人力需求的相关程度,以及预测方法在使用的时间、范围、对象的特点与数据类型等方面的适用程度等。

2. 起草人力资源供求计划

计算出人力资源供给预测值后,起草计划匹配的人力资源供求情况。起草人力资源供求计划具体包括以下几个方面。

(1) 确定人员需求量。主要是把预测到的各规划时间点上的供给与需求进行比较,确定人员在质量、数量、结构及分布上的不一致之处,从而得到净人员需求量。

(2) 制定匹配政策以确保需求与供给的一致。这步实际是制定各种具体的规划和行动方案，保证需求与供给在规划各时间点上相匹配。主要包括人员配置计划、人员需求计划、人员供给计划、人员培训计划、人力资源费用计划等具体行动方案。

三、旅游企业人力资源供求的平衡

旅游企业人力资源规划的最终目的是实现旅游企业人力资源供给和需求的平衡。因此，在分别进行人力资源的供给和需求的分析之后，就要对这两者进行比较，并根据比较的结果采取相应的措施。

（一）供求总量平衡，人力资源结构不匹配

结构性失衡是企业人力资源供求中较为普遍的一种现象，在旅游企业的稳定发展中表现得尤为突出。旅游企业的人力资源供求完全平衡这种情况极其少见，甚至不可能，即使是供求总量上达到平衡，也会在层次、结构、技能需求等方面发生不平衡，旅游企业应根据具体情况制定供求平衡规划，同时兼顾人力资源结构的调整和完善。平衡的办法一般有技术培训计划、人员接任计划、晋升及外部补充计划。其中，技术培训计划运用的主要目的是提升受训人员的素质和技能，必须与人员接任计划衔接，将它们安置到适当的岗位，人员晋升与调整后，因其承担的责任和所发挥的作用与以前不一样，所以必须配合相应的薪资调整。唯有如此，企业员工才有完成各项任务的积极性，人力资源专项计划才能得以实现。外部补充计划则主要是为了弥补退休和流失人员的空缺。

（二）人力资源供给大于需求

我国现阶段旅游企业面临的主要问题可能是人力资源过剩，这也是我国现有旅游企业开展人力资源规划的难点问题。当人力资源过剩、供大于求，制定管理决策时，旅游企业组织一般采用的方法有充分利用组织的现有人员，永久性裁员，人员的重新配置，降低劳动力成本等。

（1）永久性辞退某些劳动态度差、技术水平低、劳动纪律观念差的员工。

（2）合并和关闭某些臃肿的机构。

（3）鼓励提前退休或内退，对一些接近但还未达退休年龄者，应制定一些优惠政策，如提前退休者仍按正常退休年龄计算养老保险工龄，有条件的企业，还可一次性发放部分奖金（或补助），鼓励提前退休。

（4）提高员工整体素质，如制订全员轮训计划，使员工始终有一部分在接受培训，为企业扩大再生产准备人力资本。

（5）加强培训工作，使企业员工掌握多种技能，增强他们的竞争力。鼓励部分员工自谋职业，同时，可拨出部分资金，开办其他产业。

（6）减少员工的工作时间，随之降低工资水平，这是西方企业在经济萧条时经常采用的一种解决企业临时性人力资源过剩的有效方式。

（7）采用由多个员工分担以前只需一个或少数几个人就可完成的工作和任务，企业按工作任务完成量来计发工资的办法。这一方法可通过减少员工的工作量，从而达到逐步降低工资水平的目的。

在制定平衡人力资源供求的政策措施的过程中，不一定是单一的供大于求、供小于求，可能出现某些部门的人力资源供过于求，而另几个部门可能供不应求，或者高层次人员供不应求，而低层次人员却供给远远超过需求量的现象。因此，应具体情况具体分析，制定出相应的人力资源部门或业务规划，使各部门的人力资源在数量、质量、结构、层次等方面均达到协调平

衡。减少预期出现的劳动力过剩的方法如表 2-2 所示。

表 2-2 减少预期出现的劳动力过剩的方法

方　法	速　度	员工受损害的程度
裁员	快	高
减薪	快	高
降级	快	高
工作轮换	快	中等
工作分享	快	中等
退休	慢	低
自然减少	慢	低
再培训	慢	低

（三）人力资源供给小于需求

如果预测结果显示旅游企业的人力资源在未来可能发生短缺，则应根据具体情况选择不同方案以避免短缺现象的发生。

（1）将符合条件，而又处于相对富余状态的职位的人员调往空缺职位。

（2）如果高技术或技能人员出现短缺，则应拟订培训和晋升计划，如果旅游企业内部无法满足要求，则应拟订外部招聘计划。

（3）如果短缺现象不严重，且本企业的员工又愿意延长工作时间，则可以根据《中华人民共和国劳动法》等有关法规，制订延长工时并适当增加报酬的计划，但这只是一种短期应急措施。

（4）提高旅游企业资本技术有机构成，提高工人的劳动生产率，形成机器替代人力资源的格局，减少人员的使用。

（5）制订聘用非全日制临时用工计划，如返聘已退休者，或聘用小时工等。

（6）制订聘用全日制临时用工计划。

为避免预期出现的劳动力短缺的状况，企业一般采用的方法可参考表 2-3。

表 2-3 避免预期出现的劳动力短缺的方法

方　法	速　度	可回撤程度
加班	快	高
临时雇佣	快	高
外包	快	高
再培训后换岗	慢	高
减少流动数量	慢	中等
外部雇佣新人	慢	低
技术创新	慢	低

虽然以上这些措施是解决组织人力资源短缺的有效途径，但最为有效的方法还是通过科学的激励机制及培训，提高员工生产业务技能，改进产品和服务设计等方式，来调动企业员工积极性，提高劳动生产率，减少对人力资源的需求。这一点对于旅游企业的挑战较大，因为在现阶段，旅游企业仍然被纳为人力密集型的行业类型，也许未来人工智能等高科技的发展将重

新改写旅游企业的行业属性，使旅游企业的人力资源管理产生革命性的颠覆和发展。

案例分析　酒店扩张后如何解决人力资源新问题？

WST 酒店集团，最初只是一家普通的国有宾馆，由于地处知名 5A 级旅游景区附近，故迅速发展壮大，原有宾馆已经推倒重建成为一家五星级酒店。集团在此尝到甜头后，先后在四个旅游景区附近收购了四家三星级的酒店。对于新收购的酒店，集团只是派去了总经理和财务部的相关人员，其他人员都采取本地招聘的形式。因为集团认为一般管理者和基层服务员容易招到，而且简单培训后就可以上岗，所以只是进行简单的面试，只要应聘者长相顺眼就可以录用，同时，为了降低人工成本，服务员的起薪工资比较低。

赵某是集团新委派的下属一家酒店的总经理，刚上任就遇到酒店西餐厅经理带着几名熟手跳槽的事情，他急忙叫来人力资源部经理商谈此事，经理满口答应会立即解决此事。第二天，赵某去西餐厅视察，发现有的西餐厅服务员摆台时把刀叉经常摆错，有的不知道如何开启酒瓶，领班除了知道基本服务流程外，根本不知道如何处理顾客的投诉、如何协调服务员之间的关系和进行工作管理。紧接着仓库管理员跑来告诉赵某说发现丢失了银质的餐具，怀疑是服务员小张偷的，但现在已经找不到小张了。赵某一查仓库的账本，发现很多东西都写着丢失。赵某很生气，要求人力资源部经理解释此事，人力资源部经理辩解说因为员工流动率太高，多数员工都是才来不到 10 天的新手，餐厅经理、领班、保安也是如此，所以做事不熟练，丢东西比较多。赵某忍不住问："难道顾客不投诉吗？"人力资源部经理回答说："投诉，当然投诉，但没关系，因为现在是旅游旺季，不会影响生意的。"

赵某对于该人力资源部经理的回答非常不满意，在询问了一些员工后，发现人力资源部经理经常随意指使员工做各种事情，例如，接送他的儿子上下学，给他的妻子送饭，等等。如果员工不服从，就立即开除。赵某考虑再三，决定给酒店大换血——重新招聘一批核心管理人员和骨干服务人员。于是经过准备工作，赵某给集团总部写了一份有关人力资源规划的报告，申请高薪从外地招聘一批骨干人员，并增加培训投入。同时人力资源部经理也给集团总部写了一份报告，说赵某预算超支，还危言耸听造成人心惶惶，使酒店管理更加困难，而且违背了员工本地化的基本政策。

（资料来源：根据相关资料整理。）

问题：

1. 赵某的想法是否正确？酒店是否必须从外地雇佣一批新的骨干人员？

2. 如果确实要进行人力资源规划工作，那么赵某应该采取哪些准备工作？

3. 酒店人力资源规划的重点是什么？服务员是否需要纳入人力资源规划的工作范畴，或者等到需要时再招聘？

4. 赵某应当与什么人一起完成酒店的人力资源规划工作？在进行人力资源规划的过程中，赵某可以采用哪些方法去了解人力资源的供求情况？

第三节　人力资源规划的实施与控制

为了能够及时应对人力资源规划实施过程中出现的问题，确保人力资源规划能够正确实施，有效地避免潜在劳动力短缺或劳动力过剩，就需要有序地按照规划的实施与控制的进程来执行。那么，人力资源规划的实施与控制是如何进行的呢？在实际的人力资源规划工作过程中，人力资源规划的实施与控制主要从四个方面来把握：一是执行；二是检查；三是反馈；四是完善。其中，执行是实施层面的工作，而后面三项工作则属于人力资源规划的控制环节。

一、旅游企业人力资源规划的实施程序

如前所述，旅游企业人力资源规划的实施程序大致分为如下步骤。

（一）明确旅游企业的战略决策及经营环境

明确旅游企业的战略决策及经营环境，是人力资源规划的前提。一方面，从旅游企业内部来看，不同的产品设计与组合、技术应用、生产规模、经营区域等都会对企业人力资源提出不同的要求。而另一方面，诸如人口、交通、文化教育、法律、人力竞争、择业期望等则构成旅游企业外部人力资源供给的多种制约因素。因此，我们需要先厘清旅游企业的内外部状况，做到心中有数。应充分调查、收集和整理涉及企业战略决策和经营环境的各种信息，其中，影响旅游企业战略决策的信息有：产品结构、消费者结构、企业产品的市场占有率、设计研发和销售状况、技术应用的先进程度等旅游企业自身的因素；社会、政治、经济、法律等旅游企业的外部环境因素。这些外部因素是旅游企业制定规划的“硬约束”，旅游企业人力资源规划的任何政策和措施均不得与之相抵触。例如，《中华人民共和国劳动法》规定：禁止用人单位聘用未满 16 周岁的未成年人。旅游企业拟订未来人员招聘计划时，应严格遵守这一原则。否则，将被追究责任，所制订的计划亦是无效的。

（二）梳理旅游企业现有人力资源的状况

梳理旅游企业现有人力资源的状况，是制定人力资源规划的基础工作。要实现旅游企业发展战略目标，就要立足于对旅游企业现有人力资源的充分开发。因此，必须采用科学的评价分析方法，根据旅游企业或部门实际确定其人力资源规划的期限、范围和性质，对本企业现有的各类人力资源数量、分布、利用及潜力状况、流动率等进行统计分析，摸清家底，建立旅游企业人力资源信息系统，为后续开展预测工作准备精确而翔实的资料。

（三）科学预测旅游企业人力资源需求与供给

对旅游企业人力资源需求与供给进行科学预测，是制定人力资源规划的技术性关键工作。在旅游企业人力资源管理过程中，与人力资源开发、管理相关的全部工作计划都必须以科学预测为依据，制定相应的管理决策。在分析人力资源供给和需求影响因素的基础上，采用以定量为主并结合定性分析的各种科学预测方法，对旅游企业未来的人力资源供求进行预测。预测本身是一项技术性较强的工作，其准确程度直接决定了规划的效果和成败，是整个人力资源规划中最困难，同时也是最关键的工作。预测的要求是能够针对性地提出某一计划期内各类人力资源的余缺状况，同时要从人力资源的数量和质量两个方面来进行衡量，为人力资源供求平衡提供技术支持和数据参考。

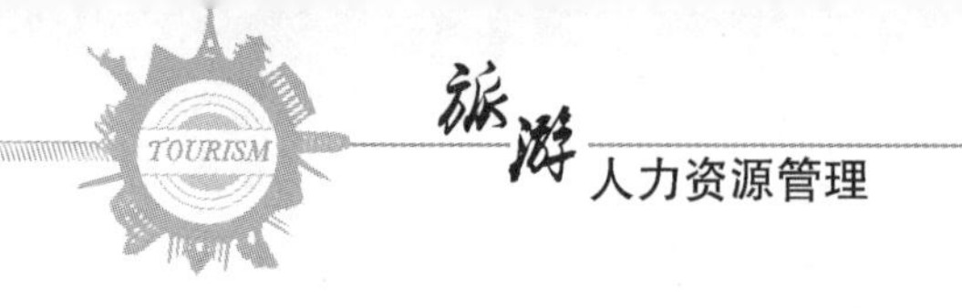

（四）制订人力资源供求平衡的总计划和各项业务计划

制订人力资源供求平衡的总计划和各项业务计划，是编制人力资源规划过程中的具体工作。编制人力资源规划时，需要人力资源主管根据人力供求预测提出人力资源管理的各项要求，具体表现为制订总计划及各项业务计划，通过具体的业务计划使未来企业对人力资源的需求得到满足，以便旅游企业和相关部门能够照此执行。之后，还应对人力资源规划的执行过程进行监督和分析，评价规划质量，找出规划中的不足，并给予适当调整，以确保旅游企业整体目标的实现。

二、旅游企业人力资源规划的控制

人力资源规划的控制是针对企业所制定的人力资源规划和实际贯彻执行情况所进行的动态调节和纠正偏差，确保企业战略有效实施和适应的过程。人力资源规划的控制过程可以归纳为三个方面：科学评价现有的人力资源；预估将来需要的人力资源；制定满足未来人力资源需要的行动方案。

（一）确定控制目标

为了能对规划实施进行有效控制，首先需要确定控制的目标。设立控制目标时要注意，控制目标既能反映企业总体发展战略目标，又能与人力资源规划目标相对接，反映企业人力资源规划实施的实际效果。在确定人力资源规划的控制目标时，应该注意控制一个体系，其通常由总目标、分目标和具体目标组成。

（二）制定控制标准

控制标准是一个完整的体系，包含了定性控制标准和定量控制标准两种。定性控制标准必须与规划目标相一致，能够进行具体评价，例如，人力资源的工作条件、生活待遇、培训机会、对企业战略发展的支持程度等。定量控制标准应该能够计量和比较，例如，人力资源的发展规模、结构、速度等。

（三）建立控制体系

有效地实施人力资源规划控制，必须有一个完整的、可以及时反馈的、准确评价的和及时纠正的体系。该体系能够从规划实施的具体部门和个人那里获得规划实施状况的信息，并迅速传递到规划实施、管理和控制部门。

（四）衡量评价实施成果

该阶段的主要任务是将处理结果与控制标准进行衡量评价。解决问题的方式主要有：一是提供、完善能够实现规划的条件，使规划目标得以实现。二是对规划方案进行修正。当实施结果与控制标准一致时，无须采取纠正措施；当实施结果超过控制标准，提前完成人力资源规划的任务时，应该采取措施防止人力资源浪费现象的发生；当实施结果低于控制标准时，需要及时采取措施进行纠正。

（五）采取调整措施

当通过对规划实施结果的衡量和评价，发现结果与控制标准有偏差时，就需要采取措施进行纠正。该阶段主要的工作是找出引发规划实施问题的原因，例如，规划实施的条件不够、实施规划的资源配置不力等，然后根据实际情况做出相应的调整。

旅游企业人力资源规划的过程如图 2-2 所示。

企业完成人力资源规划工作后，管理人员要对现有人力资源的状况展开考察，通常以开展

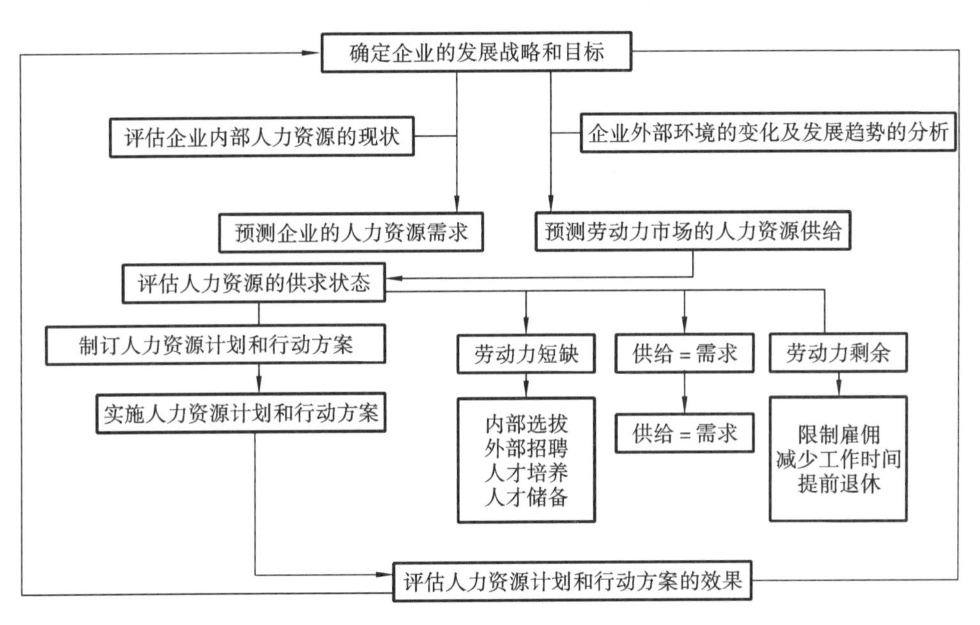

图 2-2 旅游企业人力资源规划的过程

人力资源调查的方式进行。在计算机系统高度发达的年代，对于绝大多数企业来说，要形成一份人力资源调查报告，并不是一项困难的任务。这份报告的数据来源于员工填写的调查表，表内一般会列有姓名、最高学历、所受培训、以前就业、所说语种、能力和专长等项目，并发给企业中的每一个员工。此项调查能同时帮助管理者评价企业中现有的人才与技能。

人力资源需求是对企业的产品或服务需求状况的一种反映。基于总营业额的估计，管理者要为达到这一营业规模配备相应需要数量和知识结构的人力资源。在某些情况下，这种关系也可能相反，当一些特殊的技能既必不可少而又供应紧张时，现有的符合要求的人力资源状况就会安于既定营业规模。例如，旅游咨询公司就可能出现这种情况。它常发现经营机会远比自己所能处理的业务大得多。其扩大营业规模的唯一限制因素可能就是，该咨询公司能否雇佣和配备具有满足特定客户要求所必需的工作人员。不过，大多数情况之下是以企业总目标和基于目标规定的营业规模预测为主要依据，来确定未来企业组织的人力资源需求状况。

在对现有能力和未来需要进行全面评估以后，管理者可以测算出人力资源的短缺程度（在数量和结构两方面），并指出企业中将会出现超员配置的领域。然后将这些预计与未来人力资源的供应预测结合起来，就可以拟定出行动方案。由此可见，人力资源规划不仅可以为指导现在人力资源的配备和需求提供指南，同时也可以预测未来的人力资源需求和可能。通过综合运用各种方法，人力资源的需求和供给可以在数量、质量以及结构上都达到平衡。

案例分析　主题公园的人力资源规划

某主题公园景区隶属于一家实力雄厚的文旅企业集团，根据公司未来五年的总体发展规划，未来该景区企业品牌将实现连锁化发展，企业将在五年内实现全国范围内的重点布局，达到年接待 1500 万人次游客的接待规模。人力资源部正在讨论 2020～2024 年的企业人力资源总体规划问题，负责起草该规划的是人力资源部副经理王平，她交代人力资源规划起草小组成员小章，在进行人力资源外部供给预测之前，先组织一次全面深入的调查，尽可能多地采集相关的数据资料，为人力资源内部供给预测做好准备。

（资料来源：根据相关资料整理。）

问题：

1. 该公司在进行人力资源内部供给预测时，可以采取哪些方法？

2. 当预测到企业人力资源在未来几年内可能发生短缺时，可以采取哪些措施解决人力资源供不应求的问题？

3. 与其他类型的企业相比，主题公园类型的旅游企业在人力资源管理与规划方面具有哪些特点和差异性？

本章小结

（1）旅游企业人力资源规划是在本企业发展战略和经营规划的指导下，对旅游企业在某一时期内的人员供给和需求状况进行预测，并根据预测结果采取相应的措施来实现供求平衡，以满足旅游企业对于各类型劳动力的需求，为旅游企业的发展提供保质保量的人力资源支持。

（2）广义的旅游企业人力资源规划是指旅游企业根据其发展战略、目标及内外环境的变化，预测未来组织的任务和环境对组织的要求，以及为完成任务和满足要求而制定和实施相应的人力资源政策、措施的过程。

（3）人力资源规划是企业发展战略的重要组成部分，是企业人力资源管理各项工作的起点与依据。有效的人力资源规划可以预防组织臃肿，降低经营成本，优化人力资源的配置。从人力资源规划所涉及的范围来看，人力资源规划的内容包括总体规划和各项业务计划。

（4）现代社会的人才竞争日趋激烈，旅游行业的发展瞬息万变，旅游人力资源的供求关系也处于不断变化之中，只有旅游企业能够对内外部情况的变化及时做出预测判断，并制订计划，采取相应的政策措施应对，才能在激烈的国际和国内市场竞争中立于不败之地。

思考与练习

1. 什么是旅游企业人力资源规划？它有什么意义？

2. 人力资源规划包含哪些内容？

3. 简述人力资源规划的基本程序。

4. 结合实例，谈谈景区类旅游企业人力资源需求的特征和规律。

5. 查阅资料，试以世界某一酒店集团为例，谈谈其高管团队的全球化人力资源规划与人员配置的成功经验与启示。

案例分析

和平酒店集团的人力资源规划

小王现任和平酒店集团的人力资源部经理助理。11月中旬，公司要求人力资源部在两星期内提交一份公司明年的人力资源规划初稿，以便在12月初的公司计划会议上讨论。人力资源部的安经理将此任务交给小王，并指出必须考虑和处理好下列关键因素。

酒店集团的现状。酒店集团现有基层服务人员850人，文秘和行政人员96人，工程技术人员40人，中层与基层管理人员98人，销售人员64人，高层管理人员10人。

统计数字表明，近5年来，基层服务人员离职率高达28%，销售人员离职率为8%，文职人员离职率为4%，工程技术人员离职率为5%，中层与基层管理人员离职率为5%，高层管理人员的离职率只有1%，预计明年不会有大的改变。

按酒店集团已定的发展战略目标和人力资源规划，明年文职人员要增加10%，销售人员要增加15%，工程技术人员要增加6%，而基层服务人员要增加5%，高层、中层和基层管理人员可以不增加。

（资料来源：根据相关资料整理。）

问题：

1. 要求在上述因素的基础上为明年提出合理可行的人员补充计划，其中要列出现有的、可能离职的，以及必需增补的各类人员的数目。

2. 假设你是助理小王，将如何编制这份人力资源规划？

第三章

工作分析与工作设计

学习导引

通过本章的学习，理解旅游企业工作分析和工作设计的内涵、意义及相关方法，掌握工作分析和工作设计的基本内容，学会编写工作说明书；进而能理论联系实际，能够理解、分析、解决旅游企业管理中的相应问题。

学习重点

通过本章学习，重点掌握以下知识要点：

1. 工作分析和工作设计的概念；
2. 工作分析和工作设计的基本内容和方法；
3. 工作说明书的内容和编写。

案例导入　餐厅迎宾员的岗位职责与工作内容

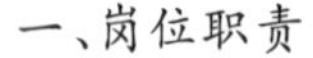

一、岗位职责

(1) 负责用餐客人的预订、领位和迎送工作。

(2) 接听电话(应在电话铃响三秒内接听电话并主动问好)，接受预订(要问清客人的姓名、单位、联系电话、订餐人数、时间及要求等，重复宾客所预订的内容和标准，待对方先挂机后方可挂断电话)，解答宾客提出的有关饮食、设施方面的疑问，并及时向上级反映。

(3) 整理客史档案，与客户建立业务往来。

二、工作内容

(1) 按时到岗，仪容仪表符合要求，接受主管分派的工作。

(2) 按照餐厅的卫生标准做好本岗位的卫生工作。

(3) 了解客情(团队用餐、VIP 客人、预订客情、临时客情)，并接受零点客人的预订，保存宾客的订餐单，并将其及时输入电脑，必要时绘制宾客就餐图。

(4) 服从餐厅领班临时的工作分配，参加餐前会及餐前、餐后准备工作。

(5) 按餐厅的营业时间迎候客人。

(6) 宾客抵达时，问清就餐人数及有无事先预订后，将客人引入餐厅，引客拉椅入座，并征询客人对餐台的意见，协助客人挂衣放包，然后将此客人姓名或房号登记在“宾客用餐登记表”上。

(7) 在营业高峰期，若餐厅客满时，应礼貌地招呼客人稍等，在有空位时，按编号顺序请等候的客人进餐厅用餐，若遇不愿意等候的客人，可介绍客人到其他餐厅用餐。

(8) 宾客离开餐厅时，热情礼貌地表示感谢并欢迎再次光临。

(9) 熟记 VIP 客人的姓名和常客的姓名，编写宾客就餐资料，做好客史记录工作。

(资料来源：根据酒店资料整理。)

思考：

工作分析的内容与依据是什么？

第一节　工作分析概述

一、工作分析的含义

工作分析(Job Analysis)，也称为岗位分析或职位分析。它是指了解组织内的一种职位，并以一种格式把与这种岗位有关的信息描述出来，从而使其他人能了解该岗位的过程。工作分析的结果是工作说明书，也可以称为岗位说明书或者职位说明书。

具体而言，工作分析就是要为管理活动提供与工作有关的各种信息，这些信息经常通过 6 个“W”和 1 个“H”加以概括。

Who，谁来完成工作？

What，具体的工作内容是什么？

When，工作的时间安排是什么？

Where，工作在哪里进行？

Why，工作的目的是什么？

For Whom，工作的服务对象是谁？

How，工作如何进行？

通过工作分析，要回答或解决以下两个主要问题。

问题一：某一岗位是做什么事情的？

该问题与岗位的工作活动有关，包括岗位名称、工作职责、工作要求、工作场所、工作时间以及工作条件等内容。

问题二：什么样的人来做这些事情最适合？

该问题与从事这一岗位的人的资格有关，包括专业、年龄、必要的知识和能力、必备的证书、工作的经历以及心理要求等内容。

知识活页　　工作分析

二、工作分析的相关概念

工作分析与岗位以及岗位相对应的工作活动关系密切，涉及众多既相互区别又相互关联的概念。

（一）行动(Action)

行动是指工作活动中不便再继续分解的最小单位。例如，秘书接听电话前拿起电话是一个行动，司机开车前插入钥匙也是一个行动。

（二）任务(Task)

任务是指工作活动中为达到某一目的而由相关行动组成的集合，是对一个人从事的事情所做的具体描述。比如，酒店迎宾员进行“迎接乘车进店的客人”这项具体任务时，一般还包括以下具体行动：①引导车辆停稳；②开车门、护顶；③热情致问候语；④帮助卸下行李；⑤帮助或提醒客人检查车内是否有遗留物品；⑥招呼行李员。也就是说，“迎接乘车进店的客人”这一任务，是由上述六项行动直接组成的一个集合。

（三）职责(Responsibility)

职责是指由某人在某一方面承担的一项或多项任务组成的相关任务集合。比如，中餐厅迎宾员的职责由下列十项任务组成：

(1) 熟悉酒店各营业点位置、经营项目、时间、价格，以备宾客询问；

(2) 参加班前会，听取领班布置的任务，了解预订情况，做好准备工作；

(3) 在营业时间内，以良好的精神面貌，在门口迎送宾客，做好登记；

(4) 负责接听电话，接受预订，及时通知领班；

(5) 在营业高峰期，做好宾客疏散及解释工作；

(6) 了解餐厅客源及就座情况，随时与餐厅服务员沟通情况并密切合作；

(7) 开餐过程中确保迎宾处的环境整洁和设施良好；

(8) 熟悉常客的姓氏、职务、喜好并能为特殊宾客做适当安排；

(9) 开餐结束后，负责统计每位宾客的用餐情况，协助核算员做好用餐费用核算；

(10) 开餐结束后，做好收尾工作，并与下一班同事做好交接工作。

（四）权限(Authority)

权限是指为保证职责的有效履行，任职者必须具备的，对某事项进行决策的范围和程度。

它常常用“具有批准××事项的权限”来进行表达。例如，具有批准预算外3000元以内的礼品费支出的权限。

（五）任职资格（Qualification）

任职资格是指为保证工作目标的实现，任职者必须具备的知识、技能与能力的要求。它常常用胜任该职位所需要的学历、专业、工作经验、工作技能、能力等来表达。

（六）业绩标准（Performance Standard）

业绩标准是指与职位的工作职责相对应的，对职责完成的质量与效果进行评价的客观标准。例如，人力资源经理的业绩标准常包括员工满意度、空岗率、培训计划的完成率等。

（七）职位（Position）

职位是指由一个人完成的一项或多项相关职责组成的集合，又称岗位。例如，酒店人力资源部经理这一职位，它所承担的职责包括以下几个方面：员工的招聘与录用；员工的培训与开发；企业的薪酬管理；企业的绩效管理；员工关系的管理等。

（八）职务（Headship）

职务是指主要职责在重要性和数量上相当的一组职位的统称。比如，酒店营销部设有两个副经理的职位，一人主要分管客户维护与市场开拓；另一人主要分管营销策划与宣传。虽然，这两个职位的工作职责并不完全相同，但是就整个营销部来说，这两个职位的职责重要性和数量相较一致，因此这两个职位可以统称为副经理职务。

（九）职级（Rank）

职级是指工作责任大小、工作复杂性与难度，以及对任职者的能力水平要求近似的一组职位的总和，它常常与管理层级相联系。比如，部门副经理就是一个职级。

（十）工作（Job）

工作是指一个或一组职责类似的职位所形成的集合。一项工作可能只涉及一个职位，也可能涉及多个职位。例如，在旅行社中，产品销售是一项工作，它就是由销售员、销售经理等职位共同组成的。

（十一）职业（Profession）

职业是指由不同组织中的相似工作组成的跨组织工作集合。比如，医生职业、律师职业等。

（十二）职业生涯（Career）

职业生涯是指一个人在其工作生活中所经历的一系列职位、工作或职业。例如，某人刚参加工作时去政府机关担任公务员，然后下海经商担任公司经理，最后又去高校当老师，那么，公务员、经理、教师就构成了这个人的职业生涯。

三、工作分析的作用

一方面，工作分析是构建现代企业制度的重要前提和基础。现代企业制度除了具有产权明晰、责任明确、政企分开、管理科学等特点外，还是由相互联系、相互制约的一系列制度所组成的一个完整体系，这些制度包括企业的法人制度、组织制度、管理制度等。企业的管理制度覆盖了企业运营的方方面面，包括经营管理的组织模式、岗位责任制、财务制度、薪酬制度、企业文化建设等，其中很多都和人力资源管理密切相关，与企业实现人力资源的有效配置和员工的能力开发有着密切的联系。另一方面，工作分析是人力资源管理的一项基础性工作，是科学人力资源管理体系的基石和信息平台，对人力资源管理的活动发挥着重要的支持作用。

（一）为人力资源规划提供必要的信息

人力资源部门对企业的发展提供战略性支持主要体现在人力资源规划方面，以战略为导向的人力资源规划，强调从企业战略出发来确定人力资源需求的数量和质量结构。工作分析是人力资源需求分析的第一步，可以帮助企业预测未来的工作需求，以及完成这些工作的人员需求。

（二）为员工招聘与甄选提供参照的标准

工作分析是员工招聘、选拔、任用的基本前提。工作分析所形成的文件，如岗位职责文件，对某类工作的内容、性质、特征，以及担任此类工作的人员所具备的资格、条件，都进行了详尽的说明和规定，能够为招聘过程中用人标准的确定、招聘信息的发布、应聘简历的筛选、面试工具的选择和设计等提供明确的参照标准，有利于提高招聘效率和招聘质量。

（三）使员工培训更具有针对性

员工培训是现代企业人力资源开发的重要手段之一，是开发人的潜能、调动广大员工积极性、提高员工综合素质的有力保障。工作分析所形成的结果文件如工作描述和工作规范等，如有提供岗位的刻度，测出员工与岗位任职资格要求的差距，企业则可以据此进行有针对性的培训。

（四）为建立科学的绩效管理体系提供有效依据

绩效考核是人力资源管理的关键环节，而要实现绩效管理，最基本的便是建立评价标准。工作分析对各岗位的工作任务、性质以及期望的绩效标准做了明确的界定，为绩效考核提供了有效的依据，减少了评价的主观性，可以大大提高考核的科学性。

（五）为制定公平合理的薪酬政策奠定基础

企业在制定薪酬政策时必须保证公平合理，体现岗位与劳动报酬之间的对应关系。而工作分析则对各个岗位承担的责任、从事的活动、任职的要求等做出了具体的分析并进行了描述，企业可以根据各个岗位在企业内部相对重要的程度制定不同的报酬标准，从而确保薪酬的内部公平性和合理性。

（六）为员工的职业发展规划提供帮助

员工职业生涯发展是企业存在和发展的必要条件和动力来源，与企业的发展相互促进。重视员工职业生涯规划，为员工职业发展提供必要的条件，既符合企业利益，也是企业的责任和义务。通过工作分析，企业能根据各岗位的不同特点，划分不同的工作类别，可为员工的职业生涯规划提供帮助；同时，工作分析所建立的任职资格体系，能明确地提供每个职位等级所需的业绩标准与知识能力标准，从而建立起一条或多条科学且具有激励性的职业晋升途径。

案例分析　雄狮集团的企业变革与工作分析

传统旅行社的经营，靠的是“一张桌子、一部电话”的作业方式，通过销售人员打电话与上下游的客户沟通订单、确认各种信息，但实际上，旅行社经营管理的这些信息总是零散且瞬息万变的，在经营管理上面临着诸多问题，也制约着企业的发展。台湾雄狮曾经就是这样一家作业方式的传统旅行社。

随着互联网等技术的发展和应用日益广泛，雄狮集团董事长王文杰洞察到这一趋势，在1990年果断引入IT专业的骨干，组建了雄狮旅游的IT部门，标志着企业经营管理变革的开始。

从最初开发的内部专用的电子邮件系统，到在线订团、订位系统，再到分销和直销系统的分类应用和差异化运营，一直到支撑电子商务运营的后台ERP系统。经过30余年的积累，雄狮集团成功打造了自己的数字化平台，打通了供应商、票务中心、订房中心、渠道旅行社、旅客的产业链通路，提升了企业整体的服务质量和效率，雄狮集团成功实现了由传统旅行社模式向电子商务道路的战略转型，也快速成长为一家拥有数千名员工、业务范围遍及全球的知名旅游服务商。

为了与信息技术的引入、业务模式的变化相适应，雄狮集团在内部管理上更是进行了大量的相应变革。变革是在发展中不断进行的，它的每一次大的变革，总是在企业战略的指引下，从工作分析开始，遵循着这样的一条变革之路：技术引入与市场变化—战略变革需求—工作分析—工作流程与组织架构优化—招聘、培训、薪酬、绩效等管理活动的变革。

雄狮集团在对旅行社的各种业务单元和工作岗位进行详细的工作分析的基础上，根据自身业务特点和企业战略，对企业的组织机构进行重整和工作再设计，把雄狮集团的工作划分成两大板块：第一板块由“产”（旅游产品）、“通”（通路，即销售渠道）、“行”（行销，市场销售）三个模块组成，该板块主要是旅行社直接的营业性业务；第二板块由“标”（标准化体系）、“企”（企划）、“营”（营运）三个模块组成，该板块涵盖了后勤服务与管理的战略、人力资源、采购、企业策划、技术开发与营运等非直接营业性的职能。

与其他传统类型的旅行社不同，根据雄狮集团内部各工作岗位的任职要求，大量的岗位招聘需要与IT专业背景相关，每年招收的员工中，相当多是来自名校IT专业的毕业生，王董事长开玩笑说，雄狮集团不但是旅行社，也可以称为IT公司。

在日常管理中，雄狮集团还十分注重对员工的培训，企业积累的大量案例，既可用于员工招聘的测试，也可用于企业的内部培训；鼓励骨干员工去知名大学攻读硕士和博士学位，公司给予费用上的资助。

雄狮集团的成功除了企业领导者、社会发展背景等因素外，还从企业战略出发，通过工作分析，设计了合理的组织架构和业务流程，明确了各工作岗位的职责，并应用于企业的招聘、培训、薪酬等管理活动中，为企业战略的执行起到了十分重要的作用。

（案例来源：根据对雄狮集团的调研和部分网络资料整理。）

问题：

1. 雄狮集团在怎样的背景下进行企业变革？

2. 工作分析在雄狮集团的变革中起到哪些作用？

第二节　工作分析的方法

工作分析的过程中需要收集工作岗位的相关信息，收集信息的方法较多，一般较常用的有访谈法、观察法、工作日志法、关键事件法、文献分析法、问卷法、工作实践法等，这些方法各有特点，在具体实践中，往往多种方法同时配合使用。除上述方法外，随着管理技术的发展，大量的定量方法和较为成熟的量表、系统、模型等也被大量使用，如职位分析问卷（PAQ，Position Analysis Questionnaire）、管理职位描述问卷（MPDQ，Management Position Description Questionnaire）、通用标准问卷（CMQ，Common Metrics Questionnaire）、O * Net 系统（Occupational Information Network）等。

一、访谈法

（一）概述

访谈法又称为面谈法，是指通过面对面的方式，询问任职者及其主管以及专家等对相关工作的意见或看法，来获取工作信息的一种方法。访谈法可以对任职者的工作态度和工作动机等深层次内容进行详细的了解，通过该方法收集的信息不仅是工作分析的基础，而且可以为其他工作分析方法提供资料。访谈法是目前在国内企业中运用较为广泛、成熟有效的一种工作分析方法。访谈法既适用于短时间可以把握的生理特征的分析，又适用于长时间才能把握的心理特征分析；而且，访谈往往还能够促使任职者对工作进行系统性的思考、总结与提炼。

根据访谈对象数量的不同，访谈法可以分为个别访谈法和集体访谈法。个别访谈法是同一时间只对一个人访谈，个别访谈对象一般是工作性质、职责有较大差异的员工；集体访谈法就是在同一时间对多个人进行访谈，集体访谈的对象一般是做相同工作或相近工作的员工。按照结构化程度划分，访谈法又可分为非结构化访谈和结构化访谈。通过非结构化访谈可以根据实际情况灵活地收集工作信息，但信息缺乏完备性；通过结构化访谈能够收集全面的信息，但不利于任职者进行发散性思维。在实际中，往往两者结合使用。

（二）访谈内容和访谈提纲

访谈内容主要包括工作目标、工作内容、工作性质和范围、工作责任、工作中遇到的问题、任职者对薪酬与考核等制度的意见和建议等。

访谈中涉及的问题较多，为了避免遗漏，同时为了保证访谈的效果，在访谈前通常需要准备一个大致的提纲，列出需要提到的主要问题。记录应尽可能采取标准的形式，便于归纳与比较，且有助于将访谈限制在与工作有关的范围内。访谈问题主要包括：

（1）你平时需要做哪些工作？

（2）你主要的工作职责有哪些？

（3）那些主要工作和职责你如何完成？

（4）你的工作单位主要在什么地方？

（5）工作需要怎样的学历、经验、技能或专业执照？

（6）工作基本的绩效标准是什么？

（7）工作的环境和条件如何？

(8) 工作有哪些生理要求和情绪及情感上的要求?

(9) 工作的安全和卫生状况如何?

(三) 访谈法需要注意的问题

访谈往往是双方或多方的互动,容易受到各种因素的干扰,从而影响访谈的效果,因此,在访谈过程中,还要注意下列问题:

(1) 选择最了解工作内容、最能客观描述职责的员工;

(2) 尽快建立融洽的感情,说明访谈的日的及选择对方进行访谈的原因,打消受访者的顾虑或误解;

(3) 事先准备一份完整的访谈问题列表,重要的问题先问,次要的问题后问;

(4) 如果受访者每天工作有较多不同,需请对方将各种工作一一列出,并根据重要性排出次序,以避免针对重要工作的访谈问题的遗漏;

(5) 如果出现不同的看法,不要与受访者争论;

(6) 如果出现对主管或其他管理人员的各种抱怨,工作分析人员尽量不要介入;

(7) 访谈结束后,可将收集到的材料请受访者和他的直接上司仔细阅读一遍。

(四) 访谈法的优缺点

1. 优点

(1) 访谈双方当面交流,能够深入、广泛地探讨与工作相关的信息,如目标职位的特征,任职者的态度、价值观和信仰,以及语言等技能水平。

(2) 能及时对访谈问题进行解释和引导,有利于提高准确性和针对性。

(3) 能及时对所获得的信息与受访者进行现场确认,有利于提高效率。

(4) 能根据实际情况及时修正访谈提纲中的信息缺陷。

(5) 对于工作分析有排斥情绪的受访者,可通过沟通、引导,最大限度使其参与其中。

2. 缺点

(1) 在访谈过程中,工作分析人员容易受到受访者个人因素的影响,导致收集的信息扭曲。

(2) 受访者往往夸大其承担的责任和工作的难度,容易引起工作分析资料的失真和扭曲。

(3) 访谈一般需占用较多的时间,会对受访者的正常工作甚至企业的正常运转产生一定的影响。

二、观察法

(一) 概述

观察法是指直接到工作现场,对特定对象的作业活动进行观察,用文字或图表的形式记录相关的工作信息,并在此基础上进行分析的方法。

有时一些有经验的员工并不总是能够很好地完成自己的工作程序,许多工作行为已成为习惯,在实际工作中会不自觉地忽视工作程序中的一些重要细节。因此,工作分析人员主张采用观察法对员工的工作过程进行观察,记录工作行为各方面的特点;同时,也能够了解工作中所使用的工具设备,了解工作程序、工作环境和体力消耗等。观察时可以用笔记录,也可以用事先预备好的观察项目表,一边观察一边核对。

一般来说,观察法比较适合短时期的外显行为特征的分析,适用于周期性、重复性较强的工作，而不适用于隐蔽的心理素质的分析，以及没有时间规律与表现规律的工作。

某景区的游船驾驶员工作的观察记录表（部分示例）如表 3-1 所示。

表 3-1　某景区的游船驾驶员工作的观察记录表（部分示例）

被观察者姓名		日期	
观察者姓名		观察时间	
工作类型		工作部门	
观察内容			
什么时间开始正式上班？			
开始上班时为后面的工作做哪些准备？			
上午和下午各开几趟船？分别在什么时间段？			
出船趟数是根据什么安排？谁负责安排？			
每趟游船的起止时间是什么时候？			
在两趟船的间隔时间里，做哪些工作？			
游客上船时做哪些工作？			
如何向游客发放救生衣？人均用时多少？			
如何清点游客人数？			
游客上船时与游客如何交流？			
在船启动时做哪些工作？			
驾驶游船过程中做哪些工作？			
船上的噪声是多少分贝？			
驾驶过程中如何提醒游客注意安全？如何与游客交流？			
驾驶过程中在主要的观景点前停留多久？			
船靠码头后做哪些工作？			
救生衣如何回收？			
中午用餐和休息时间多长？			
工作过程接几次电话？			

（二）观察法需要注意的事项

运用观察法进行信息收集时，需要注意以下事项：

（1）要注意工作行为样本的代表性；

（2）观察者在观察时尽量不要引起被观察者的注意，避免干扰被观察者的工作；

（3）观察前要有详细的观察提纲和行为标准；

（4）观察者要避免机械记录，应反映工作有关内容，并对工作信息进行比较和提炼。

（三）观察法的优缺点

1. 优点

观察法能直接了解被观察者的行为、所需完成的操作，适用于那些工作内容主要由身体操作的活动所组成的工作岗位，如酒店的 PA（Public Area）员工、前台接待员、保安人员等。

2. 缺点

观察法不适用于脑力劳动成分较高的工作或处理紧急情况的间歇性工作，如酒店的营销人员、旅游策划师的工作等；如果被观察者知道自己处于被观察状态，那么可能会影响其正常的工作表现；对复杂的工作难以进行全面观察；不能得到有关任职资格和要求的信息；观察结果的质量在很大程度上依赖于观察者的能力和所接受的培训。

三、工作日志法

（一）概念

工作日志法是由任职者本人按照时间顺序记录工作过程，经过归纳提炼取得所需资料的一种方法。

工作日志法一般是作为原始工作信息的收集方法，为其他工作分析方法提供信息支持，特别是在缺乏工作文献时，日志法有较为明显的优势。

（二）工作日志法的功能

1. 提醒功能

员工在实际操作过程中，可能会同时进行多项工作（尤其是企业的最高管理者），会因为注意细节而忽略重要的事情，所以及时查看工作日志，并进行标注，对企业的每一位员工都有重要意义。

2. 跟踪功能

企业的管理者可以根据工作日志所记录的内容，对相关员工的重要事件进行跟踪，为企业经营管理中的各种决策提供最直接的第一手信息。

这种方法适用于工作循环周期短、工作状态稳定的职位；适用于确定工作职责、工作关系以及劳动强度等方面的信息。它的优点在于收集的信息比较全面，一般不容易遗漏；缺点是使用范围较小，同时，信息整理量大，归纳工作烦琐。

（三）工作日志法需要注意的事项

工作日志法获取的信息单向来源于任职者，这容易造成信息缺失、理解误差等问题，因此在实际操作过程中，工作分析人员应采取措施加强与任职者的沟通交流，以削弱信息交流的单向性，如事前培训、过程指导、中期辅导等。为减少后期分析的难度，工作分析者应按照后期分析整理信息的要求，设计结构化程度较高的填写表格，以控制任职者填写过程中可能出现的偏差和不规范之处。

（四）工作日志法的优缺点

1. 优点

（1）成本低、所需费用较少。

（2）对分析高水平与复杂的工作，比较经济且有效。

2. 缺点

（1）无法对日志的填写过程进行有效的监控，导致任职者填写的活动详细化程度可能会与工作分析者的预期有差异。

（2）任职者可能不会按照规定的填写时间及时填写工作日志，导致事后填写的信息不完

整,甚至编造工作信息。

(3) 需要占用任职者较多的填写时间,一些发生频率低,但是影响重大,又是核心职能的工作,在日志法中,有可能因在填写时间段内没有发生,从而导致重要信息的缺失。

四、关键事件法

(一) 概述

关键事件法(Critical Incidents Technique,CIT)是指通过一定的表格,专门记录工作者工作过程中那些特别有效或特别无效的行为,以此作为将来确定任职资格的一种依据。关键事件法能有效提供任务行为的范例,因而被频繁地应用于培训需求评估与绩效评估中。

(二) 关键事件的记录内容

关键事件法的核心问题是如何提取、编写正确的关键事件。正确编写出一个关键事件,一般需要注意以下四个方面:

(1) 事件必须是特定且明确的而不是模糊不清的;

(2) 工作所展现出的行为必须是可观察的而不是用推理等手段间接展示的;

(3) 行为发生在怎样的背景下需要进行简单的交代;

(4) 行为的结果必须是可以说明的。

获取关键事件所采用的方法主要有关键事件讨论会议、非工作会议形式(包括观察、访谈和调查等),这两种方法的目的在于帮助工作人员整理能体现工作绩效与行为的范例。

在关键事件收集好之后,必须对其进行编辑加工,为下一步应用关键事件做好准备。

记录的内容大致如下:

(1) 导致事件发生的原因是什么?

(2) 有效和无效行为的特征有哪些?

(3) 行为的后果有哪些?

(4) 工作者可以控制的范围及努力程度的评估结果是什么?

(三) 关键事件法的记录步骤

关键事件的记录可由任职者的直接主管或其他目击者去完成,按照行为发生的顺序来记录。为了给确定任职资格提供事实依据,往往需要大量有效和无效的关键事件,并把它们划分成不同的类别和等级。实际操作的步骤如下:

(1) 把每一个关键事件打印在卡片上;

(2) 让多位有经验的工作分析者对所有卡片进行分类,对那些分类有争议的事件进行讨论并取得一致意见;

(3) 对类别予以明确的概括和定义,并将所有关键事件放在一起进行简要概括;

(4) 资格条件比较,从关键事件分类与概括中分析得出数条相应的任职资格条件。

(四) 关键事件法的优缺点

1. 优点

(1) 关键事件法被广泛应用于人力资源管理的许多方面,如甄别标准与培训需求的确定,尤其应用于绩效评估的行为锚定与行为观察中。

(2) 由于对行为进行观察和衡量,描述工作行为、建立行为标准会更加准确,能更好地确定每一行为的作用。

2. 缺点

(1) 收集与整理关键事件需要花费大量的时间和精力。

(2) 对中等绩效的员工关注不够。

五、文献分析法

(一) 概述

文献分析法是指通过与工作相关的现有文献进行系统分析来获取信息的一种信息收集方法。文献分析法因为具有较好的经济性和便利性,在实践中经常被大量使用。但文献分析法是对现有资料的分析提炼、总结加工,既无法弥补原有资料的空缺,也无法验证各种描述的真伪。因此,该方法主要被用于收集工作的原始信息,编制任务清单初稿,同时需要再配合其他的方法一起使用。

(二) 文献分析法的要领

1. 需要尽可能详细地收集相关信息

信息来源包括内部信息和外部信息。内部信息包括企业基础性文件,如《员工手册》《企业管理制度》《岗位职责说明》《绩效管理制度》,也包括公司的重要会议记录、年度或阶段性工作计划、工作总结等;外部信息可以从外部同类企业的相关工作分析结果或原始信息中收集、利用,外部信息往往还需要注意了解所收集的信息的相关背景。

2. 从大量的文献信息中恰当地提取有效信息

进行文献分析时,需要快速浏览文献,从大量的文档中寻找有效信息点。浏览过程中,大致可以将信息分成有效的信息、不完全或不连贯的信息、有待求证挖掘的信息和无效的信息四种类型。分别对不同类别的信息进行标识、摘录、归类;对于不完整、不连贯和有待求证的信息,后续均需要再利用其他方式加以补充、求证。

3. 不可过度依赖文献信息

尽管文献分析法是工作分析的一种有效方法,但文献的应用需要适度,究其原因,是以往的文献信息通常存在着失真、不全的问题;也可能存在文献信息因时间的推移产生了不符合现状的问题;或是获取的外部参考信息并不全面等。因此,只有结合其他的分析方法才能使收集的信息更有效。

(三) 文献分析法的优缺点

1. 优点

文献分析法的操作成本低,工作效率高;能够为进一步工作分析提供基础资料和信息。

2. 缺点

文献分析法收集到的信息往往不够全面、及时,而且越是管理不善的企业内部信息越缺乏,或是不规范,而这些企业恰恰最需要进行详细分析;工作人员需要有较强的对信息的辨别分析能力;需要与其他工作分析方法结合起来使用。

知识活页　职位分析问卷(PAQ)、通用标准问卷(CMQ)和O＊NET系统

第三节　工作分析的实施

一、工作分析的阶段

一般来说,工作分析的整个过程分为以下四个阶段:准备阶段、调查阶段、分析阶段和完成阶段。

(一)准备阶段

这一阶段以形成较为详细的计划为目标,主要完成以下几项任务。

1. 确定工作分析的目的

企业进行工作分析,首先需要明确,为什么要进行工作分析?工作分析的用途是什么?

内部和外部的原因都会导致企业对工作分析的需求。内部原因包括:新企业成立、企业重大变革、企业战略调整或增加新任务、新技术的应用或新流程的使用等;外部原因包括:客人数量的变化、季节性差异、市场竞争形势的变化等。不同的内外部原因引发的需求通常也是了解企业工作分析目的的起点。

从企业需求出发,明确工作分析所要达成的具体目的,一般来说,就是围绕着组织优化设计、聘用与选拔、培训与开发、绩效考核、薪酬管理等方面的不同需求,拟定相应的目标,并根据目标,有侧重地进行信息的收集与分析。

2. 成立工作分析小组

为保证工作分析的顺利进行,在准备阶段需要成立一个工作分析小组,从组织和人员上为工作的开展做好准备。小组的成员一般由企业的高层领导、工作分析人员和外部的专家顾问三方面的人员组成。工作分析人员通常是人力资源管理专业人员和熟悉本部门情况的人员,而聘请外部专家顾问的目的则是利用他们的丰富经验和专业技术,同时他们又是相对独立的第三方,可以防止工作分析的过程出现偏差,有利于提高结果的客观性和科学性。

3. 对工作分析人员进行培训

为了保证工作分析的效果,需要由经验丰富的人力资源部负责人,或外部的专家顾问对企业参加工作分析小组的人员进行业务上的培训。必要时,也可把培训范围扩大到各部门负责这项工作的相关人员。

4. 其他必要的准备

其他必要的准备包括选择收集工作内容及相关信息的方法，工作时间和程序的安排，内部的动员和宣传、费用预算等。因为这项工作的工作量较大，所以需要考虑从各部门抽调参加工作分析小组的人员，部门经理应对其工作进行适当的调整，以保证他们有充足的时间进行这项工作。

（二）调查阶段

这一阶段以收集信息为核心工作，需要完成以下几项任务。

1. 收集公司各项工作的背景资料

这些资料包括公司的组织结构图、工作流程图以及岗位分类标准等。

组织结构图可以指明某一岗位在整个组织中的位置，以及上下级隶属关系和同级的工作关系；工作流程图可以指出工作过程中信息的流向和相关的权限，这些都有助于更加全面地了解职位的情况；岗位分类标准和以前的工作分析资料也有利于工作分析人员更好地了解职位的情况。但是在使用这些资料时，工作分析人员要注意绝对不能照搬照抄，而应当根据企业当前的具体情况，有选择地加以利用。

2. 收集各工作岗位的相关信息

一般来说，工作分析中需要收集的信息主要有以下几类。

（1）工作活动，包括承担工作所必须进行的与工作有关的活动和过程、工作的程序、个人在工作中的权力和责任等。

（2）工作中的人的活动，包括人的行为，如身体行动以及工作中的沟通；作业中使用的基本动作；工作对人的要求，如精力的耗费、体力的耗费等。

（3）在工作中所使用的机器、工具、设备以及工作辅助用品，如酒店 PA 岗位工作中需要的地毯机、打蜡机、抛光机、升降梯等。

（4）与工作有关的有形和无形因素，包括完成工作所要涉及或运用的知识。

（5）工作绩效的信息，包括完成工作所耗费的时间、所需要投入的成本、工作中出现的误差等。

（6）工作的背景条件，包括工作时间、工作的地点、工作的物理条件等。

（7）工作对人的要求，包括对个人特征的要求，如个性、技能、教育水平、工作经验等。

上述工作信息的获取，除了可以从外部获取相应的参考信息外，内部的第一手信息，一般来自工作执行者本人、管理者、顾客、专家顾问和企业以往资料等信息源。由于不同的信息源因自身利益或其他因素的考虑，所提供的信息会存在一定程度的偏差，工作分析人员应站在中立的立场，听取各方不同的意见，在此过程中，有时还需要结合来自外部的相关参考信息，反复比较、印证，最终才能掌握最准确、真实的信息。

（三）分析阶段

这一阶段也被称为工作分析的核心阶段，此阶段需要对大量的资料进行整理、审核、分析和研究，形成较为明确的工作分析的相关内容。通常需要进行以下几项工作。

1. 整理资料

把收集到的各种信息进行归类整理，如有遗漏或错误之处，则需要返回到上一个步骤，重新进行资料的收集。

2. 审查资料

归类整理后的资料需要由工作分析小组的成员进行审查，以确认资料的准确性和完整性，如有疑问之处，则需要核实，或重新调查。

3. 分析资料

对经过审核后的完整、准确的资料进行归纳总结，梳理出工作岗位的必需材料和要素，并进一步揭示各工作岗位的主要成分和关键要素。在分析过程中，一般遵循以下几项基本原则。

(1) 对工作活动进行分析而不是罗列。

工作分析时，应当将某项职责分解为几个重要的组成部分，然后再将其重新进行组合，而不是对任务或活动的简单罗列。

(2) 针对的是职位而不是人。

工作分析并不关心任职者的任何情况，它只关心职位的情况。例如，某一职位本来需要本科学历的人来从事，但由于各种原因，现在只是由一名中专生担任这一职位，那么在分析这一职位的任职资格时就要规定为本科，而不能根据现在的状况将学历要求规定为中专。

(3) 分析要以当前的工作为依据。

工作分析的任务是为了获取某一特定时间内的职位情况，因此，应当以目前的工作现状为基础来进行分析，而不能把自己或他人对这一职位的工作设想加到分析中去。只有如实地反映出职位目前的工作状况，才能据此进行分析判断，从而发现职位设置或职责分配上的问题。

(四) 完成阶段

这一阶段即工作结果的形成阶段，主要任务如下。

1. 编写工作说明书

根据对资料的分析，按照一定的格式编写工作说明书的初稿，然后反馈给相关人员进行审核，达成共识，有意见不一致之处需要详细讨论，如果还无法达成一致，则需要重新进行调研分析，最终才可以形成工作说明书的定稿。

2. 对工作分析进行总结

对整个工作分析过程进行总结，找出过程中好的经验和存在的问题，有利于今后企业更好地开展工作分析。

3. 应用工作分析成果

将工作分析的结果运用于人力资源管理以及企业管理的相关方面，真正发挥工作分析的作用。工作分析结果的运用效果，又与企业后续的各种管理措施密切相关。

二、编写工作说明书

(一) 工作说明书的含义

工作说明书，也称职位说明书或岗位说明书，是关于工作岗位特征与任职资格说明的文件，是工作分析的直接成果之一。

工作说明书是按照一定的标准和规范形成的一份关于岗位的书面文件，是企业招聘、培训等管理活动的基础性文件和依据。工作说明书可用表格表示，也可用文字叙述，但无论是何种形式，都具备准确性、完备性、普遍性、简约性、预见性和可操作性的特征。

(二) 工作说明书的作用

工作说明书提供了关于岗位的众多基础性信息，在人力资源管理活动中具有重要作用。

工作说明书表明了岗位的任职资格与条件,一方面为招聘工作的选拔过程提供了客观依据,另一方面也可以了解员工素质与要求之间的差距,以便开展有针对性的在职培训与开发。

岗位描述确定了岗位职责,划定了职责范围,可以进一步深化为考核标准与考核内容。工作说明书的内容,可以为岗位评价、确定岗位之间的相对价值,以及为整个薪酬体系的设计提供数据支撑。以岗位说明书的考核标准为依据,管理人员可以对员工的德、能、勤、绩等方面进行综合评价,判断他们是否称职,并以此作为任免、奖罚、报酬、培训的依据。

总之,工作说明书是人力资源管理活动中不可缺少的基础性文件,是众多管理活动的依据。

(三)工作说明书的内容

一般工作说明书包括两部分内容:一是工作描述,围绕工作岗位的相关信息进行描述和说明,包括岗位的工作任务、职责要求等信息;二是任职资格,是对岗位工作人员所需具备的教育经历、工作技能、性格以及工作背景等资格条件进行描述。

1. 工作描述

工作描述是对企业中各类工作岗位的工作性质、工作任务、工作职责、工作环境、工作关系等所做的统一说明。大致可以包括以下主要信息。

(1)工作标识。

工作标识即工作识别信息,是指一项工作区别于另一项工作的信息,包括工作编号、工作名称等信息。通过这些信息可以对不同的工作进行分类,明确一项工作在组织中的地位与作用。此外,在这部分内容中还可以包括工作关系、工资信息、审核信息等。

工作编号,即为了方便管理,企业会根据实际情况对各工作岗位进行编号。工作编号是指按照一定的编码规则赋予每个工作岗位一个固定的编码信息,应该符合唯一性、方便性、可扩性、可用性四大原则。

工作名称,是指根据工作的主要内容与职责等确定的名称。通过工作名称可以把不同的工作区别开来,这有助于人们了解工作性质与内容等相关信息。工作名称应该符合以下三个要求:第一,名称应该简洁明了,能够反映该项工作的主要职责与内容;第二,工作名称应该标准化,一般通过名称就能了解工作的性质和内容;第三,应尽量采用社会通用的名称,以方便人们理解该项工作的职责与内容。

所属部门,是指该项工作所在的部门、委员会、班组等。一般用企业中的正式部门或者工作小组的名称表示,如营销部、人力资源部等。一方面,在企业中每一个岗位都有自己相对固定的工作部门;另一方面,不同的部门之间可能存在相同性质的工作岗位,如在酒店中,许多部门都设有文员这个工作岗位,所以,通过“所属部门”可以明确该项工作在酒店中的具体位置。

直接主管,即本岗位的上级主管担任的是什么职位。这些信息一方面指明了管理、监督与汇报渠道,另一方面也标明了岗位的一种晋升渠道。

其他相关信息,包括工资信息,即工资标准、工资等级等,以及工作说明书的编写人、审核人、编写日期等相关信息。

(2)工作概要。

工作概要,又称工作概述或职位概要,是对工作内容的简单概括,通常用简洁、明确的语言说明岗位的工作特征与主要工作范围,有助于人们从总体上了解该项工作所要承担的主要职责。

例如,某酒店大堂副理的工作概要:大堂副理是酒店、总经理的代表,对外负责处理日常宾客的投诉和意见，平衡协调酒店各部门与宾客的关系；对内负责维护酒店正常的秩序及安全，对各部门的工作起监督和配合作用。

（3）工作职责。

工作职责是工作概要的具体细化，描述本工作岗位所要完成的主要任务和承担的各项责任，并逐项分解加以说明，一般包括工作活动的内容、各活动内容所占的时间、活动内容的权限、执行的依据等。其有利于各使用主体（包括企业中的部门与员工等）快速掌握和明确工作流程和操作方法，明确各自的职责。

在实践中，要合理、正确地描述工作职责相对较难，通常只有经过反复实践才能准确把握。工作职责要按照一定的顺序（如主要和次要的顺序、内在的逻辑顺序等）排列，用关键词描述所应担负的责任，同时明确每个岗位的关键要素与核心能力。

例如，某景区安全监管员的工作职责描述如下：

①负责维护景区内的游览秩序，在游客多时，及时对游客进行疏导；

②加强景区内的交通、治安管理工作；

③加强对山林、野外火源的巡护，加强消防管理；

④保护景区内所有旅游资源和基础设施、服务设施；

⑤对偷逃票的行为进行监控；

⑥及时完成上级交办的其他工作。

（4）绩效标准。

绩效标准也称为业绩标准，往往由衡量要素和衡量标准两部分组成，是指完成工作说明书中所规定的各项职责所需要达到的标准或要求，以及应当从哪些方面来对履职的好坏进行衡量、区分。制定绩效标准应遵循以下原则。

一是，对应原则。也就是说，绩效标准需要与工作职责相对应，有工作职责就应该有与之对应的绩效标准要求。

二是，具体、明确原则。在确定具体的绩效标准时，应该尽可能使用量化的指标来确定有关的绩效标准。一方面，有助于员工明确完成该项职责所要达到的标准；另一方面，可以减少主观因素对员工绩效的影响，有助于上级对员工的工作进行检查与考核，确保考核的客观性。比如，酒店经常设定每日或每周打扫的客房间数和完成的合格率的具体数值，并将其作为客房卫生工作的绩效标准。

三是，适度原则。制定的标准既不能过于简单，让员工很轻松就能完成；也不能把标准定得太高，让员工难以完成。标准太高会使员工逐渐丧失工作的热情和信心，因此要根据社会平均劳动生产率、企业发展战略、企业实际情况以及工作岗位的要求等因素来确定合理的绩效标准，使员工经过努力后能够达到该标准。

（5）工作关系。

工作关系指本岗位与企业内外的其他工作岗位的关系。这些关系包括两个部分。一部分是企业内的工作关系，如汇报对象是谁，可以监督哪些岗位人员，合作伙伴是谁等。权限包括决策权、人事任免权、监督权、审批权等。另一部分是企业外的工作关系，如与企业外的政府机构、公司企业等机构中的哪些部门有工作联系，有何种联系等。一般来说，偶尔发生联系的部门或组织不必列入工作关系中。

（6）工作条件与环境要求。

简要列出完成此项工作所需要的条件、工作的时间、工作的地点与环境要求等。主要包括完成工作所需要的资料、工具、机器设备与材料等。例如，酒店的 PA 员工，一般需要的工作工具有地毯机、打蜡机等设备；工程部的强电岗位，一般是设置在较为密闭的配电房。

(7) 其他信息。

除了以上基本信息外，还可以对岗位的劳动强度、工作的难易程度、岗位评价与等级等情况进行说明，以进一步了解本岗位的相对价值、在生产中的地位和作用等情况。

2. 任职资格

任职资格是指任职者要胜任该项工作所必须具备的基本资格与条件，是工作说明书的重要组成部分，这些内容对于员工招聘、选拔与晋升、培训与开发等管理活动具有重要的意义。任职资格一般包括以下几个部分。

(1) 基本要求：主要指岗位对任职者在年龄、身体状况(包括身高、体重、健康状况、力量与体力等)、性别等的要求。如酒店的行李员一般对其身体状况有一定的要求。

(2) 教育状况要求：主要指岗位对任职者的知识要求，包括受教育程度、知识(专业知识和其他相关的知识，如对外语掌握程度的要求等)、取得的学历和学位等。如酒店的前台接待人员一般需要有较好的外语口语水平。

(3) 工作经验要求：主要指任职者在完成岗位工作的过程中解决相关问题的实践经验，实践经验往往与任职者在类似岗位的工作年限有关。为更好地履行岗位职责，一些技术岗位和管理岗位对任职者的工作经验或工作年限有要求。

(4) 能力要求：主要指人们能够从事某种工作或完成某项工作的主观条件，是知识具体运用于工作实践的表现形式，包括语言能力、沟通能力、理解能力、逻辑能力、观察力、记忆力、想象力等。能力有不同的分类标准和方法，不同岗位对能力的强调也会有所不同，如酒店的大堂经理岗位，就对语言能力、沟通能力、观察能力等有较高的要求。

(5) 其他要求：具体包括心理素质、性格特点、品格气质、兴趣爱好等。

任职资格要求的确定，需要强调的是，必须遵守国家和行业的相关规定，避免有违反国家规定所禁止的一些歧视性要求；另外，一些需要持证上岗的岗位，如景区的游船驾驶员需要持有相应的船舶驾驶证等。

(四) 工作说明书的编写过程

1. 工作说明书的编写要求

工作说明书作为企业的重要文件之一，是对某类职位的工作性质、任务、责任、权限、工作内容和方法、工作环境和条件，以及本岗位任职者资格条件所做的书面记录。通过工作分析程序获得的资料，经过归纳与整理可编写成工作说明书。一份实用性强的工作说明书应符合以下三个标准。

(1) 清晰明了。

在编写工作说明书时，对工作的描述必须清晰明了，任职者无须询问他人或查看其他的说明材料，就能准确明白自己的工作内容、工作程序和工作要求等。工作说明书应尽量避免用原则性的评价和晦涩难懂的词汇，确有必要，也需解释清楚，以免在理解上产生误差。

(2) 具体细致。

在说明工作的种类、复杂程度、任职者须具备的技能、任职者对工作各方面应负责任的程度这些问题时，用词方面应尽量选用一些具体的动词，尽量使用能够准确地表达意思的语言。比如用“安装”“加工”“设计”等词汇，避免使用笼统、含糊的语言。

(3) 简明扼要。

工作说明书必须简明扼要。在描述一个岗位的职责时，一般是重点对数量不超出十项的主要职责的描述，适当对兼顾的职责做必要的补充或说明。

2. 工作说明书范例

表 3-2 为某旅游景区的景区管理部经理的岗位说明书(范例)。

表 3-2　某旅游景区的景区管理部经理的岗位说明书(范例)

<table>
<tr><td colspan="2">岗位名称</td><td>景区管理部经理</td><td>所属部门</td><td>景区管理部</td><td>职等范围</td><td>经理</td></tr>
<tr><td colspan="2">隶属关系</td><td>直接上级</td><td colspan="2">总经理</td><td>下属人员</td><td>23 人</td></tr>
<tr><td rowspan="5">任职条件</td><td>性别</td><td>不限</td><td>年龄要求</td><td>25～55 岁</td><td>最低学历</td><td>大专</td></tr>
<tr><td>身体</td><td>健康</td><td>个性要求</td><td colspan="3">认真、稳重、有进取心</td></tr>
<tr><td>经验</td><td colspan="5">3 年以上景区管理工作经验</td></tr>
<tr><td>知识</td><td colspan="5">管理知识、植物学知识、心理学知识、消防知识等</td></tr>
<tr><td>技能</td><td colspan="5">组织能力、协调能力、分析与解决问题的能力、沟通能力、管理能力等</td></tr>
<tr><td>工作概要</td><td colspan="6">在总经理的领导下做好景区的秩序、安全以及验票等工作</td></tr>
<tr><td>工作职责</td><td colspan="6">(1) 负责对景区范围内的游客流向、摊点经营进行疏导与管理；
(2) 负责监督、打击偷逃票的行为；
(3) 负责景区验票管理工作；
(4) 监督售票员的行为，督促票款足额、及时上缴；
(5) 认真执行《风景名胜区安全管理标准》，负责维护景区内的游览秩序，做好景区内的交通、消防安全管理，协同管理委员会做好景区内的治安管理；
(6) 认真执行《风景名胜区环境卫生管理标准》，做好景区的卫生管理，监督、考核保洁员的工作情况；
(7) 协助项目部做好景区规划建设、工程施工监督、园林绿化养护等工作，做好景区内基础设施、服务设施的维护等工作；
(8) 监督并管理景区内的宗祠、寺庙、书院，规范并管理各商店、摊点的价格、卫生、服务水平等；
(9) 处理客户投诉，并及时向客户反馈；
(10) 及时完成总经理交办的其他工作</td></tr>
<tr><td>绩效考核要点</td><td colspan="6">一是能否有效维持游览秩序；二是偷逃票的有效控制；三是景区安全控制；四是团队建设，下属工作安排是否合理，下属的精神面貌等</td></tr>
<tr><td>权限</td><td colspan="6">本部门员工使用、调配、考核、晋升、辞退等的建议权；公司授权下的相关审批权限</td></tr>
</table>

批准：　　　　　　　　审核：　　　　　　　　制表：

第四节　工作设计

任何企业都是一个有机的整体。要使企业高效运转就必须搭建一个合理、顺畅、实用的组织结构，工作设计既是人力资源管理的一项基础性工作，也是企业不断发展壮大的核心工作之一。因为一个企业的工作是由成千上万个任务组成的，所以这些任务如何有效组合起来就是工作设计需要解决的主要问题。一个好的工作设计思路要兼顾组织弹性、工作效率、员工激励与职业发展多方面的需求。

一、工作设计的概念

工作设计(Job Design)是指企业为提高工作效率和劳动生产率,既能够更好地实现企业目标,同时又能够满足员工的个人成长和增加个人福利的要求,而进行的合理、有效的处理人与工作的关系的管理活动。工作设计可以分成两类:一类是对企业中新设置的工作或者是新企业建立所需要进行的工作设计;另一类是对已经存在的但缺乏激励效应或者任务发生重大变化的工作进行重新设计,也经常被称为工作再设计,工作再设计是工作设计的一个重要组成部分。

工作设计的问题主要是组织向其成员分配工作任务和职责的方式问题。工作设计得当,对于有效地实现组织目标,激发员工的工作积极性,提高工作绩效和增强员工的满意度具有重大的影响。换而言之,工作设计直接关系到能否实现"事得其人,人尽其才"。

二、工作设计与工作分析的关系

工作设计与工作分析不同。工作分析是对现有职务的客观描述,其目的是明确所要完成的任务以及完成这些任务所应具备的素质;而工作设计是对现有职务描述的评价、认定、修改或是对新设计职位的完整描述,其目的是明确工作的内容与方法,确定组织员工的工作范畴、责任以及工作关系。工作分析是假定工作已经存在,并且这些工作的构成和设置即使不是最好的,也是合理和令人满意的。然而,管理者经常会发现事实并非如此。有时他们需要增加或减少员工的工作负荷,有时他们需要取消某个岗位,有时他们要增设某个全新的职位。这是因为市场提出了新的需求或技术进步创造了新的业务领域。在这些情形下,管理者就会改变工作的设置方式,这就是工作设计。工作设计就是确定工作方式和改进工作方式的过程。

三、工作设计的作用

工作设计是在工作分析的前提下,来说明工作该怎样做才能最大限度地提高组织的效率和劳动生产率,怎样使工作者在工作中得到最大限度的满足,包括在工作中帮助员工个人成长和增加员工福利。工作设计的具体作用表现在以下三个方面。

(一) 改善员工和工作间的关系

工作设计打破了工作是不可改变的这个传统观念。工作的重新设计对于改善员工与工作之间的和谐关系而言意义非凡,它能够使员工在安全、健康、舒适的条件下从事生产劳动。

(二) 有助于激励员工提高绩效

良好的工作设计能够提高员工的工作积极性,从而提高其工作效率、改善工作效果。

(三) 重新赋予员工工作的乐趣

在工作设计的过程中应充分考虑员工的个体差异,工作设计应要求员工本人参加并发表意见,激发员工的主人翁意识和兴趣,使其从工作中体会更多的乐趣,使需要得到更好的满足。

总之,一个好的工作设计可以减少单调重复性工作所带来的负面效应,有利于建立整体性的工作系统;同时,还可以充分发挥任职者的主动性和创造性,为他们提供更好的机会和条件。

四、工作设计的内容

企业的工作如何安排、由谁来做、做什么、怎么做等,都要进行明确的界定,这些构成了工

作设计的内容。工作设计一般应遵循以下四个原则:明确分工、合理安排工作任务、保证工作满负荷、原则上合并工作性质相同或类似的岗位。工作设计的具体内容包括以下五个方面。

(一)工作内容

工作内容的设计是工作设计的重点,一般包括工作的广度、工作的深度、工作的自主性、工作的完整性以及工作的反馈五个方面。

(二)工作技能

工作技能的设计是指做每项工作的基本要求与方法,包括工作责任、工作权限、信息沟通方式、工作方法以及协作配合等方面。

(三)工作关系

工作关系的设计主要包括两个方面的关系:部门与部门之间的关系和人与人之间的关系。两个方面都共同体现了员工在工作中所发生的关系,包括同事之间的关系、上下级之间的关系、不同部门之间的关系以及组织外人员与工作相关联的关系等。

(四)工作的产出

工作的产出是指工作的业绩和成果的产出情况,包括工作绩效和任职者的反应。前者是指工作任务完成所达到的数量、质量和效率等指标,后者是指员工对工作的满意程度、出勤率和离职率等,以及企业根据工作结果对任职者所进行的奖惩。

(五)工作结果的反馈

工作结果的反馈是指工作本身的直接反馈和来自别人对自己工作表现的间接反馈,包括同级、上级、下属、客户等各方面的反馈信息。

五、工作设计的常用方法

工作设计的方法多种多样,随着科学管理理论、激励理论、人际关系理论等大量相关理论和方法的发展,工作设计的方法也不断得到丰富和深化,较为常用的工作设计方法有以下四种。

(一)工作轮换

工作轮换(Job Rotation)是指在企业的不同部门或在某一部门内部调动员工的工作,让员工从执行一项任务转移到执行另一项任务,目的是使员工的活动多样化,掌握更多技能,避免工作专业化的缺陷,减少员工厌倦情绪积累的一种工作设计方法。工作轮换有两种类型:纵向轮换和横向轮换。纵向轮换指的是升职或降职。我们一般谈及的工作轮换,更多时候是指水平方向上的变化,即横向轮换。横向轮换是指在不同的时间阶段,员工会在不同的岗位上进行工作。比如,酒店前厅部的“总台接待人员”和餐饮部的“迎宾员”可以进行工作轮换。横向的工作轮换经常被作为培训员工的一种手段,即让员工在一个岗位上从事一定时间的活动,然后再轮换到另一个岗位,以此作为培训。有些企业还经常把“从事不同岗位的工作”作为员工晋升的条件之一。

工作轮换的优点主要表现在以下四个方面:①满足员工的内在需要,②满足员工的职业选择倾向,③拓宽企业内部的用人,④增强部门间的协作。近年来,很多酒店为吸纳优秀大学毕业生就职,设立了管培生制度,通过大量的工作轮换去培养和选拔人才。

（二）工作扩大化

工作扩大化(Job Enlargement)是指扩展一项工作的任务和职责，使员工有更多的工作可做，这些工作与员工以前承担的工作内容非常相似，只是一种工作内容在水平方向上的扩展，不需要员工具备新的技能。这种工作设计之所以能产生高效率，是因为不必把产品或服务从一个人的手中传给另一个人，从而节约了时间和沟通成本。

工作扩大化的途径主要有两个，即纵向扩大化和横向扩大化。纵向扩大化是指增加需要更多责任、更多权力、更多裁量权或更多自主权的任务和职责。横向扩大化是指增加一个员工任务的横向多样性，即增加工作的内容或者延长工作的周期，使员工的工作变化增加，要求其具备更多的知识和技能，从而提高他们的工作兴趣。工作扩大化的实质内容就是增加每个员工应掌握的技术种类和扩大操作工作的数目，其目的在于降低员工对原有工作的单调感，从而提高员工对工作的满意度，发挥其主动性和积极性。

（三）工作丰富化

工作丰富化(Job Enrichment)是指在工作中赋予员工更多的责任、自主权和控制权。工作丰富化与工作扩大化、工作轮换都不同，它不是水平地增加员工的工作内容，而是垂直地增加工作内容，这样员工会承担更多的任务和更大的责任，同时，员工也有更大的自主权和更高程度的自我管理。工作丰富化是以员工为中心的工作设计，核心是体现激励因素的作用，它是对工作内容和责任层次基本的改变，旨在向员工提供更具有挑战性的工作。在实行工作丰富化时应该注意：增加员工的责任、赋予员工一定的工作自主权、及时反馈、客观考核、经常培训。

工作丰富化的理论基础是赫茨伯格的双因素理论，它鼓励员工参加对其工作的再设计，这对组织和员工都是有益的。在工作设计中，员工可以提出对工作进行某种改变的有关建议，使其工作更让人满意，同时还必须说明这些改变是如何更有利于实现公司整体目标的。运用这一方法，可使每个员工的贡献都得到认可，从而促进组织目标的实现。尽管工作丰富化方案并非一定会产生积极的效果，但在许多组织中，它确实能使工作业绩得以提高，并且增加员工的满意程度。

工作丰富化与工作扩大化的根本区别在于，后者是扩大工作的范围，而前者是对工作责任的垂直深化，它使员工在完成工作的过程中，能够获得成就感、认同感和责任感。

（四）弹性工作制

弹性工作制(Flexible Working Time System)是指在完成规定的工作任务或固定的工作时间长度的前提下，员工可以灵活、自由地对工作的具体时间进行安排，以代替统一、固定的上下班时间的制度。

弹性工作制是20世纪60年代由德国的经济学家提出的，当时主要是为了解决员工上下班交通拥挤的困难。从20世纪70年代开始，这一制度在欧美得到稳定的发展。而在我国，近年来也涌现出越来越多试行该制度的企业，而且随着移动互联网技术等的发展，呈现出越来越丰富多样的弹性工作制形式。弹性工作制常见形式如下。

1. 建立自主型组织结构

在自主型组织结构中，建立弹性工作制，让员工可以自主地决定工作的时间，以及工作的效率。

2. 工作分担计划

这一计划允许由两个人或者更多的人来分担一个完整的全日制工作。例如，两个人可以分担一个每周40个小时的工作，其中一个人上午上班，另一个人下午上班。比如某些酒店的厨房、客房卫生等工作可以采取这种方式。

3. 弹性工作地点计划

只要员工能够完成单位指定的工作任务，以电子通信为手段与单位保持沟通，单位允许员工在家里或在离家很近的其他办公室中完成自己的工作。例如，一些咨询、设计、艺术创作等工作较为适合这种方式。

4. 工作任务中心制

公司对员工的考核只看其是否完成了工作任务，不规定具体时间，只要在所要求的期限内按质量完成了任务就照付薪酬。

本章小结

(1) 工作分析的概念和作用。工作分析是指了解组织内的一种职位，并以一种格式把与这种岗位有关的信息描述出来，从而使其他人能了解该岗位的过程。一方面，工作分析是构建现代企业制度的重要前提和基础；另一方面，工作分析是人力资源管理的一项基础性工作，是科学人力资源管理体系的基石和信息平台，对人力资源管理的活动发挥着重要的支持作用。

(2) 工作分析的基本方法。工作分析的过程中需要收集工作岗位的相关信息，收集信息的方法较多，一般较常用的有访谈法、观察法、工作日志法、关键事件法、文献分析法、问卷法、工作实践法等，这些方法各有特点，在具体实践中，往往多种方法同时配合使用。除上述方法外，随着管理技术的发展，大量的定量方法和较为成熟的量表、系统、模型等也被使用，如职位分析问卷（PAQ，Position Analysis Questionnaire）、管理职位描述问卷（MPDQ，Management Position Description Questionnaire）、通用标准问卷（CMQ，Common Metrics Questionnaire）、O * Net 系统（Occupational Information Network）等。

(3) 工作说明书的编写。工作说明书，也称职位说明书或岗位说明书，是关于工作岗位特征与任职资格说明的文件，是工作分析的直接成果之一。工作说明书是按照一定的标准和规范形成的一份关于岗位的书面文件，是企业招聘、培训等管理活动的基础性文件和依据。工作说明书可用表格表示，也可用文字叙述，但无论是何种形式，都具备准确性、完备性、普遍性、简约性、预见性和可操作性的特征。

(4) 工作设计的方法。工作设计（Job Design）是指企业为提高工作效率和劳动生产率，既能够更好地实现企业目标，同时又能够满足员工的个人成长和增加个人福利的要求，而进行的合理有效的处理人与工作的关系的管理活动。工作设计可以分为两类：一类是对企业中新设置的工作或者是新企业建立所需要进行的工作设计；另一类是对已经存在的但缺乏激励效应或者任务发生重大变化的工作进行重新设计，也经常被称为工作再设计。

思考与练习

1. 什么是工作分析？工作分析有何意义？
2. 简述工作分析的一般程序。
3. 简述四种工作分析的常用方法及优缺点。
4. 什么是工作说明书？尝试编写一份酒店某一岗位的工作说明书。
5. 什么是工作设计？工作设计有何意义？
6. 简述四种工作设计的常见方法。

案例分析

某景区管理变革与工作分析

某景区是一家以丹霞地貌为资源基础的4A级自然遗产型旅游景区，面积约30平方千米，对游客开放的核心区域约5平方千米，景区游程约需3小时(含景区游线上所必经的坐船游湖项目)，2005年，景区年均接待游客量达15万人左右，共有员工109名。长期以来，景区一直被作为当地的事业单位进行经营和管理。管理上存在以下问题：

(1) 岗位设置较为随意、混乱，为了解决景区严重的内外勾结逃票获取利益的问题，景区设置了大量的查票岗位，但收效甚微；

(2) 景区内夫妻、父子、兄弟等近亲关系的员工占比较高，甚至出现妻子售票、丈夫验票的情况；

(3) 招聘基本上没有标准，员工素质普遍较低，高中以下文化程度的员工占一半以上；

(4) 景区人浮于事，员工上下班较为散漫，加上景区岗位分散的特点，考勤形同虚设；

(5) 景区缺乏绩效标准和考核，干好干坏没有区别，升职主要凭借关系；

(6) 员工从未接受过培训，管理能力和相关技能较为缺乏；

(7) 员工的基本工资都比较低，员工的士气较为低落，员工之间、部门之间，甚至是上下级之间的矛盾和纠纷时有出现。

2006年，当地为加快景区的发展步伐，提升景区的服务和管理水平，决定转换管理机制，引入外部资金，聘请职业经理人，按现代企业制度对景区进行改革，除了对景区进行资产、组织结构的重组之外，同时也引进了具有丰富经验的职业经理人:景区总经理A和人力资源部经理B等一些外部专业人才，并对其给予充分授权。

A曾担任过多家景区的总经理，具有丰富的景区业务和管理的经验；B曾任知名制造企业的人力资源总监，也有着较为丰富的人力资源管理经验，但对景区业务不熟悉。

A和B一致认为，景区的变革首先应从进行工作分析、确定工作职责和工作标准开始，也就是景区改革的第一步是对整个景区的工作进行分析。A决定由B全权实施工作分析，一个月内提交出整个景区的工作分析初稿。该决定由A在公司的动员大会上宣布，并下发相关文件，要求全体员工积极配合做好这项工作。

B首先从目前国内较流行的基本职位分析文献资料中选取了一份职位分析问卷，作为收集职位信息的工具，并向景区各部门发放了关于开展问卷调查的通知，要求各部门配合人力资源部的问卷调查，但一个星期后回收问卷时，B却发现，问卷填写的效果十分不理想，有部分问卷填写不全，答非所问，还有部分问卷根本没有收上来。

与此同时，B也着手对各岗位人员进行访谈，访谈的效果也不好。被访谈的员工主要在指责景区的治理问题，担心自己被裁员，抱怨自己的待遇不公等，而与工作分析相关的内容，却不愿意涉及。由于时间紧迫，B认为不能再拖延，故决定开始撰写工作说明书，但因为前期各岗位的信息收集不完全，所以只能参照从其他景区收集的相应资料，结合问卷和访谈收集到的有限信息，再结合自己的判定，最后形成工作说明书的初稿。初稿形成后，B召集景区各部门经理征集对初稿的意见，但基本上也没有得到有效的反馈，B把这份初稿报送给总经理A。根据初稿的分析结论，景区用工编制应确定在96名。

在这一个月的时间里，A几乎也是每天都去景区巡视，找员工了解情况，熟悉景区的各方面情况。当看到B提交的初稿时，结合他的专业判断和调查了解到的情况，他认为工作说明书初稿还存在着较大的问题，一是员工从自身利益角度（担心被裁员）出发，对自己工作的描述并不符合景区的客观实际，存在着较普遍地夸大自己工作的现象，对存在的弊端和对自己不利的状况均未如实说出；二是由于景区结构的特殊性，工作说明书在工作流程和工作岗位设置上还有不少改进空间，但初稿均未涉及；三是景区的淡旺季明显，加上每天的游客高峰期也有一定规律，在景区管理服务的需求上存在着时间上的不均衡，某些岗位在工作需求上有较大的可改进空间。于是，A和B一起重新制定了补充的工作调查方案，这次增加了观察法等调查方法，如增加了不同时间段对游船驾驶员（见表3-1）及其他一些岗位人员的工作观察、增加了对主要骨干的详细访谈等。由此形成的新一稿的工作分析说明书，与前一稿相比，在以下方面进行了改进：

（1）撤销部分岗位，如撤销游船码头的验票岗；

（2）合并工作岗位，如把卫生监督员的工作和与逃票检查员的工作合并；

（3）调整上班时间，根据游客高峰时间，对员工进行错峰排班；

（4）关闭为防止逃跑而重复设立的门票销售和验票岗，交由游船驾驶员进行查验；

（5）景区员工编制由初稿建议的96名大幅度下降为58名。

两个月之后，景区的工作说明书及相关管理文件出台，景区改革的各项措施也不断推出并实施，整个景区的面貌开始有了十分明显的变化。

（资料来源：根据编者亲身工作经历撰写。）

问题：

1. 景区决定从工作分析入手来实施变革，这样的决定是否正确？为什么？

2. 在一开始的工作分析项目的实施过程中，存在着哪些问题？为什么？

3. 景区前后两次所采用的工作分析工具和方法分别有哪些？为什么前后两次调查的结果有较大不同？

4. 就人力资源管理的具体实践而言，本案例对你有什么启示？

第四章

招聘与甄选

学习导引

面对全球化的人才竞争以及旅游企业人才短缺的现实，旅游企业员工招聘工作变得十分重要。为客人提供高质量的服务是旅游企业在激烈的市场竞争中生存和发展的法宝，而高质量的服务与高素质的人才是分不开的；同时，招聘工作作为旅游企业人力资源管理的源头，直接影响着企业人力资源管理其他工作环节的开展。因此，做好员工招聘工作已成为影响旅游企业长远、健康发展的前提和保障。

学习重点

通过本章学习，重点掌握以下知识要点：

1. 员工招聘的概念、特点和影响因素；
2. 员工招聘的流程；
3. 内部招聘和外部招聘的优缺点；
4. 员工甄选的主要方法，招聘过程的评估。

案例导人　重中之重：招聘工作

“巧妇难为无米之炊”，对于一家旅游企业而言，招聘为“选人、育人、用人、评人、留人”五大职能之首，是人力资源建设重要的一步。我们到底需要怎样的员工？招聘工作是否有效？作为承担着“选人”职能的招聘部门，在埋头招聘的同时，也要日省三身，从四个方面提高招聘效能：一看是否能及时招到所需人员以满足企业需要；二看是否能以最少的投入招到合适的人才；三看录用人员是否符合企业和岗位的要求；四看“危险期”（入职半年）内的离职率。

（资料来源：根据相关资料整理。）

思考：
如何理解招聘工作是五大职能之首？

第一节　招聘概述

员工招聘是旅游企业人力资源管理的重要环节，是为一定的工作岗位选拔合格人才而进行的一系列活动，是发掘和运用人力资源的开端，是旅游企业经营成败的关键因素之一。旅游企业员工招聘工作是十分复杂的，涉及企业用人需求的识别、内部招聘政策的制定、招聘影响因素的分析、招聘渠道的选择、员工甄选的方法以及员工招聘效果的评估。

员工在旅游企业的构成要素中占据着相当重要的地位。做好员工招聘是旅游企业的一项重要的人力资源管理职能。为实现招聘目标，企业只有根据职务特点和要求选拔合适人才，才能使招聘的人才充分发挥自身的才干。

一、招聘的概念

招聘(Recruitment)是指企业为了生存和发展的需要，以人力资源规划和工作分析为出发点，识别企业的岗位空缺和用人需求，制定员工招聘策略，并据此进行的员工招募、选择、录用、评估等一系列活动的过程。

（一）招募

招聘的第一个环节即招募，就是使潜在的合格人员对企业的特定工作岗位产生兴趣，并应征该职位的过程。招募的主要工作内容包括招聘计划的制订与审批，招聘信息的发布，接受应聘者的申请等。

（二）选择

招聘的第二个环节是选择，即甄别、选拔出最合适的人来担任某一职位，并使之接受这一工作的过程。选择的主要工作内容包括审查、初选、测试、体检和背景调查等。

（三）录用

录用是企业最终决定雇用应聘者并分配其具体工作的过程。录用的主要工作内容包括录用决策、通知被录用人、回复落选者等。

（四）评估

评估是招聘过程中必不可少的一个环节，主要包括两个方面的内容：一是对招聘结果的成效进行评估，如成本与效益评估；二是对录用员工的数量与质量进行评估。

二、旅游企业招聘的特点

旅游企业员工招聘的特点主要包括四个方面：员工流动率高、人员需求量波动性大、对员工素质要求高和人员需求量大。

（一）员工流动率高

旅游企业员工流动率较高的直接后果是企业成本的升高。与员工流动相关的成本绝不仅仅是重新招聘和员工离职成本，还包括岗位空缺成本、生产率下降成本、新员工培训成本等。

（二）人员需求量波动性大

旅游业具有明显的季节性特点，作为依托于旅游资源而存在的大多数旅游企业也都具有同样的特点。这一特点直接导致旅游企业对人员的需求量存在较大的波动性，经营旺季时人员需求量大，淡季时人员需求量则急剧减少。这一特点要求企业不但要具备一支高水平的骨干队伍，还要求企业在旺季时可以及时补充人员。

（三）对员工素质要求高

旅游业存在生产与消费即时性的特点，服务产品质量无法事先控制，对员工的服务水平和服务态度依赖性较高；同时企业经营方式的发展、新技术的应用等，也导致企业对员工服务水平、工作技能的要求越来越高。

（四）人员需求量大

大多数旅游企业是劳动密集型企业，对劳动力的需求量较大，加上目前我国旅游企业发展迅速，企业人员需求量的增长远远高于劳动力供给的增长。尽管我国有大量农村劳动力作为补充，但由于工资待遇、工作特征等原因，旅游企业对劳动力的吸引力在下降，人们到旅游企业工作的意愿有所下降，加之人口增长率的下降，都导致旅游企业在招聘员工时遇到困难。

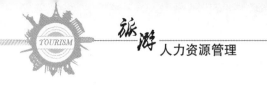

三、影响旅游企业招聘的因素

影响旅游企业员工招聘的因素有很多，主要包括以下三类：外部因素、内部因素和应聘者自身因素。

（一）外部因素

1. 国家政策法规

一般意义上，国家的政策法规对企业的招聘活动与对象选择进行了限制和约束，它往往规定了旅游企业招聘活动的外部边界。《中华人民共和国劳动法》规定了所有劳动者都享有平等就业和选择就业的权利。旅游企业在招聘过程中，如因应聘者的民族、性别、宗教信仰等原因而给予其不平等的对待，都属于就业歧视，是违法行为。《中华人民共和国劳动合同法》规定了个人与组织必须通过签订劳动合同来确立劳动关系，如果企业未按规定与招聘的员工签订劳动合同也是违法行为。

2. 社会经济环境

影响旅游企业员工招聘的社会经济环境包括国家经济状况、企业所在地区经济发展状况以及旅游业发展状况。比如，当国民经济总体发展良好、经济景气指数较高、旅游市场迅速扩大时，旅游企业就有可能为更多高素质的员工提供较为优厚的报酬，从而吸引更多的优秀人才向旅游企业集中。再如，一个地区凭借其资源和市场优势，旅游业发展迅速或相对发达，旅游业在当地产业结构中居主导地位或支柱地位，拥有众多的旅游院校，则该地区旅游企业不仅可以充分利用当地的人力资源，更可以吸引周边地区或其他地区的人力资源，在这种情况下，旅游企业的员工招聘工作就更容易开展，且卓有成效。

3. 传统文化及风俗习惯

传统文化对招聘的影响是潜在的、惯性的、顽固的，甚至是缺乏理性的。例如，日本的终身雇佣制至今仍非常强烈地影响着日本企业的招聘模式，以及员工的就业前景。中国几千年积淀而成的传统文化也形成了对某些职位的固定看法，直接影响了旅游企业招聘。传统的职业分类依然使某些人不能正确评价某些岗位的价值和贡献。

4. 劳动力市场

随着我国旅游业的飞速发展，旅游劳动力市场从无到有，逐步完善，为我国旅游企业的员工招聘工作提供了有利的环境。但我国的劳动力市场发育程度不高，与旅游业发达国家相比还有很大的差距，再加上我国旅游企业的经济效益并不突出，使得旅游企业总体上对高素质人才的吸引力不大，导致高素质人才的流动率过高，面向旅游企业的职业经理人市场迟迟未能形成。

5. 竞争对手

一方面，旅游行业的竞争企业对人才需求的相似度较高，容易形成争夺人才的局面；另一方面，应聘者往往会在同类企业中进行比较后做出选择。因此，旅游企业在招聘过程中，取得与竞争对手的比较优势是非常重要的。

（二）内部因素

1. 企业和职位的要求

企业和职位的要求主要体现在以下两个方面。

（1）企业的发展阶段。

任何一个企业都有其生命周期，即由初创期、成长期、成熟期、衰退期等不同阶段形成一个独有的发展过程。当旅游企业处于不同生命周期时，对员工招聘工作的影响也各不相同。旅游企业不同生命周期的招聘工作差异如表 4-1 所示。

表 4-1　旅游企业不同生命周期的招聘工作差异

企业生命周期	企业特征	用工需求	招聘目标和重心	招聘工作特点
初创期	市场占有率较低，规模较小	对劳动力的需求相对较小	保证旅游企业开业并正常运营	招聘工作不规范，主要是利用关系和推荐
成长期	业务量迅速上升	对劳动力的需求旺盛	围绕着数量这个中心来进行	招聘工作日益受到旅游企业重视
成熟期	业务量相对稳定	对劳动力的需求也趋于稳定	围绕着旅游企业内部岗位空缺进行招聘，以数量为中心转变成以质量为中心	招聘工作日益规范化和制度化
衰退期	收缩其业务范围或转向其他行业	劳动力需求大幅度下降	以裁员来降低成本，同时对员工素质的要求进一步提高	招聘工作将变得成本昂贵并极其困难

（2）薪酬水平。

这是反映旅游从业人员整体待遇和收入状况的指标，也是决定旅游企业对劳动力供给方的吸引力大小的重要因素之一，因此薪酬水平将影响旅游企业的员工招聘工作。当企业的薪酬水平提高时，一方面会使得企业对劳动力更具有吸引力；另一方面较高的薪酬水平将使企业的经营成本提高，产品价格上升，从而对劳动力的需求下降，同时更注重应聘者的能力和综合素质。

2. 招聘者

招聘者作为招聘工作的实施者和责任人，在招聘过程中是旅游企业利益和形象的代表，对于企业是否能够找到合适的人员，达到招聘目标是至关重要的。

（1）招聘者的组成。

招聘者除了人力资源部门代表外，还应当包括用人部门主管和部门内其他人员。如果招聘管理人员，人员组成则更加复杂。招聘团队的组建应该遵循以下五项原则，大家分工合作，各负其责，才有可能为企业招聘到优秀的人才。

第一，知识互补。不同知识结构取长补短、互为补充，丰富招聘团队整体知识水平的深度和广度，有利于对不同知识结构的人员进行考核。

第二，能力互补。招聘团队要为组织招聘各个岗位的员工。如果招聘团队中有的人懂生产、有的人精通销售、有的人了解办公室工作，各种不同能力的人组合在一起，便于招聘不同岗位的员工。

第三，气质互补。不同的招聘者具有不同的心理特征和气质。将不同气质的招聘者组合在一起，可以消除招聘工作中由于对某一气质类型员工的心理偏差或者成见而造成的失误。

第四，性别互补。不同的性别有不同的长处，女性喜欢从细节考察人，男性则往往善于从全局进行把握。另外，性别互补还可以避免招聘过程中的性别歧视，有利于正确地评价应聘者。

第五，年龄互补。年龄的差别体现了精力、知识、经验、处理问题的方式和思维方式等方面的差别。年龄稍大的人，往往比年轻人更稳重、经验更丰富；而年轻人则往往更富有激情，接受新事物快等。同龄人之间更容易沟通和理解，也能够更好地获取对方的信息。因此，将不同年龄层次的招聘者组合在一起，更能客观地对不同年龄阶段的应聘者进行正确的分析，使招聘工作完成得更好。

（2）招聘者的素质。

要保证招聘工作成功，旅游企业招聘者必须具备诚实、热情、公正、认真和尽职的个人品质；要有较好的身体素质，以应付繁重的招聘工作；应具备良好的表达能力、观察能力、交际能力和协调能力等；要有丰富的专业知识，掌握面试技巧和测评手段等；最重要的是，招聘者应该能够作为组织形象的杰出代表出现在招聘现场，表现出较强的感召力。

3. 招聘预算

招聘预算是企业全年人力资源管理总预算的一部分。每个企业可以根据自身的实际情况，按照所采取的招聘方式、招聘对象的不同以及招聘人数的多少等因素，来决定具体的招聘费用预算。有些旅游企业在招聘时往往没有先做预算，招聘过程中需要经费再由领导审批，这样往往会影响计划的实施。招聘预算对招聘活动有着重要的影响，充足的招聘资金可以使企业选择更多的招聘方法，扩大招聘范围。例如，企业可以选择强势媒体发布招聘广告。相反，有限的招聘资金会使企业进行招聘时的选择大大减少，从而对招聘效果产生不利的影响。

（三）应聘者的自身因素

1. 求职动机和强度

应聘者的求职动机和强度决定了其对所应聘职位的渴望程度。虽然应聘者的求职动机和强度会受到个人背景和经历、个人财务状况等因素的影响，但总体而言，求职强度高的应聘者更容易接受旅游企业的应聘条件，求职成功率较高，反之亦然。

2. 对企业和职位的评价和选择

多数应聘者在评价和选择一个企业时，主要看企业的报酬、晋升与发展的机会、地理位置与环境、企业声誉等因素。对职位的评价主要集中在工作性质、工作时间、人际关系、管理者品质特征等方面。当然这些条件不可能都能满足，因此只能采用"有限理性"原则，在不同的组合中进行平衡比较，把一些偏好放在优先的位置，另一些偏好则暂时放弃。

总之，旅游企业在进行员工招聘工作时应综合考虑各种影响因素，并采取相应的策略和方法，将影响企业招聘工作的因素的负面作用降至最低，从而保证员工招聘工作的顺利开展。

第二节　招聘过程

一、招聘的基本流程

招聘工作是为空缺岗位配备合适人选的关键工作，因此，应当遵循一定的流程以保证招聘工作的科学性。招聘工作的基本流程包括以下六个步骤，如图 4-1 所示。

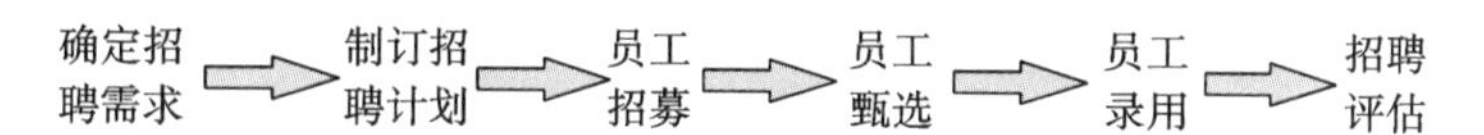

图 4-1　招聘的基本流程

（一）确定招聘需求

为了保证人力资源利用的连续性，预防空岗的产生而影响整个部门乃至企业的正常运行，一般旅游企业都会根据企业的发展情况，以人力资源规划和工作分析为前提和基础，对企业员工的需求进行预测，预测员工需求应该遵循以下原则。

1. 符合旅游企业短期及长期的发展规划及经营战略目标

作为旅游企业经营发展的最高纲领，发展规划及经营战略对企业各方面的工作都具有重要的指导作用。例如，不同的发展战略对人员的需求不同：选择扩张型战略的旅游企业需要加大招聘力度；选择紧缩型战略的旅游企业需要裁减人员；选择多元化发展战略的旅游企业需要招聘背景多样化的员工；选择国际化发展战略的旅游企业决定了招聘来源的国际化；选择探索型战略的旅游企业，希望招聘的员工具有开拓性及创新意识等。

2. 符合目前或近期业务的需要

预测员工需求，要根据业务发展的速度将总的员工需求分解为不同部门、不同时段的招聘数量，还要考虑近期人员配置、晋升及男女比例等问题。

3. 符合企业组织结构的需要

鉴于每个旅游企业的情况不同，企业可根据自身实际情况进行研究，如预测企业各类员工的构成、管理人员的层次结构、专业技术人员的技能等级结构等。

4. 有助于提高工作效率，不会造成人浮于事

对于旅游企业来说，无论是多招人还是招错人，都会给企业带来较大的负面作用。除由此

造成的人力成本、培训成本的增加以及低效率和错误决策带来的损失外，人浮于事还会在不知不觉中对企业文化造成不良影响，降低旅游企业的整体效率。通常各职能部门有用人需要时，会向人力资源部门提出申请，由人力资源部门评估员工需求的合理性，在进行人力资源需求预测后，报总经理审批，只有这样才能有效提高招聘的效率和质量。

（二）制订招聘计划

招聘计划是在人力资源规划的基础上，根据旅游企业发展目标、岗位需求、工作说明的具体要求，对招聘岗位、人员数量、时间限制等因素做出详细的计划。招聘计划的具体内容包括招聘目标、招聘人员估计、信息发布渠道和时间、招聘团队组建、招聘方法、招聘费用预算等，同时企业可以根据实际需要增加其他内容。表 4-2 为酒店招聘计划范例。

表 4-2　酒店招聘计划范例

一、招聘目标（人员需求）

职位名称	需求人员数量	其他要求
销售代表	3	本科以上学历，3 年以上营销工作经验
前台接待	2	专科以上学历，女性，30 岁以下
总经理助理	1	本科以上学历，35 岁以下

二、信息发布渠道和时间

1. ××招聘网站　　3 月 20 日

2. ××日报　　3 月 20 日

三、招聘小组成员名单

组长：李成（人力资源总监）——全面负责招聘活动

组员：王林（人力资源薪酬专员）——具体负责应聘人员的接待，应聘资料的整理

赵芳（人力资源招聘专员）——具体负责招聘信息的发布，面试、笔试的安排

四、招聘方案及时间安排

1. 销售代表

资料筛选	营销部经理	截至 3 月 27 日
初试（面试）	营销部经理	3 月 29 日
复试（面试）	营销部副总	3 月 30 日

2. 前台接待

资料筛选	行政部经理	截至 3 月 27 日
面试	行政部经理	3 月 29 日

3. 总经理助理

资料筛选	人力资源部经理	截至 3 月 27 日
初试（笔试）	人力资源部经理	3 月 29 日
复试（面试）	总经理	3 月 30 日

五、新员工的上岗时间

预计在 4 月 3 日左右

续表

六、招聘费用预算 ××日报广告刊登费6000元，××招聘网站信息刊登费2000元，资料费等其他费用500元，合计预算费用8500元 七、招聘工作时间表 3月11日：起草招聘广告 3月12日～3月13日：进行招聘广告版面设计 3月14日：与报社、网站进行联系 3月20日：报社、网站刊登广告 3月21～3月27日：接待应聘者、整理履历资料、对资料进行筛选 3月28日：通知应聘者面试 3月29日：进行面试 3月30日：进行复试 4月1日：向通过复试的人员发放录用通知 4月3日：新员工入职 人力资源部 2017年3月5日

（资料来源：任巍．人力资源管理[M]．北京：机械工业出版社，2011.）

知识活页　招聘时间策略

知识活页　招聘费用预算

（三）员工招募

旅游企业在制订了较为详细的招聘计划之后，下一步就需要进行员工招募。根据招聘计划所确定的用人条件和标准进行决策，采用适宜的招聘渠道和招聘方法，吸引合适的应聘者，以达到满意的效果。

（四）员工甄选

招募为旅游企业吸引到了合适的应聘者数量，但并不是所有应聘者都符合企业需求，必须运用科学的方法对应聘者的任职资格和对工作的胜任程度进行系统的、客观的测量和评论，从所有应聘者中选择出最适合旅游企业需要的那部分人员，员工甄选的具体方法将在本章第三节中进行介绍。

（五）员工录用

录用是依据选择的结果做出录用决策并进行安置的活动，主要包括录用决策、发放录用通知、办理录用手续、员工的初始安置、试用、正式录用等内容。在这个阶段，招聘者和应聘者都要做出自己的决策，以便达成个人和工作的最终匹配。

（六）招聘评估

对招聘进行评估是招聘工作的最后一个步骤，招聘评估可以帮助旅游企业发现招聘过程中存在的问题，以便对招聘进行优化，提高以后的招聘效果。招聘活动的评估主要包括两个方面：一是对照招聘计划和实际招聘录用的结果进行评价总结；二是对招聘工作的效率进行评估，以便发现招聘过程中的问题，有利于企业不断改进招聘方式，以指导下一轮招聘工作高质量地进行。

二、招聘渠道与方法的选择

（一）内部招聘

内部招聘就是从旅游企业内部或集团公司内部现有的员工中选拔合适的人才来填补空缺或新增的职位，这实际上是组织内部的一种人员调整。在进行人员招聘时，应先对旅游企业内部员工进行调整，尤其在招聘高级职位或重要职位时更应重视内部招聘。

1. 内部招聘应具备的条件

通常条件下，在进行人员招聘时一般先考虑内部招聘，但并不是任何时候都如此，一般来说，企业要进行内部招聘应具备以下基本条件。

（1）充足的人力资源储备。

旅游企业属于员工流动率较高的企业，储备人才成为旅游企业管理工作的一项重要内容。平时注重人才的培养、重视员工的梯队建设，这样企业一旦有需求，就能马上得到补充，从而减少意外情况发生或人才流失给旅游企业带来的损失。

（2）完善的选拔机制。

公开、公平、公正的内部选拔机制有助于旅游企业选拔出符合实际需要的员工，同时也有助于企业树立积极向上的风气，激发员工的工作积极性。

（3）健全的档案记录。

人力资源部门都备有员工的个人档案，员工档案的健全能快速帮助企业了解并确定符合某空缺职位要求的人员，它对内部人员调整来说是非常重要的。具体包括员工的传记性资料、受雇日期、受教育程度、专门化技能、现有职位、绩效评分、所受培训、发展需要、专业证书、薪资信息、出勤资料等。

2. 内部招聘的途径

（1）内部晋升。

内部晋升是内部招聘的重要来源，即通过内部选拔来填补高一级职位空缺的活动。在使用这种方法时，科学地确定晋升人选十分重要。很多旅游企业根据资历和在原有岗位上的工作表现确定晋升人选有时是欠妥的。这种方法是将下级岗位中表现最优秀的人选安排到高一级的新岗位上，想当然地认为他们一定可以适应新岗位。事实上，不同种类、不同层次的人员需要的任职条件不同，如技术岗位与管理岗位、基层管理岗位与高层管理岗位。业务优秀的人员不一定适合管理岗位，优秀的基层管理者也不一定适合高层管理岗位。选择晋升员工应该根据岗位规范的任职资格要求，挑选最适合新岗位的人选，即使他在原岗位上可能不是最优秀的。

（2）工作调动。

工作调动与提拔晋升的纵向式不同，一般是指员工在相同或相近的级别间调动，大都是平级式的。这种方法并不改变工作设计本身，而只是使员工从一个岗位转到另一个岗位。

（3）岗位轮换。

岗位轮换与工作调动不同，是指暂时的工作岗位变动。它是通过实习或培训的方式，使员工从一个岗位调到另一个岗位，以扩展其经验的工作方法。岗位轮换可以在一定程度上消除专业分工过细带来的弊端，既有利于员工克服狭隘的部门观点，又有利于部门之间的横向协调，树立系统的全局观念。同时，也让有潜力的员工做好了晋升准备。

（4）重新聘用。

重新聘用分为返聘和重聘两种情况。返聘是指在没有合适人选的情况下将已经离退的人员重新聘到原有岗位，常见于对技术和经验要求较高的岗位；重聘是指将闲置人员和辞退人员重新聘用到原有岗位。旅游企业由于存在淡旺季分明的特点，在淡季时经营状况不好，会暂时让一些员工下岗待聘，当企业情况好转时，再重新聘用这些员工。这些员工对企业比较了解，对工作岗位能很快适应，为此可以节省大量的培训费用。

3. 内部招聘的方法

（1）员工推荐法。

员工推荐法是由本企业员工根据单位和职位的需要，推荐其熟悉的合适人员，供用人部门或人力资源部门进行选择和考核。它既可用于内部招聘，也可以用于外部招聘。因为推荐人对用人部门与被推荐者双方均比较了解，可以使组织很容易了解被推荐者，所以它比较有效，成功率也较高。

（2）人才储备法。

现代旅游企业都应建立人力资源管理信息系统，对所有员工的各种信息，包括教育、培训、经验、技能、绩效等进行最大限度的量化处理管理，进而帮助用人部门或人力资源部门寻找合适的人员来补充空缺的职位，既节约了时间，又提高了效率。

（3）布告法。

在企业内部以公告的形式发布空缺职位信息是最常使用的内部招聘方法。使用这种方法，需注意以下几点：一是，至少应在内部招聘前一周发布职位空缺、需要招聘人员的相关信息；二是，应该清楚地列出空缺职位的工作描述与工作规范；三是，应使所有申请人收到反馈信息。

（二）外部招聘

外部招聘是指从组织外部获得所需的人员。在旅游企业外部招聘过程中，强调的是吸引人和开发人，而不是重塑人和改造人，因此，只有合理采用招聘方法、高度重视甄选标准、科学处理匹配方式，才能招到符合本企业需求的人才。

1. 外部招聘的原因

（1）企业出现职位空缺，内部人员数量不足，需要尽快补充。

（2）企业欲获取内部员工不具备的技术、技能等。

（3）企业欲打破内部员工形成的惯性思维、惯性工作方式，开拓新局面。

（4）和竞争对手竞争稀缺人才，增强自身实力。

2. 外部招聘的方法

（1）广告招聘。

发布广告是旅游企业招聘较常用的方法之一。通常的做法是在一些大众媒体上刊登出企业岗位空缺的消息，吸引对这些空缺岗位感兴趣的潜在人选前往应聘。发布广告有两个关键性问题：其一是广告媒体如何选择，其二是广告内容如何设计。一般来说，旅游企业可供选择的广告媒体有很多，传统媒体如报纸、杂志、电视广播等，现代媒体如互联网等，其具体特点见表 4-3。

表 4-3　各种招聘信息发布媒体的比较

类型	优　点	缺　点	何时适用
报纸	标题短小精炼；广告大小可灵活选择；发行量大，集中在某一特定的地域，有专门的板块便于求职者查找	发行对象无特定性；保留时间较短；纸质和印刷质量较差，对广告设计造成限制	招募限定于某一地区；必须在短期内补充大量空缺职位
杂志	接触目标群体的概率大；保存时间较长；纸质和印刷质量较高，能产生较强的视觉冲击力	每期发行时间的间隔较长；发行地域范围较分散；广告的预约期较长	空缺职位非迫切补充；职位候选人集中在某专业领域
电视广播	不容易被人忽视；视听效果比印刷广告更能有效地渲染雇佣气氛	成本较高；持续时间短，不能查阅	当招聘处于竞争的情况下，急需扩大影响，将企业形象宣传与人员招聘同时进行的时候
互联网	广告制作效果好；信息容量大，传递速度快；可统计浏览人数；既可单独发布招募信息，也可以集中发布	地域传播广；信息过多容易被忽略；有些人不具备上网条件，或没有计算机使用能力	旅游企业员工相对年轻化，所以通过网络招聘的效果往往很好，拥有网站的旅游企业采用效果更佳

广告内容设计的好坏会直接影响应聘者的素质，也能反映旅游企业管理水平的高低，一则好的广告既能吸引更多的求职者，又能树立旅游企业的良好形象。

知识活页　怎样拟定一份好的招聘广告

（2）人员推荐。

通过单位的员工、客户、合作伙伴等熟人推荐也是员工招聘的重要来源。据资料显示，美国微软公司有大约40%的员工是通过熟人推荐这种方式招聘的。在我国珠江三角洲、长江三角洲的广大地区，也有大量的旅游企业在招聘基层员工时，采用“老乡介绍老乡”的推荐方式。

采用这种方式时，招聘双方在事先已有一定了解，用人较为可靠，可简化招聘程序和节约招聘费用。内部员工推荐的求职者往往比通过其他方式招聘到的人员表现更好，而且跳槽率更低。有些旅游企业为了鼓励员工积极推荐人才，还提供专项奖金，以此奖励那些为企业推荐优秀人才的员工。这种招聘方法较明显的缺点是招聘面窄，容易形成小团体和裙带关系，不利于企业各项方针、政策和管理制度的落实。

（3）校园招聘。

校园招聘也称上门招聘，即由招聘人员通过到学校参加毕业生交流会等形式直接招聘员工，它是旅游企业获得潜在管理人员及专业技术人员的重要途径。它为旅游企业和求职者搭建了一个对话的平台，也是宣传企业形象的一种非常便利的手段。一般来说，工作经验少于3年的专业人员约有50%是在校园招聘到的。但是，校园招聘也有明显的不足，优秀的毕业生往往都有多种应聘准备；学生刚踏入社会，缺乏实际的工作经验，工作上手较慢，容易对职位产生不切实际的期望；由学生到社会人的身份转换需要一个较长的磨合期，需要大量的培训；而他们一旦积累了经验又容易跳槽，工作稳定性较差。

（4）网络招聘。

网络招聘也称在线招聘或电子招聘，它是指利用互联网进行的招聘活动，包括招聘信息的发布、求职简历的在线搜集整理、电子视频面试以及在线测评等。旅游企业通常可以通过两种方式进行网络招聘，一是在企业自身网站上发布招聘信息，搭建招聘系统；二是与专业招聘网站合作，如中华英才网、前程无忧、智联招聘等，通过这些网站发布招聘信息，利用专业网站已有的系统进行招聘活动。

网络招聘的主要优点是招聘范围广、信息量大、可挑选余地大、应聘人员素质高、招聘效果好、费用低；主要缺点是求职材料太多从而筛选困难、一些应聘者可能会提供虚假信息欺骗企业、企业对应聘者的资料审核困难、企业的商业安全问题有待保障。

（5）职业介绍机构和人才交流市场。

职业介绍机构与人才交流市场为旅游企业各类人员招聘提供了方便。这种方法常在以下几种情况中使用：①用人单位对于能否依靠自己的力量招聘到合适人选没有把握；②用人单位

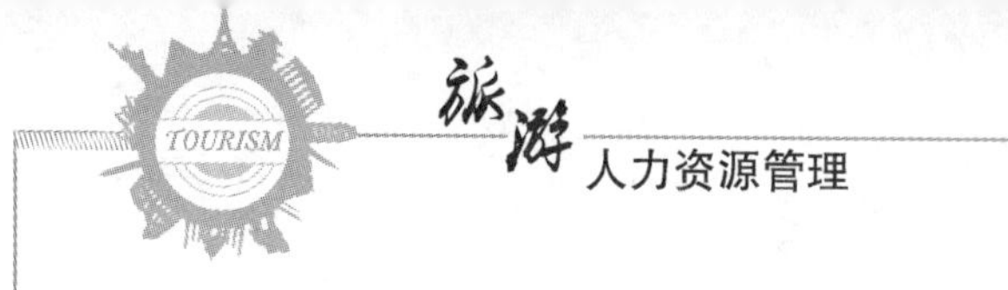

只需招聘少量人员，觉得自行设计招聘方案费时费力；③用人单位急于填补某一关键岗位的空缺。

采用这种方法招聘人员的主要优点是应聘者面广，可以有效避免裙带关系的形成，招聘耗时短；主要缺点是需要一定费用，对应聘者的情况不够了解，不一定有适合空缺岗位的人选，有些职业介绍机构鱼龙混杂，应聘者素质低。在运用这种招聘形式时，要选择信誉较高的机构，要求机构提供尽可能正确而多的信息，并且对应聘者尽可能再测试一次。

（6）猎头公司。

猎头公司本质上也是一种就业中介组织，但是由于其特殊的运作方式和服务对象，经常被看成是一种独立的招聘渠道。猎头公司是一种专门为雇主搜寻和推荐高级主管人员和高级技术人员的公司。他们可以出色地利用很多渠道挖掘那些被其他老板看中但目前尚未有流动意向的顶尖人才，并且对这些人才进行全面的调查，确保人才的质量，大大提高引进人才的成功率。

与猎头公司建立淡季招聘的合作计划是企业完成人员招聘的一个重要途径。这不仅有利于加快招聘的速度，提高招聘的质量，而且对"猎取"高级和紧缺人才特别有用。那些有一技之长的人才是猎头的首选目标。其优点是针对性强，隐秘性高，可以得到专业顾问的帮助；缺点是周期长，费用较高，通常为该职位年薪的25％～35％。

整个猎头流程通常在保密的情况下进行，首先要以雇主认定的岗位说明书为基础，分析客户需要，然后通过人才搜寻程序，对目标候选人进行接触和测评，并提交候选人评价报告供雇主面试选择，最后客户与录用者签订聘用合同，猎头公司通常还要进行一段时间的跟踪考核。

（三）内部招聘与外部招聘的比较

招聘渠道的选择对于能否高效招到适合的员工至关重要，所以企业的招聘人员必须对各种招聘渠道的优缺点有深刻的了解，才能在招募工作中有的放矢，选择到合适的人。内部招聘与外部招聘的比较如表4-4所示。

表4-4　内部招聘与外部招聘的比较

招聘方法	优　　点	缺　　点
内部招聘	1. 准确性高 2. 适应性快 3. 激励性强 4. 费用较低 5. 招聘速度快	1. 导致内部矛盾，加大员工和部门之间的竞争 2. 容易造成"近亲繁殖"，缺乏创新 3. 选择范围小
外部招聘	1. 带来新思想和新方法 2. 有利于招聘一流人才 3. 选择范围广	1. 筛选难度大、时间长 2. 进入角色慢 3. 招募成本高 4. 决策风险大 5. 影响内部员工积极性

第三节　甄选方法

旅游业作为劳动密集型行业，面临的最严峻、最重大的挑战就是甄选合适的人才并迅速把他们变成一流员工。试想如果企业中的员工都是一些平庸之辈，那么即使拥有完善的计划、合理的组织结构和协调的控制系统，也无法实现企业的战略目标，更不用说获得长期的竞争优势了。

一、甄选的概念

甄选是指企业从岗位职责要求出发，采取科学的工具和方法，对应聘者的性格、素质、知识和能力进行系统、客观的测量和评价，并最终选择适合企业所需的应聘者的过程。内部甄选流程包括内部发布公告、内部报名、筛选、录用，外部甄选流程包括初步筛选、初试、复试、复审、录用、报到、试用、转正等。有效的员工甄选可以降低员工招聘的风险，有利于员工的安置和管理，为员工的预测与发展奠定基础。

二、甄选的内容

（一）教育背景

教育背景一般是指应聘者的学历水平。学历作为社会标准被广泛地采用，主要是因为其为旅游企业提供了简单易行的判断标准。例如，服务人员要有高中以上学历；中层管理人员要有大专以上学历；对高层人员和关键技术岗位上的人员的学历要求可能更高。但要指出的是，旅游企业在甄选人才的过程中，不必过于死板，要根据员工能力的要求即企业标准，从大局的角度来考察其教育及专业背景，避免学历歧视。

（二）工作能力

工作能力是指应聘者适应其工作岗位的能力，是与岗位要求相关的能力。能力是引起个体绩效差异的持久性个人心理特征。能力通常分为一般能力与特殊能力。一般能力是指在不同活动中表现出来的一些共同能力，比如记忆能力、想象能力、观察能力、注意能力、思维能力、操作能力等。这些能力是完成任何一种工作都不可缺少的。特殊能力是指在某些特殊活动中所表现出来的能力，比如管理者就需要具有较强的人际能力、分析能力等，也就是常说的专业技能。

（三）工作经历

工作经历主要指应聘者曾经服务的企业、担任的职务、以往的绩效水平等方面。通过工作经历可以初步判断应聘者的能力水平、工作稳定性、实际工作经验等多方面的因素。对工作经历的考察，要将重点放在其经历中与招聘岗位要求相关的部分，并不是所有的工作经历都会对其所要从事的新岗位有帮助。

（四）个性特点

个性特点指应聘者与工作要求相关的性格类型、心理特征等内容。不同职位对员工个性特点的要求不同，研究表明，在其他因素基本相同的条件下，员工的个性特点是影响工作绩效的重要因素。旅游企业的大部分员工需要与顾客交流，要承受压力，运用各种科学的心理测试

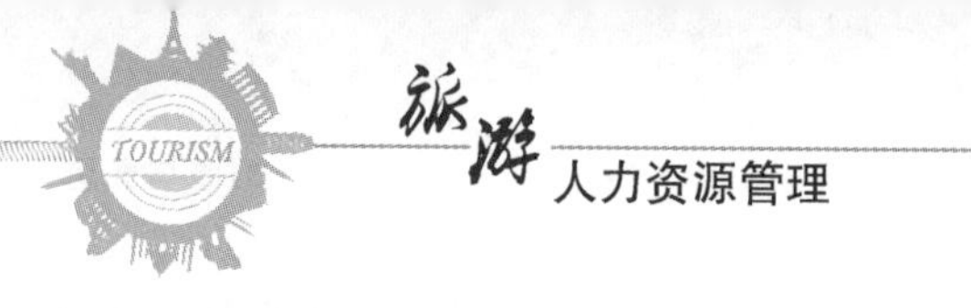

方法对应聘者的心理特点进行测试就显得尤为重要。

（五）身体状况

身体状况主要指应聘者的健康状况和体能状况。旅游企业的很多岗位会对工作者有身体方面的要求，一般而言，身体状况与应聘者的年龄和性别有关。在以身体状况作为甄选标准时要注意有科学的工作分析资料可以证明这一要求的合理性，避免出现年龄或性别歧视。一般通过体检或健康检查来确定，一些特殊岗位如导游、酒店保安、行李员，可能还需要进行必要的体能测试。

（六）动力因素

员工要取得良好的工作绩效，不仅取决于他的知识、能力水平，还取决于他做好这项工作的意愿是否强烈，即是否有足够的动力促使员工努力工作。在动力因素中，最重要的是价值观。具有不同价值观的员工对不同企业文化的相容程度不一样，企业的激励系统对他们的作用效果也不一样。因此，旅游企业在招聘员工时有必要对应聘者的价值观等动力因素进行鉴别测试。

三、甄选的方法

（一）非测验型方法

1. 笔试法

笔试又称知识考试，即采用传统试卷的方式对应聘者进行考核。因为可以同时测试大量应聘者，所以效率较高、成本较低。其一般适用于规模较大的旅游企业或招聘人员数量众多的情况。

2. 面试法

面试也叫“面谈”，是旅游企业员工甄选过程中广泛使用而且直接关系到招聘效果的主要方法之一。面试是为了进一步了解应聘者的情况，如应聘者的能力、人格、态度、兴趣等，确定应聘者是否符合工作要求而进行的招聘人员与应聘者之间的面对面接触。

旅游企业工作性质决定了面谈工作的重要性。饭店的服务人员、旅行社的导游人员必然要与客人直接打交道，他们的仪表、形象、谈吐往往是企业形象的代表。因此，单凭应聘者的申请表或员工推荐往往难以把握其是否符合旅游企业工作需要。当然，面谈的意义绝不在于看一看应聘者的外表，更重要的是通过面对面的接触，使企业更加全面、深刻地了解应聘者，同时，也使应聘者进一步了解所应聘工作的情况，从而达到工作与人的最佳配合。

(1) 面试的类型。

①按参与面试人员数量分类。

按参与面试人员数量可以分为个别面试、小组面试、群体面试。个别面试是由一名面试人员面试一名应聘者，即一对一的方式。这种方式可以让应聘者较为轻松，有利于双向、深入地交流，但由于只有一名面试人员负责，面试结果受其主观影响较大。小组面试是由多名面试人员面试一名应聘者，即多对一的方式。这种方式可以有效克服某个人员的主观偏见所造成的误差，有利于提高面试的准确性和公平性，但由于是多对一的方式，应聘者可能会过于紧张而影响发挥，且这种方式的成本较高，一般用于对高级管理人员的选拔。群体面试又被称为集体面试，由多名面试人员面试多名应聘者，即多对多的方式。通常由主考官提出若干问题，引导应聘者回答、讨论，从中考察应聘者的表达能力、思维能力、组织能力、合作能力等内容。这种形式的效率高，可以获得应聘者更多的信息，且便于在应聘者中间进行比较，但对面试人员的要求较高，需要事先做好相应的准备工作，可以用于初级和中级管理人员的招聘。

②按标准化程度分类。

按标准化程度可以分为结构化面试、非结构化面试和半结构化面试。结构化面试，又称标准化面试，是根据特定职位的胜任素质要求，遵循固定程序，采用事先拟定的题目、评价标准和评价方法，通过考官与应聘者面对面的言语交流，评价应聘者胜任特征的人才测评过程和方法。所谓结构化，包括三个方面的含义：一是面试过程把握（面试程序）的结构化，在面试的起始阶段、核心阶段、收尾阶段，主考官要做些什么、注意些什么、要达到什么目的，事前都会有相应的策划；二是面试试题的结构化，在面试过程中，主考官要考察应聘者哪些方面的素质，围绕这些考察角度主要提哪些问题、什么时候提出、怎样提，在面试前都会做准备；三是面试结果评判的结构化，从哪些角度来评判应聘者的面试表现、等级如何区分、如何打分等，在面试前都会有相应的规定，并在众考官间形成统一的标准。非结构化面试是随机进行提问的面试，由一系列向申请某个职位的应聘者连续提出与工作相关的问题构成。半结构化面试就是将结构化面试与非结构化面试结合使用，首先利用结构化面试对一些共性问题进行提问，再利用非结构化面试深入了解相关的个性问题，是最常见的面试模式。

知识活页　**结构化面试一般包括的四类问题**

③按面试目的分类。

按面试目的可以分为压力面试和非压力面试。压力面试是将应聘者置于一种人为的紧张气氛中，让应聘者接受诸如带有“敌意”或“攻击”性的刺激，然后依据应聘者的反应“穷追猛打”，逐步深入，直至应聘者应付不了为止，主考官以此观察应聘者的反应。其目的是了解应聘者承受压力、控制情绪的能力，以测试应聘者的应变能力和解决紧急问题的能力。使用这种面试方法要注意把握分寸，在法律允许的范围内进行，只对有抗压要求的岗位人员进行压力面试，如处理客人投诉的岗位和一些销售岗位。非压力面试是在没有压力的情景下考察应聘者有关方面的素质。

（2）面试的过程。

面试的过程与内容如表 4-5 所示。

表 4-5　面试的过程与内容

面试过程	应聘者	面试官
准备活动问候建立联系	检查着装和仪表，到达面试地点，报到，等候	查阅简历，准备面试问题

续表

面试过程	应聘者	面试官
问与工作有关的问题	握手,被邀请后落座,在闲谈中留下好印象	握手,请坐,通过闲谈使应聘者放松
解答应聘者的问题	提供教育背景、工作经历细节,说明个人能力与技术水平,展现恰当的求职动机	询问教育背景及与职位有关的工作经历细节,了解应聘者的工作能力和专业技术水平,了解应聘者的求职动机
告别	等待考官暗示面试结束,讨论下一步骤,起立握手告别,退场	表明面试结束,建议进行下一步活动,起立并握手,送别应聘者

面试的过程可分为面试准备、面试实施和面试结束三个步骤。

①面试准备。

面试需要的准备工作包括选择面试官、明确面试时间、了解应聘者的情况、准备面试材料(面试评价表和面试提纲)、安排面试场所。为了使面试工作顺利进行,保证效果,旅游企业往往采用结构化面试的形式,这就要求招聘人员提前准备面试提纲。一份理想的面试提纲应包括以下几个方面:面试的开篇;旅游企业经营状况及未来前景介绍;对空缺职位和其要求的描述;与应聘者讨论工作资格;与应聘者个别讨论工作细节和工作各方面的关系;必要时可对即将进行的面谈、测试及录取等方面进行介绍。

②面试实施。

面试实施一般包括引入阶段、正题阶段、收尾阶段。面试开始时,先通过一些轻松的话题引入面试;正式进入面试阶段后,面试官要按照事先准备好的提纲或者根据面试的具体进程,对应聘者尽量提出行为性问题(见表4-6),同时对面试评价表的各项评价要素做出评价;在收尾阶段,可以让应聘者提出一些自己感兴趣的问题由面试官解答,从而以一种自然的方式结束面试。面试过程中需要对问题进行追问,追问时可以遵循STAR原则,即针对每个考察点来询问应聘者在特定情境(Situation)下面临的具体任务(Task),完成任务的具体行动和做法(Action)以及最终的结果(Result)。例如,面试官要询问应聘者的销售业绩时,可以有以下选择。

特定情境:你以前主要负责销售什么产品?市场需求如何?采用什么销售模式?

具体任务:你所在的公司给你制定的年度销售指标都有哪些?

具体行动和做法:你采用了哪些办法来提高销售业绩?在推进销售的时候,你遇到了哪些困难?是怎么解决的?

结果:你以前的公司有多少销售人员?每个销售人员有没有规定的销售量?你的销售业绩在公司的销售人员中处于何种水平?你的月销售额是多少?

表4-6　理论性问题、引导性问题与行为性问题对照表

测量	理论性问题	引导性问题	行为性问题
协作能力	你如何对付难缠的雇员?	你善于化解矛盾吗?	告诉我,作为监管人员,你如何对付难缠的雇员?
销售能力	你认为你能卖出产品的原因是什么?	我们的销售目标很高,你能应对这种挑战吗?	谈谈过去一年中你成交的最大一笔销售订单,你是如何做成的?

续表

测量	理论性问题	引导性问题	行为性问题
解决问题能力	你将如何处理生产中出现的问题？	你能排除仪器设备的故障吗？	请说说你最近遇到的一个(有关质量的)问题。你是如何解决的？
安全意识	你觉得工作中的安全问题有多重要？	听起来你是一个小心谨慎的员工，是吗？	请你谈谈所发现的你认为不安全的情况。具体情景是怎样的？你做了些什么？
应变能力	如果你不得不改变自己的工作安排以适应变化中的要求，你将有何感想？	一个月内让你先后做三份不同的工作，你不会烦吧？	请谈谈你工作中不得不适应变化的经历。它是怎样的变化？结果如何？

③面试结束。

面试结束后，面试官需要及时对面试记录进行整理，填写面试评价表，以便在全部面试结束后进行综合评定，做出录用决策。

3. 评价中心技术

评价中心(Assessment Center)技术是近年来兴起的一种选拔高级管理人员和专业人员的方法，它采用情境性的测试方法对被测试者的特定行为进行观察和评价。测试人员根据职位需要设置各种不同的模拟工作场景，让应聘者参与，并考察他们的实际行为表现，以此作为甄选的依据。评价中心技术中所采用的情境性的测试包括多种形式，主要有无领导小组讨论、公文筐测试、管理游戏等，具体内容见表 4-7。

表 4-7　测评维度与评价中心技术对照表

测评维度	需要的评价中心技术
经营管理技巧	公文筐测试
人际关系技巧	无领导小组讨论、管理游戏
智力状况	笔试
工作的恒心	公文筐测试、无领导小组讨论、管理游戏
工作动机	想象能力测验、面试、模拟面谈
职业发展方向	想象能力测验、面试、性格考察
依赖他人的程度	想象能力测验

(1) 无领导小组讨论。

无领导小组讨论(Leaderless Group Discussion)是对一组应聘者同时进行测试的方法。由六至十二名应聘者组成一个小组，开会讨论实际业务问题。例如，面试官可以告诉他们，其为某一饭店的客房部经理，所做的工作是要在一定时期减少客房服务员的离职率，然后向他们提供饭店有关该问题的所有必要的信息，并让他们自己决定如何最好地完成这一任务。每个组不指定组长，也不给他们提供如何讨论的规则和指导。在讨论过程中，面试官会定期告诉他们(有时在他们解决了一个问题后立即告诉他们)相关因素的变化情况，并从中可以观察每个人是如何参加这一讨论的，每个人的领导能力和说服能力如何。

通常，每个小组中会有一名成员，以组长的身份出来负责解决这些问题。这样，这个人的领导能力就能得到凸显，而小组的其他成员与这个组长的合作情况以及他们对解决问题的贡献也得到了评价。这种情况具有相当大的压力，有的应聘者比其他人表现得更紧张，他们甚至会非常气恼或放弃小组的努力。不久，哪个应聘者在这种压力下能干好工作，哪个应聘者不行，就会很明显地表现出来。

(2) 公文筐测试。

公文筐测试(In-basket Test)，也称公文处理。公文的内容包括文件、备忘录、电话记录、上级指示、调查报告、请示报告等。在这一测试中，把工作所处情景及将遇到的一系列难题逐一写在一张纸上，包括通知、报告、客户的来信、下级反映情况的信件、电话记录、关于人事或财务等方面的信息以及办公室的备忘录等，并放在筐子里。这些问题会涉及各种不同类型的群体——同事、下级以及组织外的一些人。应聘者必须先按照重要程度对这些问题进行排序，有时还要求写出具体应对措施。在测试中对每一个人都给予一定的时间限制，偶尔还要被中途打来的电话所打断，以创造一个更加紧张和压力更大的环境。主考人员观察其处理这些公文的过程和方法，考察其在规定时间内处理了多少文件，处理的是否是关键问题，是否善于授权，是否有一个合理的顺序，是否发现更深层次的问题，最后还可以让其解释这样处理的原因。这个测试不仅可以较好地反映应聘者的组织、计划、协调、领导等能力，而且还可以反映其对环境的敏感性以及对信息的收集和利用能力，公文处理适合旅游企业管理人员的甄选。

(3) 管理游戏。

管理游戏是近年来逐渐被旅游企业采用的甄选方法，即让应聘者参与各种各样的“游戏”，通过游戏观察应聘者的相关素质，不同的游戏内容可以测试不同的应聘者素质。这些素质归纳起来主要包括思维敏捷程度、逻辑性、创新能力、对岗位的态度、吃苦耐劳程度、奉献精神、诚信水平等。实际上游戏里面没有标准答案，也没有成功与失败，只有不同能力的展现。在游戏中应聘者会比较放松，更能展现自身的真实水平，因此，这一方法对“游戏”的选择和设计水平要求较高。

(二) 测验型方法

1. 智力测验

智力测验就是对一个人的思维能力、学习能力、适应环境的能力和解决实际问题的能力进行的测验。所谓智力就是指人类学习和适应环境的能力。智力包括观察能力、记忆能力、想象能力和思维能力等。

国外旅游企业在人员选拔过程中常用的方法为“奥蒂斯独立管理心理能力测验”(The Otis Self-administering Test of Mental Ability)。集体进行测验，所花时间很短，适用于筛选不需要很高智力的、级别较低的工作的应聘者，如旅游企业中的服务人员、文员、基层管理人员等。这一测验对筛选级别较高的工作的应聘者不太适合。该测验包括难易程度不同的75项，主要内容有计算题、空间判断、词汇、句意以及类推判断等。测验时间为20～30分钟，适合对象是高中生或成年人。

2. 能力倾向测验

不同职位的工作性质对从业人员能力倾向的要求不同，甄选的标准也不同。能力倾向测验，主要用来了解应聘者在某些特殊能力上的表现。例如，旅行社不同部门对不同岗位能力的要求也不同，前台接待员要求善于与人沟通；人力资源管理人员要具备较强的人际协调能力和亲和力；导游人员要求反应灵敏，有较强的语言沟通能力，并能不断地接受新的挑战。招聘过程中，通过对特殊能力的测验，企业可以为应聘者确定更为合适的、准确的职位，以保证他们在将来的工作岗位上能较好地发挥个人优势，创造更高的绩效。

3. 个性测验

个性测验，又称人格测试，常被用来测量应聘者的个性特征、人格特质，以便根据其气质、性格、态度等因素合理安排工作，充分发挥其能力。尽管个性测验在效度上不如能力测验，但对应聘者个性特点进行测验越来越受到旅游企业管理者的重视。因为即使个人能力突出，但如果性格不适合所从事的岗位，其仍然难以胜任工作。

4. 职业兴趣测验

近年来，旅游管理类学生出现了"低行业进入率和高流失率"的问题，这与他们对旅游行业不感兴趣紧密相关。美国康奈尔大学的拉廷博士(Dr. Gerald W. Latin)在招收餐旅系学生时非常注重学生的兴趣与爱好，他认为凡是毕业后在餐饮界做出突出贡献者，都有社会活动、权力、对他人控制和自我实现的兴趣。甄选过程中应用兴趣测验的基本依据是，如果一个人表现出与某一职业中那些工作出色的人相同的兴趣，那么此人在这个职业中很有可能得到满足，进而努力工作。相反，如果一个人对某种职业根本不感兴趣，那么此人从事这种工作并取得成功的希望就很小。

5. 成就测验

成就测验是用来鉴定一个人在某一特殊方面，经过学习或训练后实际能力的高低。根据成就测验的反映方式，可以分为操作测验和书写测验。操作测验，如可让厨师做一道菜，然后对选料和配料、操作、出盘、颜色与式样、速度、味道等方面加以测试。书写测验又可以分为再认式与回忆式两类。再认式是把若干学习过的事物，重新呈现在被试者面前，让被试者辨认或加以排列组合，形式包括是非题、多选题、顺序题、匹配题等。回忆式是指学习过的东西或者事物不被呈现在被试者面前，而必须通过回忆才能写出答案，形式包括填空题、简答题、论述题等。成就测验的目的在于测量一个人对某项工作实际上能完成到什么程度，特别是当应聘者实际具有的专业知识和技能无法被确认时，便于应聘者间的公平竞争。

四、甄选的误差

无论是哪一种甄选的方法和形式都不可避免地存在误差，我们应该允许误差的存在，但要将其控制在合理的范围内，且尽可能地减少甄选的误差。

(一) 晕轮效应

晕轮效应是一种社会心理现象，是指个体在社会认知过程中，将对认知对象的某种印象不加分析地扩展到该对象的其他方面的现象。用非测验技术选人时，这种现象很容易出现。例如，由于应聘者的仪表、学历、毕业院校等较好，招聘人员对这些人的其他方面也会给出较高的评价。这种现象往往是无意中发生的，对于招聘人员来说是很难克服的。

(二) 魔角效应

与晕轮效应相反，魔角效应是指应聘者的某些方面令招聘人员反感，而导致其被全面否定的判断。同样可能来源于应聘者的形象、学历、毕业院校，甚至家庭所在地等。

(三) 制约现象

制约现象就是成语中所说的"爱屋及乌"现象，即当对某人产生特定印象后，对其他与其相似的人也产生这种现象。如应聘者的声音、姿势、容貌等因素，其影响可能是正面的，也可能是负面的，但面对相似的应聘者就会造成误差。

（四）刻板效应

刻板效应是指招聘人员以某人所在的团体知觉为基础看待应聘者。如看见穿破洞牛仔裤就认为是放任不羁，认为“90后”总是很激进，等等。这种程序化的思想往往会影响招聘人员客观、准确地评价应聘者。

（五）类我效应

类我效应是指当招聘人员知道应聘者的某种背景和自己相似（如与自己是老乡、毕业于同一所大学等），就会对其产生好感和同情，最后致使面试失去公正性和客观性。

（六）雇佣压力

雇佣压力是指当组织需要雇佣较多的员工，而求职者又相对不足时，招聘人员会不自觉地放宽面试标准。有研究表明，如果某一职位的候选人较多，则招聘人员对求职者的评价会相对较低。

（七）对比效应

对比效应是指在实际的面试中，经常会发现这样的问题，如果刚开始面试的几位应聘者不适合职位要求，而后出现一个“表现只能称为一般”的应聘者时，招聘人员对他的评价往往比他实际应得的评价要好。所以，应聘者次序的安排也会影响对他们的评定。有研究发现，只有对小部分应聘者的评定是根据他们的实际潜力做出的。对多数应聘者的评定是在前一位应聘者的影响下做出的。

第四节　招聘评估

招聘评估是旅游企业招聘的最后一个环节，也是必不可少的环节。招聘评估通过对招聘员工的数量与质量以及招聘的成本和收益等方面进行评估，来检验旅游企业招聘结果和方法的有效性，从而改进招聘方法，降低招聘成本，提高企业的招聘效益。

一、招聘评价的内容

（一）职位填补的及时性

人力资源部门的反应是否迅速，能否在接到用人部门要求后，短时间内找到符合要求的候选人，完成筛选程序并最后录用合格的人选，这种职位填补的及时性反映了旅游企业招聘工作的效率。真正高效的人力资源部门，在平时活动时，就应该有意识地了解企业内部及其他企业中干得出色、将来可能会对企业有用的人，并随时拥有各种候选人的资料，建立企业人才库以备随时使用。

（二）用人部门对招聘工作的满意度

加强用人部门与招聘人员间的良好沟通。及时收集用人部门对招聘所提供的服务和帮助的满意度，包括对新录用员工的数量和质量的满意度、对招聘过程的满意度、对所录用人员绩效的满意度等。

（三）招聘渠道的吸引力

评估招聘渠道吸引力的主要指标为所吸引的有效候选人的数量。对网上招聘而言，还可通过职位信息的点击数量、提交职位申请的人员数量进行评估。对于报纸、杂志广告的效果，则可用收到的电话咨询数量、简历总量及有效简历的数量等指标来评估。

（四）新员工对所在岗位的满意度

新员工对所在岗位的满意度在一定程度上反映了新员工对企业的认可程度，可以用员工满意度调查表来衡量，也可以用新员工离职意向或离职率来衡量。

（五）招聘成本

招聘成本可以用招聘总成本、招聘单位成本两个指标进行衡量。

1. 招聘总成本

招聘总成本是人力资源的获取成本，它由直接成本和间接成本构成。其中，直接成本包括招聘费用、选拔费用、录用员工的家庭安置费用和工作安置费用，以及招聘人员差旅费、应聘人员招待费等在内的其他费用；间接费用包括内部提升费用、工作流动费用。更广义的招聘总成本包括获取成本、开发成本、保健费用、离职成本，但在实际工作中，有些成本与费用的计算比较困难。

2. 招聘单位成本

招聘单位成本是招聘总成本与录用人数的比率。在其他条件相同时，招聘总成本与单位成本越低，招聘的效果越好。

（六）应聘比率

应聘比率是对招聘效果数量方面的评估，一般来说，应聘比率应在200%以上，岗位越重要，应聘比率应越高。其他条件相同时，应聘比率越高，说明招聘效果越好，该比率越高，则招聘信息的发布效果越好。应聘比率的计算公式如下：

应聘比率＝(应聘人数/计划招聘人数)×100%

（七）录用比率

录用比率是录用人数和应聘人数的比值，也就是最终产出率，反映的是从参加招聘的人选中最终录用的人员所占比例的情况。其他条件相同时，录用比率越高，说明招聘效果越好；录用比率越低，相对来说，录用者的素质可能越高。录用比率的计算公式如下：

录用比率＝(录用人数/应聘人数)×100%

（八）招聘完成比

招聘完成比是录用人数和计划招聘人数的比值，是反映招聘完成情况的一个指标。一般来说，该指标越接近于1，则招聘的效果越好。如果招聘完成比等于或大于1，则说明在数量上全面或超额完成了企业的招聘任务。招聘完成比的计算公式如下：

招聘完成比＝(录用人数/计划招聘人数)×100%

（九）成本效用评估

招聘成本效用评估是招聘过程中必不可少的一个环节。成本效用评估能够使招聘人员清楚地知道费用的支出情况，了解招聘成本所产生的实际效果，主要包括招聘总成本效用分析、招聘成本效用分析、人员选拔成本效用分析、人员录用成本效用分析等。它们的计算公式分别如下：

招聘总成本效用＝录用人数/招聘总成本

招聘成本效用＝应聘人数/招聘期间的费用

人员选拔成本效用＝被选中人数/选拔期间的费用

人员录用成本效用＝正式录用的人数/录用期间的费用

显然，这些指标越大越好。

（十）招聘收益-成本比

招聘收益-成本比是通过比较招聘支出的全部成本和新员工为企业创造的总价值来对招聘工作的有效性进行考核的指标，它也是一项经济评价指标。招聘收益-成本比越高，说明招聘工作越有效。招聘收益-成本比的计算公式如下：

招聘收益-成本比＝所有新员工为旅游企业创造的总价值/招聘总成本

二、撰写招聘小结

在招聘活动结束后，企业要将活动内容和结果进行整理，尤其是将综合分析的结果进行整理，在整理的基础上形成招聘小结，为下一次成功的招聘提供借鉴。

（一）撰写招聘小结的注意事项

1. 真实反映招聘过程

招聘是企业在人力、物力等方面进行高投入的一项工作，因此在招聘结束之后，将招聘活动的一般过程和重要细节记录下来，就很有必要。在撰写小结的过程中，要注意不能带有主观色彩，以便于过后客观、正确地分析问题。

2. 由招聘负责人撰写

在招聘过程中，负责人对整个招聘过程有清楚的了解，能够全面地记录招聘过程，而其他招聘人员大多只熟悉其中的某些步骤，为了保证招聘小结的全面和客观，一般由招聘负责人撰写。

3. 明确指出成功的经验和失败的教训

在客观描述的基础上，用独立的段落写出招聘活动的成功经验和失败的教训，这样就可以直接、快捷地给企业储备丰富的招聘信息，对于下一次招聘来说具有重要的参考价值，既可以扬长避短，又能有效提升招聘效率。

（二）招聘小结的主要内容

1. 招聘计划简述

招聘计划是在制定人力资源规划之后，实施招聘活动之前产生的，在这里只需要说明招聘岗位名称、数量、招聘计划何时完毕、人员何时能够上岗、招聘工作由哪个部门负责实施等。

2. 招聘进程

企业的招聘工作要分阶段进行，每一个阶段都有对应的事项要完成。以时间表的形式描述招聘与录用的时间安排与落实，给人力资源部门的工作人员提供招聘的规划，可以帮助他们更好地完成整个招聘工作。

3. 招聘结果

招聘结果记录每次通过测试的人员的数量和最终录用的结果。这些数据记录与统计应该落实到日常的管理工作中，不能拖到年终才进行整理。

4. 招聘经费

该部分内容应该详细地叙述招聘费用的使用和支付情况，以此分析并指导招聘费用的有效管控和成本支出的价值最大化。

5. 招聘评定

该部分内容实质上就是对招聘的综合分析结果。在撰写招聘评定时，既要总结出合理的有借鉴意义的成功经验，又要客观地指出招聘工作中存在的不足。在招聘小结完成后，招聘负责人应将小结给参与招聘活动的人员阅读和学习，并妥善存档。

表 4-8 为酒店春季招聘小结范例。

表 4-8 酒店春季招聘小结范例

一、招聘计划

根据 2009 年 1 月 3 日第二次董事会决议，向社会公开招聘负责销售的副总经理 1 名、客房部经理 1 名、前厅部经理 1 名。由人力资源开发管理部经理在分管副总经理的直接领导下具体负责。招聘测试工作全权委托××酒店管理咨询公司人力资源服务部实施。

二、招聘进程

1 月 1 日，《中国旅游报》和《北京晚报》刊登招聘广告。2 月 15 日～2 月 28 日，初步筛选，去掉一些明显不符合要求的应聘者。3 月 1 日～3 月 31 日，招聘测试。4 月 1 日～4 月 10 日，最终决策。4 月 15 日，新员工上岗。

三、招聘结果

1. 副总经理应聘者 38 人，参加招聘测试 25 人，选候选人 3 名，录用 0 人

2. 生产部经理应聘者 19 人，参加招聘测试 14 人，选候选人 3 名，录用 1 人

3. 销售部经理应聘者 35 人，参加招聘测试 29 人，选候选人 3 名，录用 1 人

四、招聘费用

招聘预算共 50000 元，其中各项支出如下：

1. 广告费用 20000 元

2. 招聘测试费 15000 元

3. 体格检查费 2000 元

4. 应聘者纪念品费 1000 元

5. 招待费 3000 元

6. 杂费 3500 元

合计支出 44500 元。

五、招聘评定

1. 主要成绩

这次由于委托专业机构进行科学测试，录用的两位经理素质十分令人满意，同时测试结果指出副总经理应聘者中无合适人选，最后没有录用。

2. 主要不足之处

招聘广告的设计还存在问题，所以没有吸引足够多的高层次应聘者来竞争副总经理岗位，致使副总经理最终没有合适人选录用。

人力资源开发管理部经理　签名

（资料来源：罗旭华. 酒店人力资源管理[M]. 北京：机械工业出版，2012.）

本章小结

(1) 招聘(Recruitment)是指企业为了生存和发展的需要，以人力资源规划和工作分析为出发点，识别企业的岗位空缺和用人需求，制定员工招聘策略，并据此进行的员工招募、选择、录用、评估等一系列活动的过程。

(2) 旅游企业员工招聘的特点主要包括四个方面：员工流动率高、人员需求量波动性大、对员工素质要求高和人员需求量大。

(3) 招聘方式分为内部招聘和外部招聘两种。当旅游企业内部职位发生空缺时，应首先考虑内部招聘，解决不了的再进行外部招聘。内部招聘有内部晋升、工作调动、岗位轮换和重新聘用四种途径。外部招聘一般有以下几种方法：广告招聘、人员推荐、校园招聘、网络招聘、职业介绍机构和人才交流市场、猎头公司等。

(4) 员工甄选的非测验型方法有笔试法、面试法、评价中心技术等，测验型方法主要有智力测验、能力倾向测验、个性测验、职业兴趣测验、成就测验等。

(5) 旅游企业在人员甄选过程中会不可避免地出现晕轮效应、魔角效应、制约现象、刻板效应、类我效应、雇佣压力、对比效应，从而导致甄选误差，为了招聘到真正适合企业的员工，企业要尽量减少误差。

(6) 招聘评估是旅游企业招聘的最后一个环节，也是必不可少的环节。招聘评估通过对招聘员工的数量与质量以及招聘的成本和收益等方面进行评估，来检验旅游企业招聘结果和方法的有效性，从而改进招聘方法，降低招聘成本，提高企业的招聘效益。

思考与练习

1. 简述旅游企业员工招聘的特点。
2. 旅游企业内外部招聘员工的途径主要有哪些？各有何利弊？
3. 简述旅游企业员工招聘的基本程序。
4. 旅游企业员工甄选的方法有哪些？
5. 试述招聘成本的构成，并谈谈如何降低。
6. 结合实例，请你为一个旅游企业设计招聘评估方案和报告。

案例分析

C市豪华大饭店的员工招聘

C市豪华大饭店是坐落于市中心的一家五星级豪华饭店。大饭店的董事长兼总经理方伟先生现在急需物色一位合适的人选，担任饭店前厅部经理，接替刚刚被提升为饭店副总经理的原前厅部经理。

经过考虑，他决定通过广告的方式面向社会公开招聘，拟刊登的广告如下。

C市豪华大饭店高级职员招聘启事

本市一流的国际饭店联号集团成员之C市豪华大饭店招聘前厅部经理1名。

该经理将在坐落于C市市中心的五星级豪华大饭店任职。

工资与福利：优厚的年薪外加饭店其他福利。

任职要求：大专以上学历，年龄在30岁以上，有在四星级以上饭店工作的经历，会讲流利的英语，普通话标准。有干劲，有热情，有事业心。能全心全意地管理部门工作，激励员工，为顾客创造一流的服务和优良的环境。

如想了解详细情况或寄送本人简历，请按下列地址联系：C市××区××大街53号豪华大饭店人力资源部。

一星期后，方伟先生收到了人力资源部送来的，经初步面试筛选后的3位应聘候选人的简历。

应聘者简历(一)

姓名：乔山　年龄：31岁

婚姻状况：未婚

家庭住址：湖滨路12号

电话号码：137××××1947

学历状况：

1987年～1990年，于C市理工学院上学，并取得饭店与餐饮管理专科文凭。1988年曾获学院二等奖学金。

工作经历：

1990年7月～1990年10月，于城市旅馆进行饭店管理实习。

1990年11月～1991年11月，滨海国际饭店(有600个床位)见习经理，见习部门有前厅、客房、餐厅、酒吧、厨房、人事、财务。

1991年12月～1993年1月，C市国际饭店(有200个床位)前厅部助理经理，主要负责前厅计算机管理系统的引进和使用，管辖员工6人。

1993年3月～1995年10月，C市外商俱乐部膳食部经理，主要负责膳食部经费预算分配，员工的招聘和培训，设备的安装和保养，采购和财务控制。

1995年10月～1998年5月，休闲时光集团任兼职顾问，负责该集团的豪华度假中心前厅接待人员的岗前培训。

1998年5月至今，C市大饭店前厅部经理，主要负责前厅部的日常经营，员工的招聘，财务预算与控制，以及市场营销。

个人爱好：游泳、网球。

应聘者简历(二)

姓名：李杰　年龄：35岁

家庭住址：天山路3号天山小区

现在受雇单位：C市塔城饭店

学历和工作经历：

1983年～1987年，于南方大学英语系学习并取得大学本科文凭。

毕业后第一个职业是在广东省A市的一家家庭旅馆当职员。

1987年10月～1990年5月，梅杰斯克饭店集团公司前厅实习经理，并曾在深圳、上海等地的连锁饭店工作过。

1990年6月～1993年2月，C市阳光酒店（有600个床位）前厅部接待主管，负责员工培训、预订、接待和收银工作。在此期间，取得了很好的实际工作经验。

1993年2月～1996年6月，深圳市海地饭店预订部主管，主要负责饭店市场营销提高房间利用率方面的工作，同时还担任过饭店大堂经理。

（1996年6月～1997年3月因病住院。）

1997年3月至今，C市塔城饭店前厅部经理。该饭店是一座拥有68个床位的家庭式饭店。虽然职务是前厅部经理，但也负责饭店的客房管理工作。

个人兴趣：象棋、足球。

推荐人：戴莉娜女士，深圳市海地饭店副总经理。

应聘人简历（三）

姓名：吴亮　年龄：43岁

现从事职业：皇家花园饭店客房销售经理

简历：

1976年～1982年，C市电力局后勤部工作。

1982年～1984年，C市电力局招待所经理。

1984年9月～1987年6月，C市大学成人教育学院求学，毕业后取得大专文凭。

学习专业：管理工程。

1987年7月～1990年3月，C市台湾饭店前厅部助理经理，管辖员工3人。

1987年12月，提升为预订部经理，一直到1990年3月离开该饭店。

1990年3月～1996年5月，回家乡帮助父亲筹建了度假村，然后又筹建了自己的餐厅。1996年决定返回C市。

1996年6月至今，皇家花园饭店前厅、客房销售部经理，管辖员工8人，主要负责财务计划、预算、定价、客房推销和会议接待工作。

从1998年9月开始，一直在C市理工学院兼职学习，攻读本科学位。

个人兴趣：旅行、音乐。

推荐人：林志文先生，皇家花园饭店总经理。

方总看了三人的资料，觉得乔山的工作经验与其他两位相比略为逊色一些，而且曾经有过一段膳食部经理的经历，对前厅部的工作帮助不大。而吴亮是从基层做起，一步步干到现在的职位，工作经验丰富，但学历方面要较其他两位欠缺一些，尽管他现在在攻读本科学位，但年龄偏大，对于前厅部繁忙的工作来说，实在让人担心。李杰学历在三人当中最高，而且毕业于著名的南方大学，毕业后在梅杰斯克饭店集团公司工作过，这个饭店集团在业界享有很高的声誉；年龄也适当，正是年富力强的时候；有推荐人，资料应该比较可靠。从各方面来看，李杰是最佳人选。

对于人力资源部赵经理提出的关于李杰为人有点圆滑的疑问，王总认为人圆滑点，更易共事。于是李杰被录用了。一年后，他的工作并不如期望得那么好，而且与下属及同事相处得并不愉快，引起管理层的抱怨。显然李杰对此职位并不能胜任。

（资料来源：根据相关资料整理。）

问题：

1. 饭店通过广告招聘管理人员有哪些有利条件和不利因素？
2. 该饭店的招聘广告是一份合格的招聘广告吗？
3. 三人的简历反映出候选人的哪些优势和劣势？
4. 总经理方伟在选人时存在什么问题？应如何克服？

第五章

培训与开发

学习导引

旅游人力资源管理承担着企业员工的选、育、用、留等职能，其中，培训与开发主要侧重于育和留。要在旅游企业整体人力资源规划的指引下，筛选与录用企业需要的人才，通过培训，实现企业战略目标下的员工的培养与开发，并指导员工职业生涯的规划与管理。

学习重点

通过本章学习，重点掌握以下知识要点：

1. 员工培训的类型；
2. 员工培训的内容与方法；
3. 员工开发的内容与途径。

案例导入　企业培训有用吗？

关于企业培训，存在两种引起争论的观点，一种是“培训无用论”，另一种是“培训浪费论”。所谓“培训无用论”又有两种看法，一种是直接无用论，这种理论认为员工培训既不能增强员工的才干，还耗费了员工一定的工作时间；另外一种是间接无用论，这种理论认为员工的技能已经足够企业使用，再进行培训只能增长员工的才干，对企业并没有多大的益处。对于企业来说是投入小于产出，企业可能还会担心自己辛苦培训的员工会“跳槽”。所谓培训浪费论则认为培训是一项昂贵且得不偿失的活动，是一种不必要的浪费。

（资料来源：根据相关资料整理。）

思考：

你支持哪种观点？请说明理由。

第一节　培训概述

一、培训与开发的概念

培训(Training)与开发(Development)是指企业通过各种形式的学习、训导的手段,提高员工的知识水平、工作表现,最大限度地发挥个人潜能,使员工的个人素质与工作要求相匹配,进而提高员工现在和将来的工作绩效。

培训与开发有一定的差异,培训是指企业有计划地开展活动以提升员工工作的相关能力,从而达到企业的要求。开发以未来为导向,是为员工适应企业未来发展而进行的各种活动,包括学历教育、实践、个性和能力的提升等,所进行的内容与当前的工作不一定直接相关。培训侧重于提高员工当前的工作绩效,有一定的强制性,开发主要针对被企业认定具有潜力的员工。如今,企业为了迎接日益激烈的竞争,十分注重当前和未来发展的规划,培训与开发日益成为全体员工的需要,培训与开发的界限开始变得模糊。

二、培训与开发的目的

企业通过有效的措施,对不同岗位、不同层次的新老员工进行培训及开发,能够提升员工的素质、能力和工作业绩,进而提高企业的人力资源优势,确保企业竞争力。岗位培训强调紧密结合职业,实行按需施教的原则,按职务岗位需要进行培训,使员工达到岗位要求,提高员工的总体素质。岗位培训制度的核心是培训、考核、使用、待遇一体化的配套措施的实行。

(一)提高员工的工作绩效水平

员工培训与开发有利于员工提高职业技能和素质能力,增强员工的积极性和主观能动性,并能更好地帮助员工完成本职工作,提高员工承担更有挑战性的工作的能力。

(二)优化管理,提升企业品牌价值

员工培训与开发有利于提升员工的专业技术水平,帮助企业进行优化管理,提升企业的经营管理水平,实现企业品牌价值的提升。

(三)提升并保证企业的竞争优势

员工培训与开发有利于增强组织或个人的应变和适应能力,促进员工尽快适应和掌握新技术和新知识,形成人力资源的领先,保证企业在行业中的竞争优势。

(四)增强企业的凝聚力

员工培训与开发既有利于提升员工的整体素质,提高员工的职业竞争能力,让员工拥有更好的晋升机会和福利待遇,又有利于增强企业员工对组织的认同感和归属感。

三、员工培训的类型

员工培训根据不同的分类标准可以分为很多种类型,依据员工类型可分为新员工培训和在职员工培训,依据培训师资的来源可分为企业内部老师的内部培训、企业外部老师的内部培训和企业外部举行的公开培训。

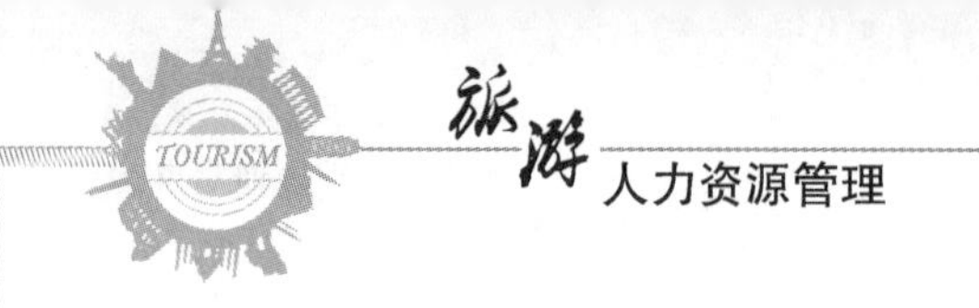

（一）依据员工类型分类

1. 新员工培训

这项培训的目的是让新员工对企业具有认同感，帮助他们了解企业，从而尽快地融入企业中，找到自己的定位。

（1）岗前培训。

岗前培训是为了让员工达到上岗的要求。培训内容主要包括一些针对员工守则、企业制度、组织结构、办公流程、企业文化等的讲解，有的还会增加企业内部参观、岗位说明、产品概况等内容。

（2）专业性培训。

专业性培训又分为基本素质培训、职业知识培训、专业知识与技能培训。基本素质培训范围广泛，以旅游企业的导游人员为例，需要进行包括语言知识、史地文化知识（包括历史、地理、宗教、民族、民俗、风物特产、文学艺术及古建园林等方面的知识）、政策法规知识、心理学和美学知识、社会知识、国际知识、旅游常识等专业知识的培训。

2. 在职员工培训

为了保证员工在不断变化的市场环境下保持竞争力，企业需要持续投入资源，对不同岗位、不同职位的员工进行针对性的培训，培训的重点在于通过有效的方法识别、确认和发展员工个体的能力，使员工能够更加胜任目前的工作，培训内容主要有能力培训、专业知识培训、团队建设培训等。

（1）提高培训，提升岗位工作能力和业绩。

（2）发展培训，对员工进行职业生涯规划方面的培训。

（3）拓展培训，这是一种户外体验式培训，目的是进行团队建设，培养员工的团队精神，增强团队凝聚力。

（二）按照培训师资的来源分类

按照培训师资的来源，可以分为如下三种：企业内部老师的内部培训、企业外部老师的内部培训、企业外部举行的公开培训。

1. 企业内部老师的内部培训

企业内部老师的内部培训可选择企业的管理人员作为培训人或选择人力资源部门的专职内部培训师。一种是先派内部的管理人员参加外部培训课程，再作为主讲人根据企业内部的培训资料对员工进行培训；另一种是由专职内部培训师去外面听各种公开课，然后回到企业将所学知识“转授”给企业内部员工。

2. 企业外部老师的内部培训

企业外部老师的内部培训即针对影响企业绩效的迫切问题，从外面聘请有实战经验的老师进行培训。外聘老师可以给企业带来解决问题的新思维、新方法，内部培训的形式可以讨论企业的保密性敏感问题、互动性强、训练强度高、技能提升快。管理者“借”外部老师之口传达企业管理理念，可能产生不一样的效果。

3. 企业外部举行的公开培训

企业外部举行的公开培训种类很多，如政府主管部门、行业协会、专业培训机构等都会定期举办各种专题的培训，这些培训一般具有针对性，不适合全员参加，企业可以根据自身的需求选派合适的人员参加。

培训在人力资源战略中的地位愈发重要，培训模式也由单一的课堂培训发展为面授、电子教学等相结合的混合式培训，管理层对培训的关注点也由最初的效率转变为更具衡量价值的效能。

四、旅游企业培训存在的问题

旅游企业的培训工作每年都在进行，主要围绕安全培训、礼仪培训、技能培训等开展。培训主要集中于业务技能的应知、应会教育，而对关键人才和管理者团队的培养尚未形成体系化管理，无制度保障且缺乏针对性，培训效果不佳，不能有效地支撑企业中长期战略发展的需要。

（一）培训缺乏系统性规划

人力资源的系统规划应与旅游企业长期发展目标一致，只有在企业战略目标的指引下培养、培训企业人才，才能够满足企业未来发展对人才的需求。就现状而言，多数旅游企业的人力资源部门受制于预算等因素，没有形成结构合理的递进式人才培训计划，更注重于短期的、见效快的人才培训项目，无法为企业长远发展培养合适的储备人才。

（二）无法准确预测人才的需求

旅游企业应该根据企业的发展战略、目标及企业内外环境的变化，预测未来的企业任务和环境对企业的要求，以及为完成这些任务、满足这些要求而对人力资源的需求进行规划，具体包括可能的人员需求、预测供给情况，并据此储备或减少相应的人力资源。

（三）培训资源分配不合理

由于人力资源部门的员工不了解各部门的运营特点及人才特点，故而无法合理分配培训资源，这种情况在中小型旅游企业尤为突出。

（1）员工培训无规则可循，没有针对性，以被动的、点状的培训为主。主要体现在将员工培训看成是可有可无的工作，忙的时候可以省略，闲的时候随意组织，没有统一的要求和标准，对培训对象、培训内容、培训时间和培训考核标准等都缺乏整体的安排。

（2）不同类型的人员接受培训的时间以及接受培训的内容结构存在不平衡，缺乏合理性。旅游企业中最需要定期培训的如导游人员，因业务繁忙、工作时间不固定等原因接受系统培训的机会反而较少，往往会出现重技能轻能力素质、重个体轻团队的现象，使得人才梯队建设跟不上企业发展的步伐，优秀管理人才的缺乏成为制约企业发展的瓶颈之一。

（四）忽视培训文化的培育

（1）各用人部门认为培训工作是人力资源部门的职责。这种现象在旅游企业中普遍存在。业务部门认为人力资源部门应对员工培训负有全责，因而在部门内部缺乏主动培训员工的意识。实际上，人力资源部门对员工实施的是整体性与一般性的培训，如行业认知、企业规章制度等。而各业务部门的工作技能与服务意识等方面的培训，则应由各部门独立进行系统且有针对性的培训，这样才能保证培训的效果。此外，部门内部培训还有利于部门主管梳理管理思路，增进部门员工间的了解。定期的培训还有利于发现工作中出现的问题，及时提出解决方案，并通过培训加以落实和强化。

（2）培训的认识定位不清，既有企业的原因也有员工的原因。从企业的角度来看，培训需要花费大量的金钱与时间。如果员工水平提升后就离开企业，那么企业所花费的成本就付之东流。企业规模小或缺乏长远发展规划，只考虑短期的利益，就会支持培训无用论或培训浪费论的观点。但是，也有企业将员工视为企业资产，认为对其培训既提升效率又提高效益，培训的投入是有价值的。从员工的角度来看，有些员工认为培训是企业对员工的长期投资，是企业重视员工的一种表现。也有些员工认为培训浪费时间，还不如发钱来得实惠。不管是哪种观点或看法，企业都应该正视，并通过有效的沟通达成一致的意见，否则培训无法达到预计的效果。

（五）培训的相关管理及技术落后

（1）培训制度不完善，尤其缺乏与培训配套的相关制度。严格的培训制度，应对员工培训进行分类、分级管理，包括明确新员工入职必须经过相应的培训通过考核才能上岗；在职员工必须把每年参加多少次、什么类别的培训并通过考核作为绩效考核的一部分等。

（2）没有建立从需求分析、计划制订、实施到效果评估的完整的培训实施体系。有些旅游企业的培训缺乏科学的论证分析，流于形式，人力资源部门只为完成培训任务，不了解各部门、各岗位的培训需求，没有形成系统的培训计划，见缝插针，在部门有空闲时才匆忙组织培训，效果不尽如人意，时间一长员工怨声载道，认为培训浪费时间。

（3）培训方法单一，培训内容缺乏实用性。有些企业出高价钱请培训师，但是培训师不了解企业情况，没有针对性，夸夸其谈，培训结束后一切照旧。所以在培训前，企业应先做好摸底、调研工作，了解培训对象的需求，培训内容应该有针对性，让参加培训的员工感觉培训是有用的，能够提升自己的水平，提高解决问题的能力。因此，培训师的选择很重要，不一定是出名的就好，有些培训，如导游讲解技巧，请经验丰富的老员工来培训效果可能会更好。

（4）培训管理人员的能力欠缺。旅游企业的培训管理人员即人力资源部门的主管，有些主管是企业内部培养出来的，对行业和企业情况很了解，培训管理有的放矢；但有些主管是从其他企业调任的，虽然一直从事人力资源管理工作，却不了解旅游业的特点，以往的经验并不能充分发挥作用，从而影响了企业培训的效果。

案例分析　　如何提升培训满意度？

很多旅游企业劳心费力组织完培训后，员工似乎并不领情，反而满腹牢骚，认为培训没有用，浪费时间，培训效果更是无从谈起。那么这些问题的症结在何处呢？从影响培训效果实施的因素来看，很关键的一点就是没有做好企业的培训需求分析。在现代企业中，培训需求分析是现代培训活动的首要环节，是进行培训评估的基础，对企业的培训工作至关重要，是使培训工作准确、及时和有效的重要保证。

（资料来源：根据相关资料整理。）

问题：

你认为旅游企业培训应该如何组织实施，才能提升培训效果呢？

第二节　员工培训的过程与方法

培训是一个系统的流程，包括培训需求分析、培训内容设计、培训实施过程和培训效果评估等环节。

一、培训需求分析

（一）培训需求分析的概念

培训需求分析是指在规划与设计每项培训活动前，培训部门采取各种办法和技术，对组织及成员的目标、知识和技能等方面进行系统的鉴别与分析，从而确定培训必要性及培训内容的过程。对不同的人应实施哪些相应的培训，即培训方向性的问题，这是整个培训开发工作流程的出发点，其准确与否直接决定了整个培训工作的有效与否。

培训需求分析是了解旅游企业为什么培训（Why）、谁需要培训（Whom）、培训什么（What）、培训的目标（For What）等一系列的分析过程，即判断旅游企业是否需要培训及培训内容的一种活动或过程。也是旅游企业根据组织发展和员工个人发展需要，通过组织分析、任务分析和人员分析的途径，确定特定工作岗位所需的知识、技能和态度的分析过程。

（二）培训需求分析的基本要求

1. 培训需求要考虑全局

培训需求来自各个方面，既要考虑到企业的各时期发展的策略，又要考虑部门的差异以及员工个体的需求，适时、适当地分析培训需求，让整个培训活动更加具有针对性、实效性、经济性。

2. 注重培训人员的选择

进行培训需求分析时，调查人员应具有丰富的人力资源管理知识，要熟悉企业的文化、业务经营范围；具有良好的沟通能力、协调能力，以及较强的语言表达能力、文字能力等。重视培训人员的选择会让培训效果事半功倍。

3. 注意分析方法的使用

针对不同的调查对象应设计不同的调查方法，面对高层管理人员、中层管理人员、基层管理人员、普通员工要分别设计不同的问卷，做好充足的准备工作，避免出现培训需求分析走过场的现象。

4. 及时收集第一手材料

采用现场调查的方式收集培训需求，调查人员要对收集到的第一手资料进行归类，仔细分析、总结、提炼，对比以往培训内容以及培训需求分析资料，确保培训内容不重复，达到既定的培训目标。

5. 进行培训需求分析评估

对年度大规模的系统的培训需求以及日常的培训需求进行评估，有针对性地分析存在的问题，提出改进意见和建议，最终形成培训计划并组织实施。

综上所述，培训需求分析是培训管理工作的重点和难点所在，做好企业的培训需求分析是保证培训有效果、有针对性的关键。其中的人员分析是关键环节，关系到员工个人的工作绩效，也关系到培训是否有效地进行。培训管理人员应遵循相关程序对关键影响因素进行一一分析，得出最佳方案，真实有效地反映员工的培训需求。

（三）培训需求的影响因素

培训需求的影响因素是进行培训需求分析的基础，只有全面地考虑到培训需求的影响因

素才能使培训有效地进行下去。通常可以从以下四个维度来看培训需求的影响因素。

1. 企业战略的影响

企业的整体发展战略是长期性、全局性的目标，其他计划必须为它服务。人才是企业的核心，尤其在核心人才队伍的建设方面，必须提前筹划。企业战略确定后，为满足未来战略的需求，企业必须基于内外环境分析，进行人力需求和供给预测、制定人力规划。因此，企业的培训需求是面向未来的。从旅游企业的现状来看，战略分析不足，缺乏人力规划，因此，其培训需求分析从长期来看就是盲目的。

2. 企业组织内部机制等变化的要求

现代企业的体制必将随着内外部环境的变化而变化，不断调整、优化组织机构。企业在面临重大变革时期，通过培训，可以让企业上下深入地理解变革的理念、知识、技能，取得共识，上下一心迎接挑战对变革能否成功尤为重要。比如，OTA 的快速发展、新冠肺炎疫情对国内和国际旅游业的巨大冲击前所未有，旅游企业只有转变传统的经营策略，让企业员工了解、熟知并且很好地执行新策略，才能帮助企业迎接挑战。员工培训内容除了岗位能力的要求之外，还必须要求员工熟悉企业，如企业战略目标、文化、各种管理制度，此外还要向员工灌输新知识、新技能。

3. 工作任务分析的影响

对岗位的工作任务进行识别时，要在识别的过程中注意区分哪些是职责、哪些是任务、哪些是能力，避免三者之间的混用和混淆，依照岗位胜任标准对员工当前的胜任水平进行评估。岗位任职者在知识技能、能力等方面与客观的岗位说明书要求之间的差距，就需要通过培训来弥补。

4. 企业绩效的影响

影响企业绩效的原因是多维的，员工的表现、外界环境、政策等都可以影响到绩效结果。企业绩效没有达到预期的要求就需要进行绩效分析，找出是哪些因素影响了绩效，并分析这些因素可否通过培训来提升。培训需求分析的执行者必须有能力来甄别导致绩效不佳的深层次原因。企业绩效分析往往采用三因素分析法：从环境、主管、员工三个方面来分析；员工个人的绩效采用四因素分析法，从知识、技能、态度、环境四个方面来分析。如果是员工知识、技能不足影响了绩效，可以通过培训来提升；但如果是态度出现了问题，则需要深入了解原因，是否因为企业制度、政策失衡等因素影响了员工的积极性。

（四）培训需求分析的方法

培训需求分析是培训活动全流程的首要环节，是制订培训计划、设计培训方案、实施培训活动、评估培训效果的基础。因此，正确的培训需求分析十分重要。无论是战略、任务还是绩效层面的培训需求调查分析，都需要各级管理者亲身参与。从培训需求看来，培训需求分析不是培训管理部门单独的工作任务。各级管理者和员工都是培训需求分析的主体，只有清楚自身肩负哪些战略使命与环节才能更好地完成工作。培训需求分析不是给大家发几个表格，让大家随意填写的事情，而是如何将大家的思路引导到服务于战略、企业职能、面向企业未来的个体素质开发上面来。这些内容恰恰是培训效果能否落地的前提。

企业的培训主管或经理在制订年度培训计划或培训项目、培训课程之前，都会进行系统且严格的培训需求分析，可由培训经理自己或由培训师进行分析。以下是培训活动过程中的标准做法。

1. 访谈管理人员

与有培训需求的部门主管进行面对面交谈，了解真实需求。需求分析结果的准确性，完全取决于主管的主观判断和需求调查者对主管意见的理解和过滤程度。访谈法的注意事项如下：

(1) 确定访谈的目标，明确什么信息是最有价值、必须了解的；

(2) 准备完备的访谈提纲；

(3) 建立融洽的、相互信任的访谈气氛。

2. 发放员工需求调查问卷

通过发放问卷来收集员工的培训需求，有助于企业和员工之间达成共识。编写需求调查问卷的步骤如下：

(1) 列出希望了解的事项清单；

(2) 一份问卷可以由封闭式问题和开放式问题共同组成，两者应视情况各占一定比例；

(3) 对问卷进行编辑，并最终形成文件；

(4) 请他人检查问卷，并加以评价；

(5) 在小范围内对问卷进行模拟测试，并对结果进行评估；

(6) 对问卷进行必要的修改；

(7) 实施调查。

3. 观察法

这是较原始、基本的需求调查方法，比较适合服务性工作人员，不太适合技术人员和销售人员，如旅游企业中的导游，使用这种方法是非常有效的。调查人员要设计一份观察记录表，然后跟随导游带团出游，观察其工作过程，发现问题，获取信息数据。在运用观察法时应该注意以下事项：

(1) 观察者必须深刻了解被观察者的工作，明确岗位职业及行为标准；

(2) 进行现场观察时不能干扰被观察者的正常工作，最好能够隐藏身份；

(3) 观察法的适用范围有限，一般适用于易被直接观察和了解的工作，如导游、前台接待等岗位，不适用于技术要求较高的复杂性工作，如销售岗位；

(4) 必要时可请陌生人进行观察，如请人扮演顾客观察终端销售人员的行为表现是否符合标准或处于何种状态。

4. 关键事件法

考察工作过程和活动情况以发现潜在的培训需求，一般考察对象是对组织目标起关键性积极作用或消极作用的事件。进行关键事件分析时应注意以下两个方面：

(1) 制定保存重大事件记录的指导原则并建立记录媒体(如工作日志、主管笔记等)；

(2) 对记录进行定期分析，找出员工在知识和技能方面的缺陷，以确定培训需求。

5. 绩效分析法

培训的最终目的是改进工作绩效，对个人或团队的绩效进行考核可以作为分析培训需求的一种方法。

运用绩效分析法需要注意把握以下四个方面：

(1) 将明确规定并得到一致同意的标准作为考核的基线；

(2) 集中注意那些希望达到的关键业绩指标；

(3) 确定未达到理想业绩水平的原因；

（4）确定通过培训能否达到的业绩水平。

6. 胜任能力分析法

胜任能力是指员工胜任某一工作所应具备的知识、技能、态度和价值观等。

基于胜任能力的培训需求分析有两个主要步骤：

（1）职位描述，即描述出该职位的任职者必须具备的知识、技能、态度和价值；

（2）能力现状评估，即依据任职能力要求来评估任职者目前的能力水平。

（五）培训需求分析的流程

1. 前期准备工作

前期准备工作包括建立员工背景档案，原始培训需求回顾，建立员工培训资料库，掌握员工的现状，建立收集培训需求信息的渠道和通过培训需求调查的审批手续。通过这些前期准备工作，对企业的培训背景有一个清晰的轮廓认识，然后再根据不同的岗位，进行具体的培训需求分析。

2. 制订培训需求调查计划

培训需求分析办法要根据企业的实际情况进行选择，如大型企业可以通过绩效差距进行分析。中小企业则多通过行为特征进行分析。

（1）制订调查行动计划。计划当中应包括时间进度、可能遇到的问题和解决方案等。

（2）确定培训需求调查工作的目标。人力资源部门应向各有关部门发出征求通知，要求现状与理想状况有差距的部门或员工提出培训需求。工作目标应明确培训需求分析在哪个层次之上，是企业层次的、任务层次的还是人员层次的。

（3）选择调查方法。具体的方法有很多种，但都需要详细的数据或者调研结果进行信息采集。

（4）确定培训需求调查的内容。通过这些办法，可以确定培训需求分析的内容，也就是需要什么资料。这些资料既包括企业内部的组织、部门和人员的信息，也包括外部的相关信息。

3. 实施培训需求调查工作

（1）提出培训需求或愿望。

（2）调查、申报、汇总需求。

（3）分析培训需求。人力资源部门将各类需求信息进行整理分析，审核这些需求。

（4）汇总培训需求意见，确认培训需求。最后分析这些培训需求，如受训员工现状、受训员工存在的问题、员工的期望和真实想法等，并根据重要程度和迫切程度进行排列，为制订培训计划奠定基础。

4. 分析培训需求结果

培训需求分析报告是培训需求分析工作的成果表现，也是确定培训目标、制订培训计划的重要依据和前提。报告的内容可以按照报告提要、实施背景、目的和性质、实施方法和过程、培训需求的分析结果、分析结果的解释评论以及用到的图表资料等维度进行汇总。

（1）对培训需求调查信息进行归类、整理。完成统计后，利用图表将信息表现的趋势进行形象化处理。需要按照培训需求信息的来源和渠道不同，对各种表现形式的需求信息归类、整理，并制作一些表格和图示，然后在这些资料、图表中仔细分析、总结，找出培训需求。人力资源部门要将这些培训需求的结果形成书面报告，提供给决策层进行参考，也可以有选择地向相关部门公开，进行细致的交流和讨论。

(2) 对培训需求进行分析、总结。找出培训需求,注意个别需求和普遍需求、当前需求和未来需求之间的关系。要结合业务发展需要,根据任务的重要程度和紧迫程度进行排序。

(3) 撰写培训需求分析报告。根据处理结果撰写培训需求调查报告,主要包括调查背景、需求分析实施的方法和过程、分析结果、主要建议与说明、附录、报告提要。

案例分析　人力资源部门和业务部门,谁来决定培训与否?

某公司针对营销部门举办了一个营销精英训练营。之所以有这个训练营,是因为公司在盘点业务后,认为整体营销能力薄弱。对于人力资源部门而言,则认为该领域存在培训需求。可在与业务部门主管沟通训练营方案时,营销主管并不认可这一点。他认为训练营并非关键,当务之急是要构建一整套营销人才培养体系,实现优胜劣汰,让优秀的营销人才能够不断地涌现。

人力资源部门与业务部门在培训需求上产生了差异,如果不能及时沟通解决,势必影响到后面培训工作的开展。

因此,人力资源部门与营销部门的主管进行了一次开诚布公的讨论。其实,人力资源部门之所以认为存在营销培训需求,是因为他们经过了详细的调研,发现公司营销队伍中的大部分员工是从非营销岗位转岗而来的,他们多数仅拥有工程技术领域的知识背景,在营销岗位上并未得到系统训练,更多的是靠自己的摸爬滚打,积累经验。营销人员对系统性营销知识的掌握不够,就会影响其业务的表现。如果不先解决这个问题,即使构建了完善的营销人才培养体系,选出了优秀的人才,目前营销业务所面对的难题也依然会存在。

当人力资源部门指出这点以后,这位营销主管也有所触动。因为他在实际工作的过程中也发现,营销队伍里很多人是“野蛮生长”起来的,对营销的认识不够,而且他也认为这是公司营销薄弱的重要原因之一。最终,营销部门同意实施该训练营。在后续培训方案的讨论中,营销部门也为培训工作提供了很多建议。当然,人力资源部门也开始着手营销人才培养体系的构建工作,最后的方案也获得了营销人员的认可。

从这个案例中可以看出,如果人力资源部门需要业务部门对培训工作更支持,最重要的就是进行深入的调研,从人力资源的角度,帮助业务部门找到容易忽视的问题,然后提出有价值的建议。人力资源部门和业务部门的这种伙伴关系,有利于明确人力资源部门在业务中的价值是什么,能帮助业务部门发现什么、解决什么。业务部门的思维习惯,是单纯从业务的视角去看业务,不太去想“人”的问题。在这一点上,人力资源部门与业务部门可互为补充,对于业务问题的解决也将更加行之有效。

(资料来源:整理自 HR 案例网。)

问题:

1. 企业各部门有不同的绩效目标,人力资源部门如何统一各方意见确定培训需求?

2. 你认为旅游企业人力资源部门的员工应该具备什么能力,才能很好地完成本职工作?

二、员工培训的内容

培训内容是否具有针对性，要从两个角度来考虑：①是组织需要的吗——培训内容是否与企业战略、业务或变革等相适应；②是员工需要的吗——培训内容能满足岗位工作的需要、员工所不具有的、能帮助员工解决工作问题等。

（一）按照培训内容的性质分类

1. 常规知识培训

员工要了解企业的发展战略、企业愿景、规章制度、企业文化、市场前景及竞争；员工的岗位职责及本职工作的基础知识和技能；如何节约成本，控制支出，提高效益；如何处理工作中发生的一切问题，特别是安全问题和品质事故等。这类培训应由人力资源和部门主管共同完成，分工协作并相互督促。

2. 技能技巧培训

不同的工作岗位需要掌握的技能技巧是不同的，培训时应该分层分类进行。企业高层管理人员必须具备的技能是旅游企业战略目标的制定与实施，以及领导力方面的训练；企业中层管理人员需要的管理技能培训是执行力的训练，包括旅游线路的规划与开发、目标管理、时间管理、有效沟通、计划实施、团队合作等；基层员工是按计划、按流程、按标准等操作实施，完成任务必备能力的训练。

3. 工作态度培训

员工的态度决定其敬业精神、团队合作、人际关系和个人职业生涯发展，能否建立正确的人生观和价值观，塑造职业化精神，是决定员工绩效表现的重要因素。因此，员工的工作态度培训是必不可少的。

（二）按照受训的岗位分类

1. 高级管理人员培训

高级管理人员培训包括领导艺术培训，即如何指导下属和在不同部门就职，如何完成特殊委派；还包括培养最高层的管理领导技能，如何转变管理方式制定战略决策等。培训对象一般为企业最高层管理人员。

2. 业务经理技能培训

业务经理技能培训包括决策计划技能，领导艺术，以及与其他经理交流的技能，如何进行时间管理、项目管理，辅导雇员制定工作目标和完成工作计划。

3. 新员工上岗培训

新员工上岗培训能够确保新员工有一个良好的开端，有利于新员工迅速与企业融为一体。所涉及内容可以小到工作场所的基本介绍，也可以大到介绍企业文化的方方面面。

三、员工培训的方法

培训方法是指为了有效地实现培训目标而确定的手段和技法。它必须与教育培训需求、培训课程、培训目标相适应，它的选择必须结合培训对象的特点。基本的培训方法有五类：直接传授法、实践法、参与法、适宜行为调整和心理训练的培训方法、特殊的培训方法。

（一）直接传授法

直接传授法适宜知识类的培训，特点为信息交流的单向性和培训对象的被动性。具体形式如下。

1. 讲授法

讲授法又称课堂演讲法，是最基本的培训方法，分为灌输式讲授、启发式讲授、画龙点睛式讲授。

2. 专题讲座法

专题讲座的内容可能不具备较好的系统性。

3. 研讨法

研讨法是指围绕一个或几个专题进行交流，相互启发，有集体讨论、分组讨论、对立式讨论三种形式。

（二）实践法

实践法适宜技能性的培训，以掌握工作中所需要的知识、技能为目的。特点是将培训内容与实际工作直接相结合，具有实用、经济、有效的优点。具体包括以下几种方式。

1. 工作指导法

工作指导法又称教练法、实习法，是指由一位有经验的老员工或直接主管人员在工作岗位上对受训者进行培训的方法。

2. 工作轮换

工作轮换又称交叉培训法，是将员工轮换到另一个同等水平、技术要求接近的工作岗位上工作，实现培养员工多样化的工作技能目标。工作轮换有利于促进员工对不同部门的了解，从而对整个企业的运作形成一个完整的概念，提高员工的综合素质，培养复合型人才。进行工作轮换前，首先应进行工作分析，明确哪些岗位之间可以互相轮换。一般而言，工作轮换先从同一个职位类别中的不同岗位开始，然后再考虑不同职位类别之间的工作轮换。如旅游企业中的前台可以先和客服进行工作轮换，两个工作岗位都是面向顾客的，有相似的工作要求。

3. 特别任务法

特别任务法是通过为某些员工分派具体任务，从而对其进行培训的方法，此法常用于管理者的培训。

4. 个别指导法

个别指导是有针对性地对员工进行一对一的指导，类似于师傅带徒弟的方法，让经验丰富的培训老师或老员工做师傅，带领被培训的员工，直接在工作过程中进行培训指导。开始时由师傅演示，徒弟旁观学习，过一段时间后由徒弟上岗演示，师傅在旁指导。旅游企业中很多技能性的岗位采用这种方法效果最好，如导游、客服、前台接待等。

（三）参与法

参与法适宜综合性能力的提高与开发，包括案例研究法、头脑风暴法、模拟训练法、自学、敏感性训练法、管理者训练法等方式。

1. 案例研究法

案例研究法是一种信息双向交流的培训方式，将知识传授与能力提高融合到一起，又可分为案例分析法和事件处理法两种。案例研究法中的案例选择应具备以下特征：内容真实，包含一定的管理问题，且有明确的目的。

2. 头脑风暴法

头脑风暴法指所有参加的成员在正常融洽和不受任何限制的气氛中进行讨论、座谈，打破常规相互启迪思想，积极思考，畅所欲言，充分发表看法，激发创造性思维，最大限度地发挥创造能力，提供解决问题的更多、更佳的方案。

3. 模拟训练法

模拟训练法以工作中的实际情况为基础，将实际工作中可利用的资源，约束条件和工作过程模型化，使学员在假定的工作情景中参与活动，学习从事特定工作的行为和技能，提高其处理问题的能力。

4. 自学

自学是指定学习材料，让员工进行自主学习、在线学习等，优点是不影响工作，学习者自主性强。

5. 敏感性训练法

敏感性训练又称实验室训练或人群关系训练。敏感性训练法的主要训练对象是企业中的中高层管理人员。目的是通过受训者在团体学习环境中的相互影响，提高受训者对自己的感情和情绪、自己在组织中扮演的角色、自己同别人的相互影响关系的敏感性，进而改变个人和团体的行为，达到提高工作效率和满足个人需求的目标。

6. 管理者训练法

管理者训练法是业界最常见的管理人员训练计划，其训练对象是各级管理人员，以授课与研讨相结合的方式进行学习。目的是使管理人员系统地学习并深刻地理解管理的基本原理和知识，从而提高他们的管理能力。

（四）适宜行为调整和心理训练的培训方法

1. 角色扮演法

角色扮演法是通过情景模拟，要求被培训者扮演指定行为角色，并对行为表现进行评定和反馈，以此来帮助其发展和提高行为技能的最有效的一种培训方法。

2. 行为模仿法

行为模仿法是一种特殊的角色扮演法，它通过向学员展示特定行为的范本，由学员在模拟的环境中进行角色扮演，并由指导者对其行为提供反馈的训练方法，它适宜于中层管理人员、基层管理人员、普通员工的培训。它能使学员的行为符合其职业、岗位的行为要求，提高学员的行为能力，使学员能更好地处理工作环境中的人际关系。

3. 拓展训练

拓展训练是指通过专业的机构对培训对象进行的一种野外生存训练。拓展训练通常利用山川湖海等自然环境，通过精心设计的活动达到“磨炼意志、陶冶情操、完善人格、熔炼团队”的培训目的。

（五）特殊的培训方法

1. 网络培训

网络培训是指利用网络上的视频培训软件，以直播或录播的方式进行培训的方法。该培训方法适合一些常规的、知识性的培训内容，如让新员工了解企业的规章制度、历史、企业文化等;也适合大型集团公司,因其经营网点分散、员工数量多,集中培训难度大,采用网上培训效率高、成本低。但是由于网上培训互动不足,培训师较难及时了解受训人员的学习程度,并随时调整培训方法,培训效果可能会打折扣。

2. 计算机辅助教学

计算机辅助教学是指在计算机辅助下进行的各种教学活动,以对话方式与学生讨论教学内容、安排教学进程、进行教学训练的方法与技术。

3. 虚拟培训

虚拟培训是指利用虚拟现实技术生成实时的具有三维信息的人工虚拟环境,学员通过运用某些设备和相应环境的各种感官刺激而进入其中,并可根据需要通过多种交互设备来驾驭环境、操作工具和操作对象,从而达到提高培训对象各种技能和学习知识的目的。比如,部分旅游企业或培训机构引进 VR(Virtual Reality,虚拟现实)技术,在进行导游培训时,学员通过相关设备就可以进入全世界各个模拟景区,进行导游辞的讲解训练。

四、员工培训的过程

员工培训的过程主要包括培训需求分析、确定培训目标、选择培训方法、实施培训计划、评估与反馈等主要环节。

(一) 培训需求分析

通过员工的培训需求分析,确认培训的内容、途径与方法。旅游企业的员工开发是动态的,要选择和培养具有开拓性、创新性的人才。因此,员工培训不能只是常规性的培训,需要针对企业未来的发展开展有效的培训,为企业储备人才。

(二) 确定培训目标

收集整合旅游行业发展的相关信息,预测未来发展趋势,并结合企业的实际情况、员工的需求,确定员工培训的目标与内容。

(三) 选择培训方法

常见的培训方法包括直接传授法、实践法、参与法等,使用哪种培训方法必须先考虑培训对象的特点,同时与企业的培训需求、培训目标相适应。旅游企业可根据培训目的与对象,制定多样性的培训策略。如新员工培训,可先用直接传授法介绍企业的基本情况、企业的规章制度等,再用实践法培训岗位技能。

(四) 实施培训计划

企业应选择适合的时间,针对适合的培训对象实施培训计划。培训计划根据时间特征,可分为年度计划、季度计划和月度计划。

(五) 评估与反馈

在培训结束后,从培训组织、培训师、培训成本、培训效果等方面进行综合评价。培训成本一般分为直接成本和间接成本。直接成本是指与员工培训直接相关的各项费用,包括场所使用费用、培训设备、物品费用、课程费用、课酬津贴、交通、食宿费用等;间接成本是指在培训实施过程之外企业所支付的一切费用的总和。如培训项目设计费用、管理费用、培训对象受训期间的工资福利以及培训项目的评估费用等。一般来说,培训带来的效益体现在提高工作效率、减少工作失误、提高员工工作绩效、降低员工流失率、转变员工工作态度等方面。

五、培训计划的编制

（一）培训计划的构成

1. 培训计划的内容

（1）确定培训项目：一是明确培训需求的优先次序，二是明确培训群体的规模，三是确定培训群体的培训目标。

（2）开发培训内容：包括培训什么，培训过程中要经过哪些环节，做什么练习。

（3）培训过程设计：如安排培训进度，选择教学方式，使培训环境尽量与工作环境保持一致。

（4）选择评估手段：包括如何衡量培训成败，如何评估中间效果，如何评估受训者的培训效果，如何考察在工作中的运营情况。

（5）筹备培训资源：需要什么资源，如人、财、物、时间、空间等。

（6）培训成本的预算：需要确定培训的经费来源、经费的分配与使用、进行培训成本-收益计算、制订培训预算计划、培训费用的控制及成本降低。

2. 培训实施者

培训实施者是整个培训的组织与实施人员，他们主要从事培训的需求调查与分析、培训内容确定、培训方式选择、培训地点安排、培训的具体实施等工作。因此，人员素质的高低直接影响到培训效果的好坏，培训人员除具有必要的专业素质外，还应对企业经营活动、发展方向、员工情况等有清楚的了解。

3. 培训方式

培训方式有脱产、不脱产、半脱产；也有长期、短期之分；按其授课形式可以分为知识讲座、案例讨论、场景模拟、团队互动等，这些都要依据不同的培训对象和内容对培训方式进行选择，以符合培训对象接受培训内容的特点。

4. 培训时机

从员工职业发展过程来看，培训有不同的阶段，如新员工培训、换岗培训、在职培训；从需求的角度来讲，员工对培训内容的渴望程度越高，其产生的作用越明显。把握好培训的时机，可以提高培训的效果。如随着企业战略业务的调整，要对员工进行新知识、技能等培训，就存在一个培训时机的选择问题。

5. 培训规模

培训规模是指每次参与培训的人数，培训规模对培训方式、培训地点、培训成本等均会产生影响。企业为节约成本可通过测试或抽样的方法来选择培训的对象。

6. 培训师

培训师是开展培训的授课主体，其知识丰富程度、语言表达方式、授课形式等均对培训效果产生影响。培训师既可以来源于企业内部，也可以来源于企业外部，其选择主要受培训内容和培训费用的影响。现在有专门提供培训的机构，包括咨询人员、咨询公司等。比如，旅游企业可通过征询建议书来选拔能够提供培训服务的咨询机构，它可提供评价咨询的一整套规范的标准。

7. 培训成本

对有固定培训预算的企业，多数根据员工数量或年销售额确定一个合适的比例。常见的比例为年销售额的2%～3%，以5%为上限。对于新公司、新部门，或新员工较多的公司，培训预算会相对高一些；而平稳且有经验的公司，培训预算可相对低一点。管理者应认真考虑在既定的培训成本范围内，更好地组织安排培训内容、方式等，以达到最佳的培训效果。

8. 培训地点与环境

培训地点与环境有企业内外之分，具体环境有大有小，也有安静和吵闹之分，企业应该综合多方面的因素选择好的培训地点与环境。

（二）制订培训计划的步骤和内容

1. 步骤

（1）根据培训需求分析结果汇总培训意见，制订初步计划。根据意见、培训重要程度和迫切程度进行培训需求的排列，并依据培训资源制订初步的培训计划和培训预算。

（2）管理者对培训需求、培训方式、培训预算进行审批。

（3）培训部门组织安排企业内部培训过程，确定培训教师和教材，联系外派培训工作。

（4）后勤部门落实与内部培训有关的场地、设备、工具、食宿、交通。

（5）培训部门根据确认的培训时间编制培训次序表，并告知相关部门和单位。

2. 内容

（1）需求调查结果分析：培训的目的与原则。

（2）培训需求。

（3）培训目标设定。

（4）培训对象的设定。

（5）培训内容。

（6）行动计划：培训的课程安排，培训的时间和地点，培训的形式和方式，培训师的选择。

（7）考核方式：预期效果与评价方法。

（8）培训预算。

3. 培训计划的经费预算

对培训项目进行成本-收益分析，主要通过会计方法决定培训项目的经济收益，需从成本、收益两个方面的信息加以考虑。

（1）培训成本预算：培训成本包括直接成本和间接成本（见表5-1）。直接成本包括培训材料费用、培训设备费用、培训师的师资费用、教室的租金、学员的差旅费等。间接成本是指培训期间受训者的工资、福利、时间等的支付以及由误工所造成的损失。计算培训成本的方法有两种：一种是利用资源需求模型计算；另一种是利用会计方法计算。

表5-1　旅游企业培训成本一览表

项　　目	内部培训成本	外包培训成本
直接成本	1. 师资费用（内部或外聘） 2. 场地费（企业内部培训可免） 3. 培训设备、相关辅助材料费用 4. 培训资料费 5. 课程制作费用 6. 培训相关的交通费、餐费、住宿费及其他等	1. 外包项目费 2. 培训设备、相关辅助材料费用 3. 培训相关的交通费、餐费、住宿费及其他费用等

续表

项　目	内部培训成本	外包培训成本
间接成本	1. 课程设计所需费用(工资、资料等) 2. 学员工资、福利等 3. 学员参加培训造成的机会成本 4. 培训组织人员的工资、交通等费用	1. 培训学员、辅助培训人员的工资等 2. 培训管理、监督费用 3. 其他相关费用

(2) 培训收益:培训收益为潜在收益。运用科学的培训需求分析方法,着眼于员工的胜任周期是否缩短,胜任人数的比例是否增加,是否能为股东或客户创造价值等根本问题,立足于任务,根据数据做出选择和决定,使培训需求的决策更有可操作性。

4. 培训效果评估

培训评估是指收集培训成果以衡量培训是否有效的过程;培训效果是指企业和受训者从培训当中获得的收益。培训评估通过培训效果评估指标及评估体系,对培训是否达到预期目标、培训是否具有成效进行检查与评价。企业培训效果评估流程如图 5-1 所示。

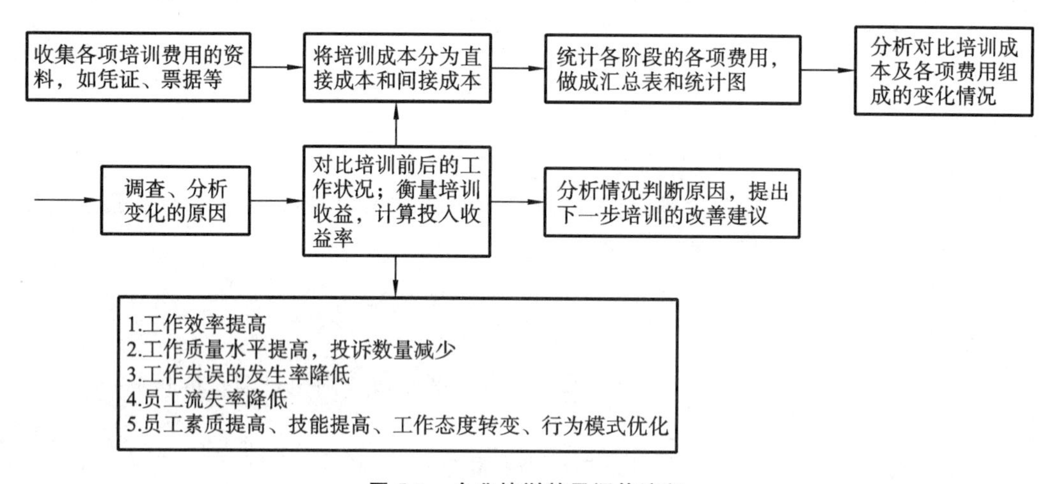

图 5-1　企业培训效果评估流程

培训成果是培训者和企业用来衡量培训效果的尺度,分为认知成果、技能成果、情感成果、绩效成果及投资回报率。培训产生的贡献值主要体现在输出增加、成本减少、时间减少、质量提高四个方面。反映评估测量结果的是受训人员对培训的印象或态度,如培训是否有价值,员工是否从培训中学习了很多内容,员工是否感受到培训带来的帮助等。这些数据通常通过问卷调查、面谈观察、综合面谈来获得。学习评估主要测量受训人员通过培训学习了多少内容,常用的方法有测试法、角色扮演法、模拟训练法等。行为评估关注受训人员行为改变的程度,这个问题就牵涉培训迁移的问题。培训后,受训人员在工作中的行为方式有多大程度的提高,绩效考核的结果是否较受训前有所提高,可用问卷调查法、行为观察法、访谈法等进行评估。

案例分析　如何提高培训的效果?

A企业为了能在极短的时间内培养出一批合格的员工,人力资源部花费了不少心思。目前的情况是,关键岗位计划招聘10人,其他岗位需要淘汰15人,共缺员25人。

由于该企业在当地的工资较高且信誉不错,招聘难度并不大。人力资源部从大中专学校和社会上集中招聘了45人,多增加的20人是为了确保淘汰后的优选人数。

人力资源部这次对新员工的培训分为两个阶段:一是基本素质的培养和优选;二是专业技能的培养和优选。每个环节都导入了优胜劣汰机制。

基本素质培养阶段。从培训开始,凡是不能按时到岗的一律不再录用;在制度等培训过程中,针对不认真听讲的,人力资源专员记录后,会在课间休息时询问课堂讲授的内容,凡是不了解的,一律立马淘汰;在军训过程中,凡是不按要求动作执行的(可以不标准,但不能不努力),也一律淘汰,如果连看得到的简单动作都不执行,这种人更不可能在没监督下严格执行操作规程。在此期间,人力资源部还特地暗暗观察,凡是领导来了就干得起劲,领导走了就吊儿郎当的,一律清退。经过7个工作日后,留下39人。

这39人随后进入了第二阶段的技能训练环节。他们被分成3组,每组有一名老员工做教练,但统一归人力资源部管理,带队教练根据本组的综合排名获取等级补助。

培训时,将目标培训技能拆分为六个步骤,每个步骤训练后,小组之间和组员内部都进行竞争排名。小组的名次位置固定,从第一名到第三名分别为红旗、绿旗、黄旗组,但各小组要根据每次竞赛获得的名次入座,每次竞赛完后对红旗组即时兑现奖励,对倒数的黄旗组的教练和员工罚做俯卧撑,同时黄旗组的最后一名被淘汰。

小组内部,从第一名到最后一名也按名次入座,但与小组竞赛不同的是,个人竞赛的成绩同时公布两个排序——本次竞赛成绩和累计竞赛成绩,而座次按累计成绩安排。与此同时,每个小组内连续三次在最后三名的,予以淘汰。于是,这些新员工憋着一股劲儿,宁可自己主动走,也不能被淘汰。其实竞争的特点是,越是一次次在竞争中胜出,这个结果越是会被参与者珍惜。大家都是初学者,只要更刻苦一些,名次位置马上就会出现变化,因此整个活动下来,每次竞赛后几乎座次都会变换,而连续三次后被淘汰的只有1人。训练期间,人力资源部特意给每个小组配备一把训练室钥匙,正常上班时间外,不限制训练时间。结果发现,本来上午8点上班,但早上6点就有人到岗训练;下午6点下班,但很多人主动训练超过了晚上10点。

经过1个多月的强化训练,最后胜出的员工为28人。随后,企业开始组织新老员工竞赛。当看到结果时,招聘人员几乎惊掉了下巴,前十名中,新员工居然占了7人,工作超过5年的老员工都比不上他们。老员工看到结果之后,受到了很大的触动。

人力资源部适时拉开了竞聘的大幕,竞聘结束后的被淘汰人员,有的渴望继续留在企业,就让他们做辅助类工种,企业每季度给他们一次机会,可以竞聘企业的任何一个岗位，让他们变成员工背后的“第三只眼睛”，从而让所有在岗员工不敢懈怠。

（资料来源：整理自HR案例网。）

问题：

1. 你认为A企业的培训效果如何？为什么？

2. 企业的培训项目能否达到目标？受什么因素的影响？

第三节 员工开发的内容与途径

人力资源开发（Human Resource Development，简称HRD）是指旅游企业在现有的人力资源基础上，依据企业战略目标、组织结构变化，对人力资源进行调查、分析、规划、调整，提高现有的人力资源管理水平，充分发挥其积极性、主动性和创造性，获得最佳的整体效益。

一、员工开发的目的与途径

（一）员工开发的目的

1. 提高人力资源的质量

通过人力资源的开发，企业在人才的结构上（年龄、性别、能力、专业技术等）更加科学合理，人尽其才，实现资源的合理配置。

2. 提高人力资源的活力

通过人力资源的开发，企业制定合理的考核和激励制度，促进员工合理化流动，形成良性的人才机制。

（二）员工开发的方式与途径

1. 方式

（1）正规教育。

正规教育是指根据不同对象，为储备人才，企业基层管理者、中层管理者、高层管理者等分别由正规大学或专业培训机构提供的在职或脱产专项培养计划中产生。

（2）人员测评。

人员测评是指用科学的方法收集员工的行为表现、工作能力、人际沟通等方面的信息，为企业提供有关个人优缺点、管理潜能等方面的信息，以便于员工深入地了解自己，也用于确认晋升者的潜质，了解团队效率和交流方式等。当前比较流行的人员测评的工具主要有迈尔斯-布里格斯人格类型测验（MBTI）、基准评价法、360度反馈系统、评价中心等。

（3）工作实践。

通过工作实践进行员工开发有很多的方式，包括交叉培训、工作扩大化、工作轮换、职位晋升等。交叉培训主要是让员工参加其他部门的培训，通过这种方式既能拓展其工作技能，又能增加不同部门间的交流与合作。工作扩大化就是扩大现有工作内容，赋予其新的责任或执行某些特殊任务，适用于培养有挑战性的年轻管理者。工作轮换是为员工提供在各种不同工作岗位之间流动的机会，让员工了解企业不同的职能部门，提高解决问题的能力和决策能力。

(4) 员工互动。

通过增加员工与企业中更有经验的员工之间的互动来开发技能，增强对企业和客户的了解。如今，不少旅游企业采取师徒制的培训方式。给新员工分配一位经验丰富的老员工带领其成长。一对一辅导的形式不仅可以减轻员工的心理压力，而且可加深彼此间的关系。一方面，新员工会在此交往过程中不断提高自身技能；另一方面，还能让新员工感受到来自企业的关心与温暖，加深员工对企业的了解，提高其忠诚度与信任感。

2. 途径

(1) 通过社会培训促进员工开发。

通过积极而有效的方法培训员工，让他们掌握和提升与工作相关的知识和技能，提高员工解决各种问题的能力，塑造学习型组织文化，是促进企业人力资源开发的有效途径。

(2) 通过流动和重组实现最佳配置。

只有对企业的人力资源进行科学、合理的配置，才有可能实现人力资源的最优化，提高工作效率。人力资源的最优化就是追求人尽其才，才尽其用，人事相宜，最大限度地发挥人力资源的作用，从而发挥员工个性、专业特长及工作爱好的潜力。将员工安置在最合适的岗位，并及时调整人员配备，以保证各个岗位工作的合理运转。管理者可通过调配、晋升、降职、轮换、解雇等手段对人力资源进行动态的优化与配置，使人力资源的配置趋近合理。

(3) 建立有效的评价和激励机制。

在工作中调动员工积极性，激发员工的潜力是人力资源开发的最高目标。美国哈佛大学的心理学家威廉·詹姆斯通过研究发现，一个没有受激励的人仅能发挥其能力的20%～30%，而当其受到激励时，能力可发挥出80%～90%。因此，只有积极激发员工的责任感、创造力和潜力，才能更好地发挥人力资源的最大效益。管理者可通过建立正确的评价和激励机制，奖励业绩突出者，强化企业内的竞争机制，激励员工不断学习以更新知识。

(4) 提高管理者的综合素质。

管理理念的落实、规章制度的执行、人力资源开发与实现组织战略目标等都依赖高水平的管理者，优秀的管理者能够在鼓舞员工士气、提高员工素质、增强组织凝聚力等方面起着十分重要的作用。

(三) 旅游企业员工开发的内容

旅游企业员工开发主要侧重于选和育，即在企业整体人才规划战略指引下，企业需要怎样的人才，如何去实现企业战略目标下的合格人才的培养和开发需求，包含了短期人才的需求和长期人才的需求。员工开发的主要内容如下：

(1) 正确评价员工个人能力和潜力(通过员工选聘、绩效评价的资料评估、心理学测试等方式)；

(2) 向员工提供职业发展的信息，并给予公平竞争的机会；

(3) 为员工制订发展计划，确定职业生涯路径；

(4) 为员工制定知识更新方案；

(5) 为员工提供职业指导，制订职业成长至退休的一揽子计划。

(四) 旅游企业员工开发的流程

1. 明确企业人才战略规划下的人才需求

旅游企业因规模不同有不同的组织结构，一般有计调部、客服部、策划部、导游部、票务部、财务部等，不同的部门有不同的职能和岗位，各岗位的能力素质需求不同，员工开发在知识、技能、素质等方面有不同的要求。

2. 分层分类规划并具体实施计划

根据企业不同部门具体岗位的需求，设计详细的岗位需求书，建立人才获取及培养的渠道、策略、方法和实施计划。

3. 实时反馈、调整计划

整合相关的外部和内部资源，实施人才培训与开发计划，明确目标，缩短差距。

4. 形成独具特色的人才选拔和培养之路

不断总结、反思、沉淀人才培养与开发过程中的知识、经验、教训，形成系统化、专业化、规范化的培训与开发体系。

5. 改进、完善培养体系，适应企业的发展需要

旅游企业应根据市场及经营环境的变化，不断学习和借鉴外部的先进理论和实践经验，加强内部优化。

二、职业管理的概念与特征

职业管理是指企业帮助员工进行职业生涯规划，确保员工受到企业关注与培养，促进其潜力的挖掘，建立有效的职业发展机制，促进员工充分发挥自己的能力，将员工职业发展愿望与组织发展需求紧密结合，以实现企业持续发展和长远目标的过程。

（一）职业管理的概念

职业管理是人力资源管理的重要内容之一，是企业帮助员工制定职业生涯规划，促进员工职业生涯发展的一系列活动。职业管理应看成是竭力满足管理者、员工、企业三者需要的一个动态过程。旅游企业的职业管理带有一定的引导性，它能够帮助员工完成自我定位，克服完成工作目标中遇到的困难挫折，鼓励员工将职业目标同组织发展目标紧密相连。通过创造高效率的工作环境，让员工受到激励，获得职业成功，与企业形成紧密联系，构筑命运共同体，有助于提高企业人力资源质量并提升人力资源管理效率。

（二）职业管理的特征

1. 长期性

职业管理是企业为其员工设计的职业发展、援助计划，有别于纯粹由员工个人制订的职业计划，要贯穿于员工职业生涯的始终，且只有长期坚持才能取得良好的效果，应该避免经常性的变动或流于形式。

2. 动态性

动态性是指根据企业的发展战略、组织结构的变化与员工不同时期的发展需求进行相应调整，必须满足个人和企业的双重需要，处理好员工个人发展和企业发展的关系，寻找个人发展与企业发展的结合点。每个员工都是在一定的组织环境与社会环境中学习发展的，因此，员工必须认可组织的目的和价值观，并把其价值观、知识和努力集中于组织的需要和机会上。

3. 公开性

职业管理形式多样、涉及面广，凡是对员工职业活动的帮助，均可列入职业管理之中。企业在提供有关职业发展的各种信息、教育培训机会、任职机会时，都应当公开其条件标准，保持

高透明度。由企业与员工双方共同制定、共同实施、共同参与完成。

4. 阶段性

企业在不同的发展阶段有不同的目标和任务，职业管理的内容就必须分解为若干个阶段，并划分到不同的时间段内完成。每一时间阶段又有“起点”和“终点”，即“开始执行”和“完成目标”两个时间坐标。

三、旅游企业员工职业管理的意义

受到OTA快速发展、年轻一代消费者自由行的兴起等因素的综合影响，旅游企业间的竞争日趋激烈，人才流失现象严重，旅游企业的职业管理越来越重要。员工离职的原因有很多，具体包括旅游企业收入低，分配机制缺乏激励功能，员工个人发展渠道单一，对个人发展前途感到无望，等等。其中，员工因为感到自身职业发展前景暗淡而选择离职的原因占据了相当大的比例。旅游企业做好员工的职业管理，使员工能多渠道发展自己，对留住人才、促进旅游企业持续发展具有重大的现实意义。

（一）协调员工个人目标与企业目标

旅游企业在对员工实施职业管理时，要尽力协调，使企业目标和员工个人目标相一致。要树立人力资源开发观念，了解不同员工的不同需求，引导员工个人目标向企业目标靠拢，使员工个人和企业形成利益共同体。如两者无法协调时，应适时进行必要的人员调动。

1. 帮助员工进行正确的自我评价，正确认识自身优劣势

员工个人职业规划要从正确认识自我开始，实事求是的自我评价是正确制定个人职业生涯规划的前提和条件。员工应综合分析自己的专业知识情况、素质和能力、职业取向、发展潜力等。通过分析，确定目前职业满意度、个人职业期望、未来发展方向等。

2. 剖析企业现状及发展情况

要和员工一起分析研究企业现状及发展前景，让员工了解企业运行模式及培养、选拔机制，尊重个人正当、合理的发展需求，坚定对企业未来的信心。

3. 明确员工个人在企业中的职业发展路径

在准确的自我评价的基础上进行职业定位，可以使自己的职业选择趋于稳定。一般来说，员工在企业中的职业发展通常有四种选择：纵向、横向、网状、双重。纵向职业道路是指员工经过自己的努力实现职务晋升的同时伴随着待遇的不断提高；横向职业道路属于跨部门、跨职能的工作变换，有助于扩大个人的知识技能面，不断积累和丰富自己的工作阅历；网状职业道路则是纵向和横向相结合，从丰富工作背景和阅历角度考虑，这是一种适合旅游企业大多数员工现实的职业发展道路；双重职业道路是指一个人可以选择只做某一方面的专家，同时相应地获得更好的待遇和报酬，成为企业内部不可轻易替代的一员。

（二）为员工提供职业发展指导

当员工进入旅游企业从事某一具体岗位开始，由于年龄和个人阅历的影响，对自己今后的职业发展方向不甚明确，这时最需要企业为其提供相关的支持和帮助。

（1）企业要能给员工提供一份准确、完整的工作职位说明书，明确告诉员工此项工作的内容、职责、要求、与其他部门的联系情况等。

（2）企业要为员工提供一份职业计划表，使各岗位上的员工（包括普通员工、各层级的管理人员以及专业技术人员）都能明确知道自己的职业发展和努力方向。企业要尽量避免单一

的员工职业发展规划，而应该为员工提供多渠道的职业发展方向，同时配套以相应的合理薪酬体系。

（3）通过企业管理人员，特别是员工所在部门的管理者，在逐步了解员工的能力和专长的情况下，结合部门和企业目标为员工个人职业发展规划提供指导和咨询，有条件时还可以通过外请专家的形式为员工提供职业发展自测、讲座和咨询等。

（三）帮助员工实现职业发展规划

（1）了解员工的职业兴趣和职业生涯规划，结合企业发展需求满足员工的职业发展需求。

（2）及时向员工提供职位空缺或需求信息。

（3）为员工提供适当的岗位轮换机会，增强员工拓宽知识和技能的能力，同时在岗位轮换中为企业了解员工的实际能力以及员工自我评价提供依据。

（4）围绕企业的发展规划及对各类相关人才的需求，为员工提供形式多样、层次完整的培训机会，同时制定激励机制，鼓励员工多渠道、多方式的自我培训。

（5）建立积极、合理、有效的人才评估机制、绩效考核机制、薪酬体制以及合理的职位晋升和员工内部流动机制，保证员工获得公平、公正的职位竞争机会。

四、旅游企业员工职业管理的实施

职业管理主要是人力资源部门的职责，但需要各方面的有效配合，个人、直线部门和上级的共同合作是做好职业管理的基础。旅游企业应根据不同员工的特点，进行针对性的职业规划，一般可以针对职业生涯初期的员工、职业生涯中期的员工和职业生涯后期的员工这三类人员分别进行操作。

（一）职业生涯初期的员工

新入职的员工主要的任务是学习职业技术，提高工作能力，旅游企业应为其提供一个富有挑战性的最初工作。初入职场的年轻人对未来、对自己有较高的定位，一份有挑战性的工作会迅速让新员工明确自己的价值并树立信心，产生持久的动力。企业如果能为新员工提供符合其最初的意愿和带有挑战性的工作，将会对新员工产生相当大的吸引力。在第一年中，新员工所承担的工作越富有挑战性，他们的工作也就显得越有效率、越容易达到要求完成的目标，即使是在成长阶段后期，这种情况也依然存在。因此，提供富有挑战性的起步性工作是帮助新员工取得职业发展的有效方法。

（二）职业生涯中期的员工

职业生涯中期的员工需要对早期职业生涯重新进行评价，强化或转变自己的职业管理，争取有所成就。因此，对一位已经在企业中工作了几年的员工而言，看到提拔晋升的希望，并能清晰地找到个人发展的道路，是最大的吸引和动力。职业道路畅通，能够让有培养前途、有作为的员工努力去争取，有前途和看到希望是留住经验丰富的旅游人才的最大吸引力。同时，安排富有挑战性的工作和通过岗位轮换的方式让其保持新感觉，或者安排探索性的职业工作，对于处于职业中期的员工而言也是一种实在而有效的方法。

（三）职业生涯后期的员工

到职业生涯后期时，员工希望继续保持已有的职业成就，维护自尊，因此消除老员工后顾之忧，让这些员工发挥最大的“余热”是旅游企业职业管理的关键。这一阶段的员工多数从一线岗位退下，丰富的行业经验以及对企业的了解让他们能够发挥积极的作用。

本章小结

(1) 培训与开发就是企业通过学习、训导的手段，提升员工的知识水平、工作表现，最大限度地发挥个人潜能，使员工的个人素质与工作要求相匹配，进而提高员工现在和将来的工作绩效。

(2) 员工培训的内容。培训是一个系统的流程，包括培训需求分析、培训内容设计、培训实施过程和培训效果评估。培训内容包括应知应会的知识、技能、技巧培训、工作态度培训、组织发展培训等。

(3) 员工培训的方法。基本的培训方法包括直接传授法、实践法、参与法、适宜行为调整和心理训练的培训方法，以及特殊的培训方法(包括网络培训、计算机辅助教学、虚拟培训)等。

(4) 职业管理是指企业帮助员工进行职业生涯规划，确保员工受到企业关注与培养，促进其潜力的挖掘，建立有效的职业发展机制，促使员工充分发挥自己的能力，并将员工职业发展愿望与组织发展需求紧密结合，以实现企业持续发展和长远目标的过程。

思考与练习

1. 什么是人力资源的培训与开发？如何进行培训与开发？
2. 结合实例分析人力资源培训计划的实施。
3. 为旅游企业的新员工设计一项培训计划。
4. 不同规模的旅游企业在人力资源的培训与开发中存在哪些异同点？

案例分析

“五斗米”的培训模式

在重庆五斗米饮食文化有限公司，培训强调的是标准化和个性化。

五斗米员工培训的标准化包括两个层次，一个是服务人员服务程序的标准化，另一个是技术人员工作的标准化。在五斗米，每一位服务员在迎接顾客时的程序都是一样的，说的每一句话也是经过培训的，先介绍什么菜品，后介绍什么菜品，甚至什么酒倒多少量也是统一的，这就是培训标准化的结果。餐饮业的技术人员主要是指厨房里工作的员工，为了标准化，五斗米的培训是全部定量的，比如某一道菜的烹调时间，菜品配料的量都有标准，让员工按标准操作。

五斗米强调整个企业文化的个性化和服务的个性化，在培训的时候，五斗米会灌输给员工其独特的经营理念。同时设置多个服务场景，比如顾客喝醉了酒、顾客很挑剔、顾客心情不好等，通过对不同场景的剖析，分析各自的处理方案，倡导采取个性化

的服务。个性化还强调员工个人魅力的培养。培训的时候，五斗米会通过测试了解每一位员工的个性特点，突出每一位员工的服务个性。比如有的员工服务态度很好，另一位员工的交际能力很强，或者某位员工的协调能力很强。五斗米强调通过个性化的服务来满足不同的顾客。

在培训员工解决问题的程序时，五斗米会把整个餐饮流程做详细的分解，然后让受训者融入具体的角色。五斗米的培训一般是1/3的理论加2/3的操作。在理论方面，主要是一些服务领域的常规要求和工作流程。为了弥补理论的不足，五斗米将餐饮业中可能出现的情况编写成情景案例。这些情景案例都是来自第一线的，每次发现新的情况后，部门都会及时收集汇总，并编写为典型案例。在培训中，培训师会针对每一个具体的案例做分析，让员工作为当事人提出处理的方案。当然处理方法也不是只有一个正确的方案，员工可以集思广益，给出更多的方案选择。

（资料来源：根据相关资料整理。）

问题：

试分析重庆五斗米饮食文化有限公司培训工作的可取之处。

第六章

绩效管理

学习导引

绩效管理是指企业通过绩效沟通的方式进行绩效目标设定、绩效考核与绩效反馈，以制度化实施，持续提高员工及组织绩效的连贯管理过程。绩效管理分为绩效目标制定、绩效沟通、绩效考核与绩效反馈四个环节。制定科学的绩效目标是绩效管理的基础；持续的绩效沟通是绩效管理的基本方式，应贯穿于其他三个环节；客观公正的绩效考核是激励员工、激发其责任心的重要手段；及时有效的绩效反馈是进一步提高员工绩效的必要条件。通过系统化的绩效管理及周而复始的全程化运行，促成良好的个人绩效目标，进而促进整个组织绩效目标的达成和提升，实现员工与企业的共同发展。

学习重点

通过本章学习，重点掌握以下知识要点：

1. 绩效及绩效管理的含义；
2. 绩效管理的流程；
3. 绩效计划的制订；
4. 绩效沟通的常见方式；
5. 绩效考核的方法；
6. 绩效反馈的实施过程。

案例导人　　绩效管理是“鸡肋”吗？

有人说绩效管理是人力资源管理的核心；也有人说绩效管理是企业赢得竞争优势的最重要手段；还有人说绩效管理是人力资源部经理提升地位和价值的二次创业，

是他们发起的一场战斗和管理革命。不管怎样，绩效管理成为世界大多数优秀公司战略管理的有效工具已是不争的事实。美国相关机构的研究显示，正式使用绩效管理系统的财务公司表现要明显优于未使用的公司。

很长时期里，绩效管理受到国内企业“趋之若鹜”式的追捧。然而，更多的国内企业正在经历一条从迷信到怀疑，从怀疑到不屑的道路。

引入绩效管理后，实施效果不尽如人意，不是半途而废，就是流于形式，非但没有起到激励员工、提升绩效的作用，甚至引起了员工的不满，破坏了组织的稳定，对企业业绩产生了负面影响。

在曾经的一次“中国职业经理人的十大困扰”的调查中，“绩效考核”排在第一位。“绩效管理如同鸡肋，食之无味，弃之可惜。”一位经理说道。

（资料来源：根据相关资料整理。）

思考：

绩效管理到底是什么？应如何看待绩效管理的重要性？

第一节　绩效管理概述

要有效进行绩效管理，首先要对绩效有所了解。在一个企业中，绩效包含组织绩效和个人绩效两个层次，本章讨论的主要是个人绩效。

一、绩效管理的概念

（一）绩效的概念

对于绩效的定义，学术界主要有两种观点。一种是把绩效看作一种结果，即结果性绩效。这种绩效往往可以用产出、指标、任务、目标等词表示。在制造型企业中普遍使用结果性绩效，这有利于增强绩效考核的客观性和公正性，且容易衡量。另一种则把绩效看作个体的过程性行为，即过程性绩效。过程性绩效较为主观，评价结果较难衡量。综合两种观点，所谓绩效，是指员工在工作过程中所表现出来的与企业目标相关的，并且能够被评价的工作业绩、工作能力和工作态度，其中工作业绩指工作的结果，工作能力和工作态度则是指工作的行为。

旅游行业的产品具有无形性的特点，顾客满意程度因人而异，有时候，员工按标准去做，却没有达到应有的顾客满意度，这时就需从过程性绩效角度对员工表现进行评价。而从企业利益角度看，顾客满意度是重要的影响因素，因此这类结果性指标仍不能忽略。因此，旅游企业员工绩效管理既要考虑结果性指标，也要考虑过程性指标。

（二）绩效的特点

一般来说，绩效具有以下三个主要特点。

1. 多因性

员工绩效的好坏是受主观和客观多种因素共同影响的，如组织制度、工作环境、激励机制、工作动机、职业兴趣、个人能力、价值观等，并不是哪一个单一的因素就可以决定的。有时员工的能力和态度还会受很多其他因素的影响，如部门内部流程是否有序、部门之间沟通是否流畅等都可能影响员工的工作效率和结果。不同的旅游企业绩效影响因素有所不同，因此应该抓住影响绩效的关键因素。

2. 多维性

多维性是指工作绩效可以从多个层面表现出来。一般来说，绩效包含了工作态度、工作行为以及工作结果。因此，对员工进行绩效评价时应从多个方面、多个角度去分析评价，以便取得比较客观、合理、容易被人接受的绩效考核结果。当然，不同的维度在整个绩效中的重要性是不同的。旅游企业是服务企业，基于服务产品生产和消费同步的特征，企业要特别重视绩效的过程概念，关注对于工作方式与工作行为的评价。

3. 变动性

绩效是个动态的概念，如何界定绩效内涵应视情况而定，如不同时期、不同评价对象、不同发展阶段等。当企业的外部环境和内部条件发生变化，企业的发展方向和工作重点同样需要调整，服务效率、员工业务能力有待进一步挖掘，员工绩效的内涵就需进行相应修订。从评价角度看，员工的绩效也不是一成不变的，在主客观条件的变化下，员工的工作绩效是会发生相应的变化的，可能由原来绩效不好向好转变，也可能由好变为不好。员工工作绩效的高低直接影响企业的整体效益和效率，因此，了解绩效的特点和影响工作绩效的因素，对于提高员工的工作绩效具有重要意义。

（三）绩效管理的含义

绩效管理是指管理者与员工在职责目标与如何实现目标上达成共识，并且在管理实践中创造机会，促进员工取得较好成果的过程。各级管理者和员工为了达到企业目标，会共同参与绩效目标制定、绩效辅导沟通、绩效考核评价、绩效结果应用、绩效目标提升。绩效管理的目的是持续提升个人、部门和组织的绩效。通过绩效管理，员工可以知道上级希望其做什么，自己可以做什么样的决策，必须把工作做到什么样的标准。通过持续提升个人绩效从而提升部门和企业的绩效。通过绩效管理，既可以实现员工的个人价值，又可以提升管理者的管理水平，还可以提升企业的效益。

二、绩效管理和绩效考核的区别

管理者在谈论绩效管理时经常会提到绩效考核和绩效管理，在相关文献资料中，这两个概念也经常会交替出现，以至于很多人认为绩效管理就是绩效考核的另一种说法。在现实的企业中，员工觉得人力资源部很烦人，每个月都要求员工填一堆表格。而员工听到绩效管理大多都会抱怨，“啊，又要考我呀”“唉，又想扣我钱呀”……对抗的心理可见一斑。事实上，绩效管理与绩效考核的概念有着本质上的区别。绩效管理的初衷和出发点，是促成员工和企业的绩效改善，而不是对员工或企业进行的绩效评价。绩效管理包括事前计划、事中管理、事后考核，是为了实现组织目标，通过“计划—辅导—检查—改进”的管理循环，提升员工的潜能和绩效。绩效考核及结果只不过是水到渠成的事。绩效考核是事后考核工作的结果，其只是绩效管理中的一个环节而不是全部。两者的区别如表 6-1 所示。

表 6-1 绩效管理和绩效考核的区别

绩效考核	绩效管理
是一整套结构化的制度； 一个阶段性的评价过程； 发生在特定时间内； 强调结果及其应用； 更加关注过去的绩效； 是绩效管理的一部分	通过管理促成组织目标的实现； 是一个复杂的循环的管理过程； 强调沟通、辅导和员工能力的提高； 注重双赢而不是批判； 更加重视目标达成的过程； 着眼于未来，具有较强的推动性

三、绩效管理的过程

绩效管理是一个系统性的工程，也是一个有序、复杂的活动过程。它首先要明确企业与员工个人的工作目标，并在达成共识的基础上，采用行之有效的管理方法，不但要保障按期、按质、按量地达成目标，还要考虑如何构建并完善一个更能有效激励员工、不断提升员工综合素质的运行机制。一般来说，绩效管理过程包括四个环节：绩效计划、绩效沟通、绩效考核和绩效反馈。

（一）绩效计划

绩效计划作为绩效管理流程的第一个环节，是绩效合理实施的关键和基础所在。绩效计划是指在绩效周期开始时，管理者和员工经过讨论，就员工在新的绩效周期内将要做什么、为什么做、需要做到什么程度、何时应做完、员工的决策权限等问题进行识别、理解并达成绩效目标协议。很多人认为考核是绩效管理中最重要的环节，但实际上绩效计划要重要得多，绩效计划制订得科学合理与否，直接影响着绩效管理整体的实施效果。

（二）绩效沟通

制订绩效计划之后，员工就开始按照计划开展工作。员工工作过程即是绩效形成的过程，绩效管理需要关注这个过程。管理者要通过沟通，对员工进行指导与帮助，对发现的问题及时予以解决，并随时根据实际情况对绩效计划进行调整。这种沟通是一个双方追踪进展情况、找到影响绩效的障碍以及获取使双方成功所需信息的过程。持续的绩效沟通能保证管理者和员工共同努力，及时处理出现的问题，修订工作职责，上下级在平等的交往中相互获取信息、增进了解、联络感情，从而保证员工的工作能正常地开展，使绩效实施的过程顺利进行。

（三）绩效考核

绩效考核是指在绩效周期结束的时候，依据预先制定好的关键绩效指标，管理者对员工的绩效目标的完成情况进行考核。绩效考核的结果直接影响到薪酬调整、奖金发放及职务升降等诸多员工的切身利益，进而在很大程度上影响员工的积极性。因此，企业员工的绩效核是绩效管理工作的关键环节。绩效考核的意义不仅是企业对其员工工作绩效情况的评价，同时也是对员工的成就需求的满足。

（四）绩效反馈

绩效管理的过程并不是为绩效考核给出一个分数就完成了，管理者还需要与员工进行一次甚至多次面对面的沟通，通过绩效反馈的面谈，使员工了解管理者对自己的期望，了解自己的绩效水平，认识自己有待改进的方面，同时员工也可以提出在完成绩效目标过程中遇到的困难，请求上级的指导与支持。绩效反馈是绩效管理工作的最后一环，也是非常关键的一环.能否达到绩效管理的预期目的，取决于绩效反馈的实施效果。

第二节　绩效计划

绩效计划的制订是绩效管理过程的开始，这一阶段主要是确定员工绩效考核的目标和绩效考核的周期。

一、确定绩效目标

（一）绩效目标的含义

绩效目标是对员工在绩效考核期间的工作任务及要求所做的界定，即企业员工集体或个人在绩效周期内要做什么，要达到什么效果。这是绩效周期结束时进行考核的依据和标准，所以绩效目标也称为绩效考核目标。绩效目标由绩效指标和绩效标准组成。

（二）绩效目标设计应遵循的原则

设计绩效目标时，企业要考虑内外环境，既要符合企业的使命要求，又要具有可操作性。为确保绩效目标明确有效，在设立时应注意以下几点。

1. 绩效目标应当具体

这是指组成绩效目标的绩效指标和绩效标准要具体和明确。

（1）绩效指标要具体。

完整的绩效指标应该包括工作业绩、工作行为、工作能力、工作态度等各方面的指标。绩效指标需明确指出员工到底要完成（考核）什么内容，不能过于笼统，否则员工就不知道要做什么，考核主体也无法进行考核。例如，在考核员工的工作业绩时，“工作情况”就是一个不具体的指标，因为工作情况涉及很多方面的内容，如果使用这一指标进行考核，考核主体就会无从下手，应当将其分解成几个具体的指标，如“工作的出勤率”“服务的快速性”“操作的规范性”，这样考核时才更有可操作性。

（2）绩效标准要明确。

在确定绩效标准时应当具体清楚，不能含糊不清，否则员工不知道工作要完成到什么程度才是合格的，这就要求尽可能地使用量化标准。在企业中，工作业绩主要指能够用具体数量或金额表示的诸如利润、销售收入、产量、质量、成本、费用、市场份额等的工作成果，是最客观的考核标准。比如，某旅游企业的人力资源部招聘主管的绩效标准，其中一项规定为“收到其他部门的人力资源需求后，在5个工作日内招聘到合适的人员”，就比“收到其他部门的人力资源需求后，能够迅速地招聘到合适的人员”的表述更加明确。相对工作业绩，工作行为很难用具体数字或金额来精确表述，因此在实际评价中，企业可用出勤率、事故率、客户满意度、员工投诉率、合理化建议采纳次数等数据来描述员工的工作行为，并据此进行评价。

2. 绩效目标应当具有变动性

绩效目标应当具有变动性是指组成绩效目标的绩效指标和绩效标准应是可变的。

(1) 绩效指标应是可变的。

绩效指标可变包括两个方面:一是指在不同的绩效周期,绩效指标应当随着工作任务的变化而有所变化。例如,企业在下个月没有招聘的计划,但是有对新员工培训的计划,那么人力资源部经理下个月的业绩指标中就不应当设置有关招聘的指标,而应当增加有关培训的指标。二是指在不同的绩效周期,各个指标的权重也应当根据工作重点的不同而有所区别,职位的工作重点一般是由企业的工作重点来决定。例如,企业在下个月准备重点提高服务的质量,那么在整个绩效指标中,客户满意度指标、顾客投诉率指标所占的比重就可相应提高,以引起员工对服务质量的重视。

(2) 绩效标准应是可变的。

绩效标准可变包括两个方面:一是指对同一个员工来说,在不同的绩效周期,随着外部环境的变化,绩效标准有可能也要变化。例如,旅游销售有淡季和旺季之分,淡季的绩效标准就应当低于旺季。二是指对于不同的员工来说,即使在同样的绩效周期,由于工作环境不同,绩效标准也有可能不同。以旅游地产销售为例,有两个销售员,一个在三亚工作,一个在贵阳工作,由于气候和地理位置等原因,人们对三亚旅游度假休闲的需求比较大,因此这两个销售员的绩效标准就应当不同,在三亚工作的销售员的绩效标准高于在贵阳工作的销售员。

3. 绩效目标应当具有差异性

这主要是指绩效指标应有差异性,具体包括两个层次的含义:一是指对于同一个员工来说,各个指标在总体绩效中的权重应当有差异,因为不同的指标对员工绩效的贡献不同。例如,对于总经理办公室主任来说,公关能力相对就比计划能力重要。这种差异形式是通过各个指标的权重来体现的。二是指对于不同的员工来说,绩效指标有差异,因为每个员工从事的工作内容是不同的。例如,人力资源总监的绩效指标就应当和运营部门总监的完全不一样。此外,即便有些指标是一样的,权重也应当不一样,因为每个职位的工作重点不同。

4. 绩效标准应该适度

绩效标准适度是指制定的标准要具有一定的难度,但是员工经过努力是可以实现的。根据目标理论原理,当员工可以实现的目标太容易或太难,对员工的激励效果都会大大降低,因此,绩效标准应在可行的范围内制定。

二、确定绩效考核的周期

绩效考核周期指多长时间对员工进行一次绩效考核。由于绩效考核需要耗费一定的人力、物力,因此考核周期过短,会增加企业管理成本的开支;但绩效考核周期过长,又会降低绩效考核的准确性,不利于员工工作绩效的改进,从而影响绩效管理的效果。因此,在准备阶段就应该确定恰当的绩效考核周期。绩效考核周期的确定,要考虑以下几个因素。

(一) 职位的性质

不同职位的工作内容是不同的,因此绩效考核的周期也应当不同。首先,有的职位的工作绩效比较容易考核,考核周期相对短一些。例如,运营部门一线员工的考核周期比管理人员的相对短一些。其次,有的职位的工作绩效对企业整体绩效的影响比较大,考核周期相对短一些。例如,销售职位的绩效考核周期比后勤职位的相对短一些。考核的指标集中在销售额、销售成本、回款等,这些指标的收集一般以自然月为周期进行,所以对销售人员的考核以月度加年度为主,而对于超额奖励的部分可以即时兑现,及时的奖励有利于提升员工的积极性。

（二）指标的性质

不同的绩效指标，其性质是不同的，考核的周期也应当不同。一般来说，性质稳定的指标，考核周期相对长一些；反之，考核周期就相对短一些。例如，员工的工作能力比工作态度相对稳定一些，因此能力指标的考核周期比态度指标的考核周期就相对长一些。

（三）标准的性质

在确定考核周期时，绩效标准的性质也应当考虑。考核周期的时间应当保证员工经过努力能够达到这些标准，这一点是和绩效标准的适度性联系在一起的。例如，"销售额为50万元"这一标准，按照经验需要2个月左右的时间才能完成，如果考核周期定为1个月，员工根本无法完成；如果定为4个月，又非常容易实现，在这两种情况下，对员工的绩效进行考核都是没有意义的。

在确定绩效目标阶段，应当采取互动的方式，让员工参与绩效目标的制定。按照目标激励理论的解释，只有当员工承认并接受某目标时，这一目标实现的可能性才比较大。通过互动的讨论，员工对绩效目标的接受程度会比较高，从而有助于绩效目标的实现。

第三节 绩效沟通

绩效计划制订完成后，就开始实施绩效计划，对员工进行沟通式管理和指导。需要指出的是，绩效沟通实际贯穿在绩效管理的全部过程中。

一、建立绩效契约时的沟通

在绩效计划制订阶段，管理者与员工是一个双向沟通的过程。管理者与员工需要就绩效目标的问题达成共识。在达成共识的基础上，员工对自己的工作目标做好承诺，并和管理者签订绩效契约。管理者和员工共同参与是进行绩效管理的基础。具体而言，就是要做好以下三个环节的工作。

（一）管理者确认绩效契约的内容

在员工的绩效契约中，应该包括以下几方面的内容：①员工在本次绩效周期内所要达到的工作目标是什么？②达成目标的结果如何体现？③衡量这些结果的要素或指标有哪些？评判的标准是什么？④从何人何部门获得关于员工工作结果的信息？⑤员工的各项工作目标的权重各是多少？上述内容是绩效契约书（契约计划表）拟定的基础，可以清晰呈现出来，让管理者和员工一目了然。

（二）双方围绕契约书进行充分沟通

建立绩效契约的过程是一个双向沟通的过程。在这个双向沟通的过程中，管理者主要向员工解释和说明以下内容：①组织整体的目标是什么？②我们所处的部门或团队的目标又是什么？③为了达到这样的目标，对员工的期望是什么？④对员工的工作应该制定什么样的标准？完成工作的期限应该如何制定？反过来，员工应该向管理者表达的是：①自己对工作目标和如何完成工作的认识；②自己对工作的疑惑和不理解之处；③自己对工作的计划和打算；④在完成工作的过程中可能会遇到的问题和需要提供的支持。

（三）员工做出承诺

建立绩效契约也是员工做出承诺的过程，即管理者和员工在充分沟通的基础上达成共识，员工做出承诺，双方签订契约计划。社会心理学家研究发现：当人们亲身参与某项决策的制定过程时，他们一般会倾向坚持立场，并且在外部力量的作用下也不会轻易改变立场。人们坚持某种态度的程度和改变态度的可能性主要取决于两种因素：一是他们是否参与态度形成的过程；二是他们是否为此做出正式承诺。

在上述过程中，员工和管理者对绩效目标问题达成共识是非常重要的。因为绩效计划的主要目的就是让企业中不同层次的人员对企业目标达成一致的见解。简单地说，绩效计划可以帮助企业、团队和个人本着共同的目标而努力。所以，管理者和员工是否能对绩效计划达成共识是问题的关键。如果所有的管理者与员工都能达成共识，组织整体的目标与全体员工的努力方向就会取得一致，只有这样才能在强大的合力作用下实现组织的目标。

二、绩效计划实施中的持续沟通

绩效计划、绩效评估和绩效反馈都可以在短短的几天内完成，而耗时最长的是绩效计划的实施与管理，它贯穿于绩效从计划到实现的整个流程。

（一）绩效管理的认知

绩效实施与管理的过程往往容易被人们忽视。不少管理者认为，绩效管理重要的是计划和评估，中间的过程是员工自己工作的过程，不需要进行过多的干预。也有一些管理者认为，绩效的管理就是要监督、检查员工的工作，要时刻关注员工的工作过程。实际上，这应该是管理者以辅导者角色，以持续沟通的方式对员工进行绩效监控，并帮助其实现绩效目标的过程。在此过程中，管理者与员工通过持续沟通，可及时对绩效计划进行调整；通过持续沟通，向员工提供进一步的信息，为员工绩效计划的完成奠定基础；通过持续沟通，让管理者了解相关信息，以便日后对员工的绩效进行客观的评估，同时也在绩效计划执行发生偏差的时候及时了解相关信息，并采取相应的调整措施。

（二）持续沟通的内容

在沟通时，管理者应该重点关注的内容有：工作的进展情况如何，是否在朝着正确的目标方向开展工作？哪些环节的工作进行得好，哪些工作遇到了困难与障碍？需要对工作做哪些调整？员工还需要哪些资源与支持？等等。员工应该重点关注的内容有：工作进展是否达到了管理者的要求？方向是否与管理者的期望一致？是否需要对自己的绩效计划进行调整？管理者需要从我这里获得哪些信息？我还需要哪些资源与支持？

（三）持续沟通的方式

一般来说，管理者与员工的持续沟通可以通过正式的沟通与非正式的沟通来完成。

1. 正式的沟通方式

（1）书面报告：如工作日志、周报、月报、季报、年报等。

（2）会议：如企业中的各种例会。

（3）正式面谈：如管理者与员工就工作问题展开的面谈。

2. 非正式的沟通方式

（1）走动式管理：管理者在工作期间不定时到现场走动，与员工交流，了解其工作状况。

(2) 开放式办公室：管理者的办公室随时向员工开放，员工可随时进入，与其就工作进行交流。

(3) 非正式的会议：利用生日会、联欢会等非正式活动与员工进行交流。

与正式的沟通相比，非正式的沟通更容易让员工开放地表达自己的想法，沟通的氛围也更加轻松。作为管理者，其应该充分利用各种非正式的沟通机会。

三、绩效沟通信息的记录

在绩效监控阶段，管理者很有必要对员工的绩效表现做一些观察和记录，收集必要的信息。

（一）绩效沟通信息记录的作用

(1) 为绩效考核提供客观的事实依据。有了这些信息以后，在下一阶段对员工绩效进行考核的时候，就有了事实依据，有助于我们对员工的绩效进行更客观的评价。

(2) 为绩效改善提供具体事例。绩效考核的目的之一是不断提升员工的能力水平。通过绩效考核，管理者可以了解到员工还需要在哪些方面做进一步提升。而这些收集到的信息则可以作为具体事例，用来向员工说明他们为什么还需要提升。

（二）绩效信息沟通的方法

在绩效监控阶段，管理人员需要收集的信息包括工作目标完成情况的信息，客户反馈的积极、消极信息，证明员工绩效的关键事件信息。要较全面、有效地收集绩效信息，可采用以下方法。

(1) 观察法，即管理人员直接观察员工在工作中的表现，并如实记录。

(2) 工作记录法，即员工日常的工作记录。

(3) 人员反馈法，比如通过客户满意度调查获取信息。不管用哪种方法收集信息，管理人员都应如实地记录具体事实。

案例分析 国际酒店的晨会怎么开？

例会在酒店内部管理过程中必不可少，意义重大。例会开得好，就能起到沟通信息、协调工作、解决问题的作用，达到统一认识、提高个人和组织绩效的目的，并有助于形成开放、民主、透明的企业氛围。酒店例会一般有每日晨会、周例会、月例会、季度例会等。

众多知名国际酒店中，总部位于加拿大的四季酒店，一直被高端市场视为顶级品牌。四季酒店非常注重满足需要特殊照顾的顾客的需求，酒店不会遗漏任何一个细节。不管顾客是要求换床垫、增加枕头、换成抗敏性枕头、需要额外的挂衣柜或者对酒店通常供应的洗发水过敏……这些都没关系，酒店总会满足他们的要求或解决他们的问题。酒店在每天45分钟的早会中不断践行着建立在极致的人性化服务和质量、文化和品牌等基本的企业特征的基础上的经营理念。

四季酒店的晨会不允许谈论自己，开会只有一个目的——为了顾客。这样的会议每天都以相同的模式在遍布全球的旗下酒店进行着。

(1) 汇报顾客入住情况。在早晨例会中,客户关系经理第一个发言,主要简明扼要地汇报当日顾客入住情况以及需要特殊照顾的顾客。

(2) 每个部门汇总近些天的服务过失及服务补救措施,并做出一份报告上报酒店。事故报告确保酒店每个部门时刻知晓酒店内部发生的事情以及顾客所受到的影响,确保顾客在接下来的入住中不会出现任何差错。这也是召集部门经理晨会的另外一个重要价值所在。比如,由于酒店服务失误而使顾客不高兴,与会的每个人都会认真听取负责该事务的部门领导有关失误原因及服务补救措施的报告。

(3) 汇报各类经营指标数据。事务部门和财务部门会花几分钟时间来核查前一天顾客人数、财物、客房使用量和房间平均入住率等指标数据。

(4) 分享信息,讨论下一步工作安排。各部门管理者会互相询问和分享信息,介绍及讨论需要引起各部门关注的新情况。比如,当酒店要接待大批的组团顾客时,各部门会在这个议题上多花些时间,分享顾客团队的各种信息和注意事项,共同协商对策。

(5) 总经理或驻店经理总结。每日的晨会由总经理或驻店经理(直接对总经理负责)主持召开,他们有时会给出更具体的工作指导,可能会说:"我们必须确保顾客用餐期间一切顺利,不再出任何问题。当顾客用餐时我们不必提及昨天所发生的不愉快的事,因为顾客可能想忘记这段不愉快的经历。"会议最后,由总经理或驻店经理进行总结,告诉各部门应该完成什么,应该关注什么,然后每个人就此开始新一天的工作。

(资料来源:沃德阿拉丁. 国际酒店早晨例会要怎么开? [EB/OL]. 2016-05-26. http://www.sohu.com/a/77353981_223299.)

问题:

1. 从绩效沟通角度看,四季酒店的晨会属于哪种类型的沟通?

2. 四季酒店晨会对员工、部门绩效管理有什么影响?

第四节 绩效考核

绩效考核是指在一个绩效周期结束时,企业运用系统合理的考核标准与方法对每个员工的工作态度、工作行为与工作结果进行客观、公正评价的过程,企业要建立有效的绩效考核体系,就必须明确考核的目的与要求,合理确定考核主体与考核周期,选择科学的考核标准与方法。

一、绩效考核的作用

员工在工作岗位上表现的好坏、绩效的高低,直接影响企业的整体形象和效益。因此,提高员工的工作绩效是企业管理的目标之一,实行定期的员工绩效考核对实现这一目标具有重要作用。

（一）激励员工的有效手段

大多数员工都希望知道自己的工作情况如何，自己的努力是否得到领导的认可。定期考核不仅可以使企业掌握每位员工的具体工作情况，而且能及时向员工反馈考核的结果，让员工了解工作评价，知道自己在工作中存在的不足，便于改进和努力，以符合企业的要求。绩效考核本身就是对工作业绩的评定和认可，因此能够使员工体验成就感和自豪感，从而增强员工工作的自觉性、主动性，并且奖勤罚懒的氛围有助于企业培育良性的企业文化。

（二）确定员工劳动报酬的依据

绩效考核结果是薪酬管理的重要依据。按劳付酬、论功行赏能使员工产生公平感，有助于增强员工工作的责任感和信心，避免因薪酬不合理而导致员工丧失工作热情，使有限的人力资源能够充分发挥其应有的作用，避免人才流失。

（三）进行人事决策的依据

绩效考核结果也是员工工作调遣、职位升降等人事决策的重要依据。可以通过考核评估员工对职位的胜任程度及潜力，并据此对员工的工作岗位实施调动或职务升降，既能以理服人，又能做到人尽其才、才尽其用，减少人力资源的浪费。

旅游企业很多工作岗位的实践性很强，对员工综合能力有较高要求。一般而言，在员工进入企业时，都是根据其学历、资历等确定其工作岗位；而在实际工作中，这种做法常常造成“才非所用”的尴尬情况。人的才能往往是在工作中显露出来的，员工的绩效考核不仅包括工作表现和成绩，而且还直接或间接涉及对员工能力的考核。员工的能力通常指完成本职工作的能力、处事能力、领导能力、组织能力等。在考核过程中，全面了解员工的长处、短处，综合评估员工的显性和潜在能力，可为调动和合理使用人才提供可靠依据。一般认为，只有通过员工绩效考核才能完成人在实践中的能力证明。因此，员工绩效考核是企业发掘内部人才的重要途径。在岗位设置相对稳定的情况下，确定人才的升迁、录用、辞退和调换，都应以一定的绩效考核标准为基础来合理配置人才，这是企业人力资源管理的重要方式。

（四）制订员工培训计划的依据

绩效考核有助于员工培训工作的开展。这是因为考核能够及时发现员工的长处和不足，以及他们的实际工作情况与工作要求之间的差距。依此制订培训计划和措施，能有针对性地对员工进行岗位培训，并且可以检验培训计划与措施的效果。培训的目的是让员工接受新事物，学习新知识、新技术，适应新的市场竞争环境和新的内部条件。不断修订培训计划，能够使岗位培训真正发挥其应有的作用。

（五）为员工的去留提供法律依据

绩效考核结果可以说明员工的工作胜任情况，为个人的留用或辞退提供法律依据。对经多次调整，考核结果仍不合格的人，企业不再继续留用而辞退，这完全符合相关政策法规，减少了劳动合同纠纷。

二、绩效考核的主体

绩效考核的主体是指对员工的绩效进行考核的人员。由于企业的岗位复杂性，仅凭借一个人的观察和评价很难对员工做出全面的绩效考核。为了确保考核的全面性、有效性，在实施绩效考核的过程中，应该从不同岗位、不同层次的人员中，选出相关成员组成考核主体并参与到具体的考核中来。全方位的考核人员一般包括五类成员：上级、同事、下级、员工本人和客户。

（一）上级

上级是最主要的考核主体。上级考核的优点是上级既熟悉员工的岗位职责和要求，又对员工有直接的管理责任，因此最了解员工的工作情况。上级考核的缺点是领导可能没有足够的时间来全面观察员工的工作情况，且容易受到领导个人的作风、态度以及对下属员工的偏好等因素的影响，可能产生个人偏见。

（二）同事

由于同事和被考核者在一起工作，能观察到上级无法观察到的某些方面，因此他们对员工的了解比较全面、细致和真实。同事一般不止一人，在对员工进行全方位的考核时，可以避免个人的偏见。同事评价会更多地从工作配合协调的角度来看待被考核者，这一点是上级难以准确评价的，因此对于很多团队性工作岗位来说是很重要的。同事考核的缺点是考核者与被考核者的私交情况会对考核结果有影响，当同事评价结果与员工切身利益密切相关时，同事之间的利益冲突会对评价结果产生影响。因此，同事作为绩效考核主体，必须满足一定的条件：同事之间必须关系融洽，团结一致，相互之间有一定的交往与协作，而不是各自为战。

（三）下级

下级作为考核主体，优点是可以促使上级关心下级的工作，建立融洽的员工关系，并在一定程度上防止上级滥用权力、独断专行、欺上瞒下甚至腐败；下级是被管理的对象，因此最了解上级的领导管理能力，能够发现上级在管理方面存在的问题。下级考核的缺点是由于顾及上级的反应，往往不敢真实地反映情况，会给予过高的评价，也有可能会削弱上级的管理权威，造成上级对下级的迁就。

（四）员工本人

用员工本人作为考核主体进行自我考核，优点是能够增加员工的参与感，加强员工的自我开发意识和自我约束意识，有助于员工对考核结果的接受。缺点是员工对自己的评价往往偏高，当自我考核和其他主体考核的结果差异较大时，容易引起矛盾。

（五）客户

客户考核指由员工服务的对象来对他们的绩效进行考核，不仅包括外部客户，还包括内部客户。对于客户与员工接触较多的旅游企业而言，客户无疑对服务结果最有发言权。客户考核有助于员工更加关注自己的工作结果，提高工作的质量。它的缺点是客户考核更侧重于员工的工作结果，不利于对员工进行全面的评价；有些职位的客户比较难以确定，不适合使用这种方法。

由于不同的考核主体收集考核信息的来源不同，对员工绩效的看法也会不同，为了保证绩效考核的客观公正，应当根据考核指标的性质来选择考核主体，选择的考核主体应当是对考核目标最为了解的。例如，“协作性”由同事进行考核，“培养下属的能力”由下级进行考核，“服务及时性”由客户进行考核等。由于每个职位的绩效目标都是由一系列的指标组成，不同的指标又由不同的主体来进行考核，因此每个职位的考核主体也有多个。此外，当不同的考核主体对某一个指标都比较了解时，这些主体都应当对这一指标做出考核，以尽可能地消除考核的片面性。

三、绩效考核方法

绩效考核的方法有很多，各种方法都有优缺点，企业在进行考核时应当根据具体情况选择合适的考核方法。

（一）排序法

排序法是用来考核员工某些单因素绩效特征或综合绩效特征的一种简便而又流行的考核方法，包括简单排序法和交错排序法两类。

1. 简单排序法

简单排序法是诸多方法中最简单的一种方法，即按照全体被考核员工的整体工作表现由好到坏依次排列。也可能按照成员特定的某些表现进行分等排列，如按照出勤率、出席会议记录、准备报告的质量等。这种方法比较适合规模较小的企业。当企业的成员增加以后，就难以区分每个人的工作表现了，特别是一般员工之间就更加难以区分了。

2. 交错排序法

交错排序法是指上级主管人员按照整体的工作表现从员工中先挑绩效最好的，再挑出最差的；然后挑出次最优的，再挑出次最差的，如此循环，直至排完。这种方法往往是十分高效的，不论由单个人的上级主管去排列，还是由下属员工自己排列，该方法尤其适合作为一个团体履行同一职责的员工。

排序法在实际中容易操作，一般由员工的直属上级实行，结果一目了然。但因为这种方法是在员工间进行比较，这实质上会迫使员工相互竞争，容易对员工造成心理压力。

（二）平行比较法

平行比较法是员工和员工的平行比较，见表 6-2。根据每一个特定指标空格内所得“＋”的个数之和排序。比如，某部门里一共有五个员工，可选定一项衡量指标，在这项指标上谁好，谁稍差，甲跟乙相比打一个分数。甲比乙强，甲就是“＋”，乙就是“－”。

表 6-2　平行比较考核表

比较对象考查对象	甲	乙	丙	丁	戊
甲		＋	＋	－	－
乙	－		－	－	－
丙	－	＋		＋	＋
丁	＋	＋	－		＋
戊	＋	＋	－	－	

注：“＋”代表“好于”；“－”代表“差于”。

排完以后，甲再跟丙比，在这项指标上谁好，谁稍差，比完了以后，甲再跟丁比。然后，甲再跟戊比，甲与四个人比完后，看这里面，甲比谁更好一些，比谁更差一些，甲一共有多少个“＋”。然后，再跟乙、丙、丁、戊比。当然参考的都是同一种衡量标准，如销售业绩，开发新客户的人数。其实，这种方法也是人跟人比。好处就是谁好谁坏简明扼要、一目了然，对涨工资、发奖金、升职具有决定性的作用。缺点是只比较其中的一项因素，而且很大程度上取决于部门经理对员工的看法。绩效考核中人跟人比是非常简单的，但它最大的劣势是，人的主观性比较强，对管理者的要求很高，要求管理者有能力做公正、客观的评价。

（三）人物比较法

人物比较法是指考核者将所有员工与标杆人物进行比较，从而得出员工考核结果的方法。在绩效考核之前，企业要先挑选出标杆人物，而考核者则按照标杆人物的各方面表现，将其他员工与之比较。这种方法设计成本低、使用方便，对于提高员工积极性也有很好的作用。榜样的力量是无穷的，但标杆人物的挑选是其中的难点。

（四）强制分配法

强制分配法是指考核者根据正态分布的原理，事先按绩效表现将员工划分为几个等级，如优秀、良好、中等、合格、不合格等，再根据事先确定的比例将每位员工归类到各等级中。考核者按每个人的绩效表现，强制将其归入某一绩效等级。考核者必须遴选出属于最低等级的员工，促使员工有危机意识。不是所有岗位的绩效考核都适合采用强制分配法，只有如销售等结果比较明确的岗位才适用。这种方法下员工承受的压力比较大，企业需要对排在末尾的员工采取合理的安置措施，慎重考虑是轮岗、培训，还是直接淘汰。强制分配法的最大问题在于根据绩效表现，员工可能不适于所分配的预先设定的等级。例如，绝大多数员工的绩效都非常好，一定要把相当一部分员工归入“合格”或“不合格”的等级就不太合理，且这样做容易引起员工的不满。

（五）量表评等法

量表评等法是指先确定绩效考核的指标，并确定每个考核指标的权重，根据被考核者的表现，将一定的分值分配到每一个考核指标上，最后加总得出被考核者的绩效评分。如考核酒店前厅服务员的工作绩效时，其考核指标一般包括服务态度、服务技巧、服务效率、团队协作、仪容仪表、推销技巧等，具体如表 6-3 所示。量表评等法成功的关键是考核指标的设计是否科学、合理且得到员工的认可。该方法的优点是实用、成本低、人力资源部门能很快开发，并运用到企业的大部分工作中；缺点是判定绩效的准确性不够，不能有效地指导行为，未说明员工需要做什么才能得到好的评价，不利于负面反馈。

表 6-3 量表评等法

<table>
<tr><th>考核指标</th><th>评分标准</th><th>权重</th><th>评分</th></tr>
<tr><td>A. 服务态度</td><td rowspan="6">5＝优秀（你所知道的最好的员工）
4＝良好（超出所有标准）
3＝中等（满足所有标准）
2＝需要改进（某些地方需要改进）
1＝不令人满意（不可接受）</td><td></td><td></td></tr>
<tr><td>B. 服务技巧</td><td></td><td></td></tr>
<tr><td>C. 服务效率</td><td></td><td></td></tr>
<tr><td>D. 团队协作</td><td></td><td></td></tr>
<tr><td>E. 仪容仪表</td><td></td><td></td></tr>
<tr><td>F. 推销技巧</td><td></td><td></td></tr>
</table>

（六）关键事件法

关键事件法是观察、书面记录员工有关工作成败的“关键性”事实。它是由美国学者 Flangan 和 Bara 创立的，包含了三个重点：第一，观察；第二，书面记录员工所做的事情；第三，有关工作成败的关键性的事实。关键性事实是指一个员工在考核期内，做了哪些出彩的事情，又做了哪些不好的事情，按时记录下来。等到最后考核打分时，把工作日志拿出来，就会很清晰、很明了这个员工所做的出彩的事情和不好的事情，有助于为最后打分做出判断。关键事件法是其他绩效考核方法的有效补充，特别是在绩效反馈环节。关键事件法的优点是其以事实为依据，而不是抽象的“行为特征”，因此可以使管理者与员工沟通时，更为冷静客观，若及时反馈，可提高员工绩效，成本很低，管理者只是用STAR法几分钟内就能记录下这件事件。缺点是不能单独作为考核的工具，必须跟前面介绍的几种方法搭配使用，效果才会更好。

知识活页　记录关键事件的STAR法

（七）行为定位等级评价法

行为定位等级评价法，是通过一张行为定位等级评价的表格将各种水平的绩效加以量化，用反映不同绩效水平的具体工作行为的例子来描述每一个特征。例如，考核销售代表处理客户关系的行为等级评定，如表6-4所示。

表6-4　销售代表处理客户关系等级评定

员 工 行 为	绩效等级(1～6分)
经常替客户打电话，给他做额外的查询	6分
经常耐心地帮助客户解决很复杂的问题	5分
当遇到情绪激动的客户会保持冷静	4分
如果没有查到客户相关的信息则会告诉客户，并说“对不起”	3分
忙于工作的时候，经常忽略等待中的客户，时间长达数分钟	2分
一遇到事，就说这件事跟自己没什么关系	1分

把销售代表处理客户关系的行为从最好到最不好按序排列，称之为行为定位等级。如果被考核的销售代表做的事情符合第一级，就打6分。如果他经常让客户等，并且说这事跟他没什么关系，那就打1分。将各项评出来的分数相加，就是这个销售代表处理客户关系的一个总的分数。这是一个简便易行的评估方法。当员工看到自己得分低时，就知道下一回该怎么做可得高分。可见，该评价法的优点是有效指导员工行为，有利于员工的反馈。该方法要求等级评定的标准很具体、很明确，各种工作要素比较独立，不互相依赖，具有较好的连贯性和可靠性。缺点是需要花费大量精力和时间，成本较高，被考核者的行为可能处于量表的两端。

知识活页　　行为定位等级评价法的步骤

（八）行为观察法

行为观察法是指在确定一系列与工作绩效有关的特定行为的基础上，考核者根据员工各项行为的出现频率来评估其工作绩效。行为观察法是在关键事件法与行为定位等级评价法的基础上发展而成的。它与上述方法的相同之处是，用一些与工作绩效紧密相关的特定行为作为考核指标。它与上述方法的不同之处在于，着重观察员工做某项特定行为的频度。行为观察法的优点是直观、可靠，员工更容易接受考核结果，且能够有效促使员工改善绩效。其缺点是考核表复杂，工作量大，可操作性差。中层管理人员的管理技能考核如表 6-5 所示。

表 6-5　中层管理人员的管理技能考核

行　　为	评分标准（行为频度）	权　　重	评　　分
为员工提供培训与辅导，以提高其绩效			
向员工清晰地说明工作要求			
适度地检查员工的表现			
认可员工重要表现			
告知员工重要信息			
征求员工意见，让自己工作得更好			

（九）目标管理法

目标管理（Management By Objective，MBO）是指在企业全体员工的积极参与下，自上而下地确定工作目标，并在工作中实行“自我控制”，自下而上地保证目标实现的一种管理办法。它是以目标为导向，以人为中心，以成果为标准，使企业和个人取得最佳绩效的现代管理方法。目标管理亦称“成果管理”，俗称责任制。目标管理分为五个步骤：目标确定、执行计划、检查（流程的重点）、自我调节、评价。

目标管理法强调员工实现自身与上司共同确定的目标，包含确定目标、商定措施、明确期限与绩效反馈等要素。目标管理法具有目标明确、民主性、培养性等特点，大大提高了员工完成任务的积极性，能够激励员工实现或超越预定的目标。目标管理法也存在一些问题：具体、挑战性的目标设定往往较为困难；重结果，轻行为，具体行动方案不够详尽，不适合新员工；容易造成员工的“短视”，对其他方面的关注减少。

案例分析　目标管理的缺点——短期行为

一个足球队的教练,从俱乐部老板那得到了这么一个指示:俱乐部的老板要求他,在今年的赛季结束之前,必须让他的球队进多少个球,并且球队要从甲B升为甲A。如果该教练以这个指示为目标,那么他会让什么人上场去踢球呢?为了达到这个目标,谁有把握能踢进去球就会派谁上场,从而就让那些老队员上场。他牺牲了年轻的队员,那些新人就坐冷板凳了,因为新队员不能保证会进球。结果,教练最后完成了任务,球队由甲B升为甲A,教练也升了级。但他牺牲了这个队伍的什么呢?长期的发展。其实这也是目标管理最大的缺点,即短期行为。企业的目标和考核周期定得越短,员工越容易冲着这个短期的目标努力,而放弃一些长远的东西。

(资料来源:根据相关资料整理。)

问题:

1. 你在工作中是否存在短期行为?原因是什么?

2. 如何避免短期行为?

第五节　绩效反馈

目前,大多数企业都有绩效考核,但是不少企业在考核之后没有对员工进行反馈,员工只能通过私下的薪酬比较来对自己的考核排名进行猜测,也不知道自己究竟哪里存在不足,更不知道应从哪些方面来改进。作为绩效管理的重要一环,绩效反馈即通过管理者与员工之间的沟通,根据员工在考核周期内的绩效情况进行反馈,在肯定成绩的同时,找出员工工作中存在的不足并加以改进。

一、绩效反馈概述

(一)绩效反馈的方式

绩效反馈可以通过以下几种方式开展。

1. 面谈式绩效反馈

要使面谈有效果,考核者和被考核员工都必须做好充分的准备。这些准备活动都要依据对被考核员工的研究结果而进行。管理者需根据员工的特点、性格特征等因素进行有效谈话。

2. 讨论式反馈

讨论式反馈即在特定群体中讨论绩效问题,可以纠正一些主观错误,以及由于评估者因素而产生的误差,也可以明确某些考核指标对员工的重要性,以便在日后的工作中加以改正。

3. 电子信函式反馈

电子信函式反馈就是考核者把员工的考核结果发送到员工个人的电子信箱里,让员工了解考核结果,并让员工对自己的评估结果做出一份总结报告,然后通过电子邮件的方式发送到人力资源部的网页或主管的邮箱中。双方可以进行沟通,做好反馈的工作。

4. 其他方式

除了正式反馈之外,还有很多非正式反馈的方式。对于一些特殊岗位的员工或特殊的员工来说,通过以上的几种正式反馈方法都很难达到既定的目的时,管理者可在一些非正式的场合采用非正式的方法进行反馈,如饭桌上、休闲场所的聊天。由于采用的是同志式的关心、领导式的关怀,员工更容易接受,双方也能心平气和地沟通。

上述几种方式中,最直接、有效的是上级与下级之间就下级的绩效评估结果进行面谈。

(二) 绩效面谈的意义

绩效面谈是绩效反馈中的一种正式沟通方法,通过绩效面谈,可以让被评估者了解自身绩效,强化优势,改进不足;同时也可将企业的期望、目标和价值观进行传递,形成价值创造的传导和放大。其作用是多方面的:企业可以提高绩效考核的透明度,突出以人为本的管理理念和传播企业文化;同时增强员工的自我管理意识,充分发挥员工的潜在能力等。成功的绩效面谈在人力资源管理中可以起到了双赢的效果。

绩效面谈的内容应围绕员工上一个绩效周期的工作开展,一般包括:工作业绩、行为表现、改进措施、新的目标。绩效面谈主要是上级考核下级在绩效和能力上的待发展项,而面谈结果又与随后的绩效奖金、等级评定等相联系,一旦要面对面地探讨如此敏感和令人尴尬的问题,将会使管理者和员工关系紧张甚至造成人际冲突,致使绩效面谈陷入困境,有时也可能以失败而告终。因此,面谈的艺术很重要。

二、绩效面谈的内容

管理者围绕绩效考核情况与员工进行面对面的沟通,使员工了解自己在本绩效周期内是否达到业绩目标,行为态度是否合格,找出工作中的不足,双方共同探讨绩效未合格的原因所在并制订绩效改进计划。归结起来,主要围绕以下内容进行面谈。

(一) 绩效交流

在面谈时,管理者要把绩效考核的结果及时准确地通报给员工,使员工明确其绩效表现在整个企业中的作用与地位,激发其改进现有绩效水平的意愿;还要就绩效考核的结果进行沟通,因为对于考核结果,管理者与员工可能会有不同的看法。因此,在进行绩效沟通时,管理者要肯定员工的长处,耐心倾听员工的声音,使双方就考核结果达成一致的意见,并制订下一步的绩效改进计划。

(二) 绩效分析

在绩效反馈过程中,管理者有责任帮助员工改进绩效水平。管理者应针对员工的工作行为与工作结果,帮助员工准确分析实际绩效与绩效目标之间的差距,并提出切实可行的改进措施。这一切有赖于管理者在平时的工作中积累起来的员工的关键行为记录,分类整理出好的或不好的行为。借此,管理者可以通过肯定与激励,使员工认识自己的成绩和优点,使员工了解获得良好绩效的缘由,强化员工正面的绩效行为;通过引导与鞭策,使员工认识自己的绩效差距与劣势,使员工了解造成绩效差距的原因,从而改进员工的负面绩效行为。

(三) 绩效改进

管理者和员工就绩效考核结果达成一致意见后,就可以一起制订绩效改进计划。在绩效反馈的过程中，管理者与员工能够充分沟通绩效改进的方法和具体计划。管理者应鼓励员工提出自己的绩效改进计划，并说明需要组织提供怎样的支持。在此基础上，管理者一方面应针对员工如何改进绩效提出相应的建议，另一方面应协助员工制订明确的绩效改进计划。在绩效改进计划制订之后，管理者需要向员工提供必要的辅导与支持。

（四）目标协商

在绩效分析的基础上，管理者与员工共同协商制定下一个绩效周期的绩效目标。制定下一步绩效目标时，可以参照上一个绩效周期中的绩效考核结果和有待改进的问题。这样能使员工绩效得到有效改进，还能使绩效考核工作具有连贯性。

三、绩效面谈的步骤

通过面谈的形式将绩效考核结果通报给员工，是绩效反馈的主要形式，也是最直接、最有效的形式。绩效面谈可以按照以下步骤开展。

（一）绩效面谈的准备

在绩效反馈之前，管理者需要进行细致的准备工作，以保证反馈过程的顺利进行。很多管理者对绩效反馈不够重视，认为自己对员工有足够的了解，没有必要进行充分准备。结果，在反馈过程中才发现自己不够了解各项情况，导致绩效反馈效果不好。因此，管理者只有做好准备工作，才能更好地驾驭整个绩效反馈的局面。

1. 收集资料

收集的资料具体包括目标责任书、职位说明、绩效考核表、员工日常工作记录等。目标责任书包含绩效目标与绩效标准等，还有根据目标实现的程度实施奖惩的办法等。在绩效反馈过程中，要以目标责任书为重要依据；职位说明反映员工的岗位职责及任职资格；员工的绩效考核表，明确反映员工的成效与不足；员工日常工作记录是管理者进行绩效反馈的重要信息，是分析绩效考核结果形成原因的可靠依据。管理者只有掌握充分的资料信息，才能更好地进行绩效反馈。

2. 拟定反馈提纲

管理者应制订一个计划，包含拟定反馈提纲、安排时间地点等，以便将反馈过程掌握在可控范围之内。在绩效反馈开始之前，管理者需要制定简要明确的反馈提纲。反馈提纲应该包括反馈程序和进度、反馈的具体内容、反馈的侧重点，以及每部分所需要的时间等。针对不同的员工，应该注意设计不同的问题。管理者还应该设计开场白，以及明确本次反馈所要达到的目的。

（二）安排时间和地点

管理者应与员工事先商讨双方都能接受的面谈时间和地点。在时间上，应该选择双方均相对空闲的时间段，面谈时长要适当，如半小时到一个小时。在地点上，应安排在安静且不受干扰、氛围轻松的场所，如整洁的办公室、小会客厅等。

（三）事先通知

这个环节的要点，一是管理者要提前做好计划，确定面谈的目的和目标，为面谈的基调、内容、方向等做好充分的准备；二是管理者要提前告知被考核员工面谈的时间、地点、目的以及需要员工准备的资料等。

（四）进入面谈

1. 选择面谈开场白

选择合适的开场白，让双方能快速、清楚地进入面谈主题。这样做一方面可以让面谈气氛轻松，另一方面也能让面谈目的清楚。一定要在面谈过程中注意方式、方法，管理者要保持一个相对正式和严肃的态度，不宜过度轻松，但也不需要太拘谨和死板。比如，“我们来随便聊聊”“来说说你最近的工作吧”，这类开场白就显得很不正式。

2. 正式面谈开始

依据之前的面谈规划逐步展开，根据情况可以采用引导、提问、聆听、探讨等多种方式，让沟通既轻松又高效。

（1）聆听员工的自我评估。

聆听的过程需要给被考核员工一些简单的反馈。根据面谈对象的不同，管理者应掌握相应的技巧，才能取得较好的面谈效果，真正发挥绩效反馈的作用。如成熟型员工通常具备内驱动力，绩效不会太差，会对物质奖励或晋升机会等有较高的期望，自我评估较高，容易有自大的情绪，看不到自己的不足，听不进别人的劝告，还可能会忽视自己的绩效改进计划。对待这类员工，应继续鼓励其上进，充分肯定其过去的贡献，并为他的绩效改进出谋划策。如果没有足够的理由，则不需要对其许愿诱惑。迷茫型员工通常是没有想法或随大流的人，习惯被动接受而非主动思考，自我评估时往往话不多，基本是管理者提出什么问题他就回答什么。对待这类员工，要给予他应有的尊重，耐心的启发，以提非训导性的问题或征询意见等方式，引导其做出积极的反应。必要时可以直接告诉他怎么做，并给予他必要的指导。

（2）告知员工绩效评估结果。

这个环节的要点是简明、客观、真实、准确地表达出管理者的观点，在说明结果的过程中不需要做太多的解释。要围绕当初设定的目标展开，若中途有调整的变化需要说明。在告知结果之后，请被考核员工说明目标没有完成的原因、打算如何改进、具体的实施计划以及需要管理者给予哪些支持或帮助等。

（3）与员工协商有异议的部分。

有异议是正常现象，异议不代表矛盾，不要因为有异议或异议太多而心情烦躁，也不要刻意逃避，要正面处理。处理的原则包括：求同存异，从彼此皆认可的相同处着手；不要争论，多用事实和数据说明彼此的理由；就事论事，对事冷酷，对人温暖；注意措辞，不要用一些极端的字眼。

（4）制订下一步的绩效计划。

要明确下一步绩效计划，双方共同确定任务的完成时间、具体改进的事项、计划的执行方式、监督检查的事项等。

3. 面谈结束前的总结

绩效面谈结束前，一定要有总结，并得到员工的认同。如可以这样说，“通过刚才一小时左右的沟通，我们就你的绩效达成了如下共识（逐条列出），你看是不是这样？”

4. 面谈结束时的鼓励

面谈结束时应采用鼓励性的语言，比如，很真诚地告诉员工：“我其实非常看重你和你的工作，也充分信任你，相信你今后会成为部门的顶梁柱……”并记得对员工配合本次绩效面谈表达感谢之意。

四、绩效面谈应注意的问题

绩效面谈的核心是设定统一的目标，达成绩效共识，商定解决方案并鼓励员工后续良好执行。为了达成以上目标，绩效面谈时应注意以下几方面。

(一) 绩效面谈应当及时

在绩效考核结束后，管理者应当立即就绩效考核的结果向员工进行反馈。绩效反馈的目的是要指出员工在工作中存在的问题，从而有利于他们在以后的工作中加以改进，如果反馈滞后，那么员工在下一个考核周期内还会出现同样的问题，这就达不到绩效管理的目的。

(二) 绩效反馈对事不对人

在反馈过程中，针对的只能是员工的工作绩效，而不能是员工本人。如果针对员工本人，就容易伤害员工，造成抵触情绪，影响反馈的效果。例如，不能出现“你怎么这么笨”“别人都能完成，你怎么不行”之类的话。

(三) 注意绩效反馈时说话的技巧

在沟通中，为了让员工更好地接受管理者提出的建议，需要控制沟通节奏，一般采用“先表扬，再批评，最后鼓励”的模式，即“汉堡原则”。在沟通的过程中，管理者多听少说，让员工充分地表达，把自己的真实想法表述出来，多提出开放性的问题，引导员工参与面谈。同时管理者要认真倾听，运用好自己的身体语言，做出最贴切的反应，如目光交流、“哦”“嗯”等应答声、关注的面部神情。

(四) 绩效面谈内容要具体

绩效反馈不能只告诉员工绩效考核的结果，还要指出员工的具体问题。例如，反馈时不能只告诉员工“你的工作态度不好”，而应该告诉员工到底怎么不好，比如，“你的工作态度很不好，在这个月内你迟到了 10 次，因服务时对客人的询问没有耐心而遭到了 3 次投诉”。

除了要指出员工的问题外，关于绩效反馈包含的内容，管理者还应当和员工一起找出造成这些问题的原因，并制订出有针对性的改进计划，帮助员工明确目标，提出员工实现这些目标的措施和建议。

本章小结

绩效管理是人力资源管理的一项重要职能，在人力资源管理活动中处于中心环节。

(1) 绩效的含义与特点。绩效是指员工在工作过程中所表现出来的与企业、组织目标相关的，并且能够被评价的工作业绩、工作能力和工作态度，其中工作业绩指工作的结果，工作能力和工作态度则是指工作的行为。绩效具多因性、多维性和变动性。正确理解绩效的含义及特点，对于有效进行员工绩效管理具有重大意义。

(2) 绩效管理的内容。绩效管理是制定员工的绩效目标并收集与绩效有关的信息，定期对员工的绩效目标完成情况做出评价和反馈，以确保员工的工作活动和工作产出与组织保持一致，进而促成组织目标完成的管理手段与过程。绩效管理的过程由绩效计划、绩效沟通、绩效考核和绩效反馈四个环节组成。

（3）绩效计划的制订。制订绩效计划即确定员工的绩效目标和绩效考核周期。绩效计划的制订是绩效管理过程的开始。为员工设定绩效目标应当具体，具有变动性、差异性，难度适中。设定绩效考核周期时要考虑职位的性质、绩效指标的性质及标准的性质。绩效目标的确定应以管理者和员工不断沟通和建立绩效契约的方式完成。

（4）绩效沟通。绩效计划的实施也是绩效监控的过程，在此过程中，管理者与员工之间持续互动，通过正式或非正式的沟通，对绩效计划进行调整，了解员工工作进展情况，针对员工出现的问题和困难等做出相应的指导和支持，以确保绩效计划的完成。绩效沟通信息的记录，能够为后期对员工绩效进行客观的评估奠定基础。

（5）绩效考核。绩效考核的方法归纳起来有多种，每种方法都有自己的优缺点，企业应根据具体的情况选择合适的考核方法。

（6）绩效反馈。绩效反馈是绩效管理的最后一个环节，主要是以绩效面谈的方式完成。管理者需要通过有序的步骤，运用沟通技巧与员工进行绩效交流、绩效分析、绩效改进和目标协商，以达到不断开发员工潜力，提升绩效，传递组织期望，实现员工和企业共同价值最大化的目的。

思考与练习

1. 什么是绩效？绩效有哪些特点？如何理解绩效管理的内涵？

2. 如何制定绩效考核目标和绩效周期？

3. 绩效考核主体有哪些？

4. 对一家旅游企业的员工绩效考核方法进行调研，了解有哪些考核方法，这些方法的特点是什么？是否有需要改进的地方？

5. 如何进行绩效反馈？

6. 有人说“理解绩效管理的主要方式是绩效沟通”，你赞同这种观点吗？为什么？

案例分析

刘经理和小张的绩效反馈

刘经理：“小张，有时间吗？”

小张：“有什么事情，经理？”

刘经理：“想和你谈谈，关于你年终绩效的事情。”

小张：“现在吗？要多长时间？”

刘经理：“恩。就一小会儿，我9点还有个重要的会议。哎，你也知道，年终大家都很忙我也不想浪费你的时间，可是人力资源部总给我们添麻烦。”

小张："……"

刘经理："那我们就开始吧。"

（于是小张就在刘经理放满文件的办公桌的对面不知所措地坐了下来。）

刘经理："小张，今年你的业绩总的来说还过得去，但和其他同事比起来还差了许多，但你是我们部门的老员工了，我还是很了解你的，所以我给你的综合评价是3分，怎么样？"

小张："经理，今年发生的很多事情你都知道的，我认为我自己还是做得不错的呀，年初安排到我手里的任务我都完成了呀，另外我还帮助其他的同事做了很多工作……"

刘经理："年初是年初，你也知道公司现在的发展速度，在半年前部门就接到新的市场任务，我也对大家宣布了，结果到了年底，我们的新任务还差一大截没完成，我的压力也很重啊！"

小张："可是您也并没有因此调整我们的目标啊？"

秘书直接走进来说："刘经理，大家都在会议室里等您呢！"

刘经理："好了好了，小张，写目标计划什么的都是人力资源部要求的，他们哪里懂公司的业务！现在我们都是计划赶不上变化，他们只是要求你的表格填得完整好看，而且，他们还对每个部门分派了指标。大家都不容易，你的工资也不错，你看小王，他的基本工资比你低，工作却比你做得好，所以我想你心里应该平衡了吧。明年你要是做得好，我相信你会得到满意的回报。好了，我现在很忙，下次我们再聊。"

小张："可是经理，去年年底评估的时候……"

刘经理没有理会小张，匆匆和秘书离开了自己的办公室。

（资料来源："华恒智信"微信公众号。）

问题：

这场绩效面谈是否成功？请分析其中存在的问题。

第七章

薪酬福利管理

学习导引

薪酬福利管理是人力资源的重要职能。构建科学合理、具有激励性的薪酬福利制度是人力资源管理的主要任务。通过本章的学习，引导学生理解薪酬与福利的概念、分类形式，了解薪酬福利管理的功能与作用，掌握旅游企业薪酬设计的步骤，了解薪酬福利管理的发展趋势。

学习重点

通过本章学习，重点掌握以下知识要点：

1. 薪酬福利的概念与构成；
2. 薪酬福利的功能；
3. 薪酬福利管理的发展趋势；
4. 薪酬设计的步骤。

案例导入　最经济的薪酬管理模式——“345 薪酬体系”

基于多年的管理实战经验总结，李祖滨、汤鹏、李志华（德瑞咨询管理者）提出了最经济的薪酬管理模式——“345 薪酬体系”。“345 薪酬体系”指的是，给 3 个人发 4 个人的薪酬，从而激发这 3 个人创造出 5 个人的价值。对于企业来说，找到合适的人，加大对其激励，并通过内部管理效率的打造，激发其创造更高的价值，这将是企业保持竞争优势的利器。“345 薪酬体系”是解决企业如何将有限的资源合理高效地分配给员工，激励其创造高绩效，从而提升激励效率的问题，其核心目标就是提高绩效，做强企业。实施“345 薪酬体系”让企业获得高绩效的同时，员工也能够得到更大的激励；员工获得高激励，就会更有动力为企业创造高绩效。因此，企业与员工在“345 薪酬体系”下是一种共创、共享的双赢状态，共同进步，一起成长，相互成就彼此。在

"人的时代"——个人价值崛起的时代,随着雇佣关系的改变,员工和企业之间的关系需要更强的共生价值加以维系,此时"345 薪酬体系"将更具价值。

(资料来源:李祖滨,汤鹏,李志华. 345 薪酬:提升人效跑赢大势[M]. 北京:电子工业出版,2019.)

思考:

谈谈你对"345 薪酬体系"的看法。

第一节 薪酬管理概述

一、薪酬福利的概念

(一) 概念

1. 薪酬福利

薪酬福利是指员工在为企业提供智力劳动或体力劳动的过程中所获得的各种酬劳以及奖励,其中薪酬主要包括工资、奖金、津贴等,福利主要包括法定福利与企业福利。薪酬是劳动者从事劳动或工作的物质利益前提,它与劳动者的切身利益密切相关,是影响和决定劳动者的劳动态度和工作行为的重要因素之一。

2. 薪酬管理

薪酬管理是在企业发展战略指导下,对员工薪酬的支付原则、薪酬策略、薪酬水平、薪酬结构进行确定、分配和调整的动态管理过程。薪酬管理是企业人力资源管理体系的重要构成部分,对提高企业凝聚力、向心力以及吸引人才具有重要作用,有利于企业培养出一支对企业文化高度认同、敬业以及忠诚的高素质人才队伍,促进企业资源的优化配置。

薪酬在旅游企业成本费用中所占比重较大,只有建立行之有效的薪酬管理制度,科学合理地确定旅游企业员工的薪酬福利,才能保证旅游企业获得良好的经济效益,保障员工的物质利益,吸引和留住优质的人力资源,促进企业目标的顺利实现。

(二) 构成

薪酬是对为实现企业目标而付出劳动的员工的一种回报。它分为物质薪酬和非物质薪酬两种类型(见表 7-1)。物质薪酬包括直接支付给员工的工资、奖金、津贴等直接经济薪酬,以及不以现金形式直接支付给员工的各种福利、保险等间接经济薪酬。非物质薪酬则包括员工对工作本身、工作环境、组织身份等的心理感受。随着时代的发展,非物质薪酬受到越来越多的重视,日益成为企业吸引与稳定员工的主要方法。

1. 物质薪酬

工资即员工的薪资,它是指雇主或者法定用人单位依据法律规定、行业规定或根据与员工之间的约定,以货币形式对员工的劳动所支付的报酬。物质薪酬包括基本工资和激励工资。因完成工作而得到的工资为基本工资,基本工资多为按月发放,只要员工在规定日期内完成工作就可获得;激励工资则是因员工部分或完全达到事先制定的标准而给予的奖励。薪资发放

表 7-1　薪酬的构成

<table>
<tr><th>名称</th><th>构　　成</th><th>类型</th><th colspan="2">分　　类</th><th>说　　明</th></tr>
<tr><td rowspan="6">薪酬</td><td rowspan="5">物质薪酬</td><td rowspan="2">薪资</td><td colspan="2">基本工资</td><td>以货币形式对员工的劳动所支付的报酬</td></tr>
<tr><td colspan="2">激励工资</td><td>针对员工部分或完全达到事先制定的标准而给予的奖励</td></tr>
<tr><td rowspan="3">福利</td><td colspan="2">法定福利</td><td>从法律意义上来讲,企业应当向员工提供的“五险一金”</td></tr>
<tr><td rowspan="2">企业福利</td><td>物质福利</td><td>企业给员工提供的用以改善其本人和家庭生活质量,以非货币工资或延期支付形式为主的各种补充性报酬和服务</td></tr>
<tr><td>精神福利</td><td>员工援助计划、职业生涯辅导、休假、培训</td></tr>
<tr><td>非物质薪酬</td><td colspan="3">心理感受,价值感</td><td>工作的丰富感和成就感;自我价值与自我实现</td></tr>
</table>

具有一定的时间规则,常见如月薪、年薪等。部分员工福利也属于物质薪酬。

福利包括两种类型。一是法定福利,即从法律意义上来讲,企业应当向员工提供的“五险一金”;二是企业福利,即企业给员工提供的用以改善其本人和家庭生活质量,以非货币工资或延期支付形式为主的各种补充性报酬和服务。如企业根据自身经营和业务情况向员工提供的话费补贴、节日福利等,具有人性化和多元化的特点。

2. 非物质薪酬

非物质薪酬是指员工所获得的来自企业或工作本身的,不是以纯粹货币形式表现和计量的,被员工认为是有价值的,能够给予员工以某种补偿或激励他们更积极投入工作的所有收获,如企业安排的休假、学习、职业生涯辅导、员工帮助计划、工作的丰富感和成就感等。

随着社会的发展与企业竞争的加剧,员工面对逐渐增加的工作压力,容易产生各种心理困扰,导致缺勤率和离职率的上升,企业给予员工更多的关爱是重要的非物质薪酬。精神福利是一种以人为本的系统的、长期的心理服务。它作为一项福利提供给员工及其家属,旨在帮助解决员工及其家属的心理和行为问题,以维护员工的心理健康,提高其工作效率,并改善企业绩效。

二、薪酬的基本形式

(一) 基本工资

基本工资是企业员工劳动收入的基本组成部分,也是确定其劳动报酬和福利待遇的基础,具有常规性、稳定性、基准性和综合性等特点。基本工资又分为基础工资、工龄工资、职位工资和技能工资等。

(二) 绩效工资

绩效工资是以对员工绩效的有效考核为基础,实现将工资与考核结果相挂钩的工资制度。绩效工资分为广义的绩效工资和狭义的绩效工资。广义的绩效工资又称绩效加薪、奖励工资或与评估挂钩的工资。企业利用绩效工资对员工进行激励与调控,通过对绩优者和绩劣者收入的调节,鼓励员工追求符合企业要求的行为,激发员工的工作积极性。

(三) 激励工资

激励工资是指工资中随着员工的工作努力程度和劳动成果的变化而变化的部分,具有类似奖金的性质。激励工资一般分为三种形式:一为投入激励工资,即随着员工工作的努力程度变化而变化的工资;二为产出激励工资,即随着员工劳动产出的变化而变化的工资,具体形式有计件工资、销售提成等;三为成就工资,即当员工为企业做出突出贡献后,以增加基本工资的形式付给员工的报酬。成就工资是指工资的永久性增加,而另外两种形式是不断变化的。

(四) 津贴

津贴是指补偿员工在特殊条件下的劳动消耗及生活费额外支出的工资补充形式。津贴分配的依据是员工工作所处的环境和条件的优劣,而不与员工的业务水平与工作业绩对应。津贴是一种补充性的工资分配形式,主要用于调节工种、行业和地区之间的工资差异,其效用是保护员工的身体健康,稳定特殊岗位、艰苦岗位和户外工作岗位的员工队伍。常见的津贴有夜班津贴、车船补贴、降温费、特种作业补贴、出差补助、住房补贴和伙食补贴等。津贴具有单一性、针对性的特点,往往是一事一贴。多数津贴是根据某一特定条件,为了某一特定要求而制定的,这就要求在确定津贴的条件、范围和对象时,界限必须十分明确。另外,津贴具有一定的灵活性,可能随着工作环境、条件的变化而变化。

(五) 福利

福利是一种以非现金形式支付给员工的报酬。其从构成上可以分为法定福利和企业福利。法定福利是国家或地方政府为保障员工利益而强制企业执行的报酬部分,如社会保险;而企业福利与企业的管理理念和经营状况密切相关。员工福利的内容包括养老保险、医疗保险、住房保险、人寿保险、意外险、财产险、带薪休假、免费午餐、班车、员工文娱活动、休闲旅游等。

三、薪酬福利的功能与作用

薪酬福利管理是企业在国家宏观政策调控的基础上制定实施的。它综合运用了多种激励手段进行科学的收入分配,在公平、公正原则的指引下,利用先进信息化技术进行企业人力资源的优化配置,进行充分的激励,在企业中发挥出重要的职能作用。

(一) 保障功能

薪酬福利管理是人力资源的核心职能之一。建立健全的薪酬福利体系,可以为员工提供稳定的生活保障,既满足员工的基本需求,又给予员工鼓励与激励,使其对未来的工作与生活满怀信心与希望,愿意为工作、为企业付出更多的精力。员工的薪酬水平决定着他们的生存、生产和文化教育的条件,是保证企业劳动力生产和再生产的基本因素。良好的薪酬福利待遇,可以消除员工的不安心理,使员工流失率得到有效控制,最终实现企业人力资源的优化配置。

(二) 激励功能

薪酬福利制度的优化与完善可吸纳更多的优质人力资源,形成企业发展重要的动力资源。另外,企业的薪酬福利待遇也影响着员工的工作态度与工作效率。通过提供丰厚的薪酬福利,可以充分调动员工的工作积极性,为企业经济效益的增长助力。薪酬福利管理机制同时也影响着企业的发展战略与长期规划,在一定程度上可促进企业发展与员工成长的紧密结合。薪酬制度的公平与否直接影响员工积极性的调动。薪酬激励功能的典型表现是奖金的运用。奖金是对工作表现好的员工的一种奖励,也是对有效超额劳动的报偿,对员工有很大的激励作用。

（三）信号和调节功能

薪酬作为劳动力价格的信号,调节着劳动力的供求和流向。薪酬的调节功能主要表现在两个方面:人力资源的合理配置和人力资源素质结构的调整。通过薪酬调节可实现人力资源的优化配置。此外,薪酬也调节着人们对职业或工种的评价。企业内外部人员之间会有意识或无意识地进行薪酬比较。员工不仅关注薪酬的绝对值,而且关注薪酬福利的相对值,即通过与其他人比较而得到的心理上的满足。员工可能还会自觉或不自觉地将自身的劳动付出与得到的薪酬加以比较。

（四）凝聚功能

薪酬福利是企业薪酬体系中的重要部分,一个科学有效的薪酬福利制度不仅能激励员工的积极性、提升凝聚力,还可以帮助企业吸引、保留人才。旅游业属于员工高流动的行业,特别针对基层员工来说,低薪酬是造成其流动的主要原因之一。一些旅游企业由于受到董事会、业主的约束或自身收益水平的制约,无法及时调整员工薪酬水平,从而造成大批优秀员工的流失。

四、薪酬管理的原则

薪酬管理对于任何一个组织来说都是比较棘手的问题,一般遵循公平性、竞争性、激励性、经济性、合法性、平衡性、有效性等原则。同时,薪酬管理应在制度上加以规范化和明确化。

（一）公平性原则

公平性原则是薪酬设计的基础。公平合理的薪酬设计能够促使员工产生认同感与满意度,有利于实现薪酬的激励作用。如果员工认为自己受到公平对待,可能就会努力工作,为企业创造价值;反之,如果员工觉得没有受到公平对待,可能就会消极怠工,减少工作投入,甚至主动离职。薪酬公平包括外部公平、内部公平与个人公平。外部公平是指给付与企业外部人员同等水平的薪酬;内部公平是指不同职位的员工应获得与其职位价值相当的薪酬,在相同的工作岗位上,给付同等水平的薪酬;个人公平是指支付相当于员工工作价值的薪酬,根据员工的工作结果与付出给付薪酬。

（二）竞争性原则

竞争性原则是指企业通过富有吸引力的薪酬福利吸纳人才。企业的薪酬水平要视本企业财力和所需人才的具体情况而定,但企业核心人才的薪酬水平至少不应低于市场平均水平。根据市场薪酬水平的调查结果,企业对于与市场水平差距较大的岗位薪酬应有一定幅度的调整,制定对外具有竞争力的薪酬时,应支付相当于或高于劳动力市场一般薪酬水平的薪酬。

（三）激励性原则

企业在薪酬设计过程中,应在各部门、各级别的薪酬水平上,适当拉开差距,真正体现按劳分配的原则,才能充分发挥薪酬的激励作用。另外,企业要通过科学、合理的绩效考核,打破薪酬的刚性,增强薪酬的弹性,使员工的收入与企业业绩和个人业绩紧密结合,激发员工的工作热情。

（四）经济性原则

提高员工的薪酬水平虽然可以增强企业薪酬的竞争性和激励性,但同时不可避免地导致企业人力成本的上升。因此,薪酬制度不能不受经济性原则的制约,员工的薪酬水平还应与员工的绩效、能力,以及企业经营状况等密切联系。人力成本的增长与企业总利润的增长幅度相对应,工资成本的适当增加可激励员工创造更多的经济价值,从而实现可持续发展。

（五）合法性原则

合法性原则指企业的薪酬管理体系和管理过程应符合国家的相关法律规定。我国有关员工薪酬管理的法律政策正处于不断完善的过程中,对于已经出台的法律政策一定要在实践中严格遵守与执行。从当前情况来看,与薪酬有关的法律主要包括最低工资立法、同工同酬立法或反歧视立法等。

（六）平衡性原则

平衡性原则指薪酬体系设计要兼顾各方面的平衡。企业既要平衡短期薪酬与长期薪酬的调配,也要考虑员工需要和企业的人力成本控制。对企业整体和长远发展具有重要价值的员工,应适当增加长期激励薪酬的比重,如中高层管理人员、核心员工等;而对短期业绩要求高的员工,应注重短期激励薪酬的设计。发展潜力比较大的企业应注重长期激励薪酬的应用;比较稳定的企业则应注重短期的业绩发展和鼓励措施。另外,企业既要注重直接薪酬与物质薪酬,又不可忽视间接薪酬与非物质奖励,应在保证员工有适当的基本工资的基础上,建立一种现金与非现金交互应用的激励薪酬方式。

（七）有效性原则

有效性原则是指薪酬系统在多大程度上能够帮助企业实现预定的经营目标。这种经营目标并不仅仅包括利润率、销售额等方面的财务指标,还包括客户服务水平、产品或服务质量、团队建设,以及企业与员工的创新和学习能力等方面的一些定性指标的达成情况。

员工对于薪酬公平性的判断依据之一是本人的薪酬水平与其他同类企业员工的薪酬对比状况。在其他条件相同的情况下,本企业的薪酬水平越高,员工的公平感就会越强。但薪酬水平如果过高,就会给企业自身带来成本压力,对企业的利润产生不利影响,从而在薪酬的公平性和有效性之间产生矛盾。此外,在薪酬管理的合法性和有效性之间有时也会产生冲突。有时企业在不遵守法律的情况下会有利于增加收益,如不遵守最低工资立法的规定给员工支付低工资。因此,企业只有兼顾与平衡薪酬管理的各项原则,才能更好地推动企业目标的实现。

五、薪酬管理的内容

薪酬管理是指企业在经营战略和发展规划的指导下,综合考虑内外部各种因素的影响,开展岗位评价与薪酬调查,确定薪酬体系、薪酬水平、薪酬结构、薪酬形式,明确员工所应得的薪酬,并进行薪酬调整和薪酬控制的过程。薪酬调整是指企业根据内外部各种因素的变化,对薪酬水平、薪酬结构和薪酬形式进行相应的变动。薪酬控制指企业对支付的薪酬总额进行测算和监控,以维持正常的薪酬成本开支,避免给企业带来过重的财务负担。

（一）薪酬体系管理

薪酬理念决定企业的基本工资或基本薪酬到底以什么为基础设立,选择何种薪酬体系,以及如何加以建设和维护。薪酬管理的重点是做好薪酬体系的设计与管理,使其公平合理,具有竞争力。这不仅关系到员工个人的切身利益,影响员工的积极性与满意度,也会直接影响企业的人力资源储备、人力资源效率和劳动生产率,从而最终影响企业战略目标的实现。

（二）薪酬水平管理

薪酬水平管理的主要任务包括确定企业整体、各部门以及各职位的平均薪酬水平，保持企业薪酬的外部竞争力。企业通过外部薪酬调查解决薪酬外部竞争性问题，参考当地市场薪酬水平以及竞争对手的薪酬水平，从而决定企业的薪酬平水平。企业可采用的薪酬水平策略包括市场领先型薪酬策略、市场跟随型薪酬策略、成本导向型薪酬策略、混合型薪酬策略等类型。在制定薪酬策略时，需要考虑劳动力市场、产品市场、要素市场、企业特征、企业经营战略等关键因素。

（三）薪酬结构管理

薪酬结构管理的主要任务包括确定企业内部不同系列、不同层次、不同岗位和不同职务的薪酬之间的相互关系，确保内部薪酬结构比例的合理性与公平性。薪酬结构一般分为趋于平等的薪酬结构和趋于等级化的薪酬结构两种形式。此外，薪酬结构管理必须满足企业经营对薪酬的基本要求，即公平性和可操作性。薪酬公平性主要体现在对内公平、对外公平和个人公平三个方面。薪酬的可操作性是指薪酬在实际中，能够满足员工的岗位调整、能力晋升、业绩认可等对薪酬调整的要求。

（四）薪酬形式管理

薪酬形式管理的主要任务包括确定薪酬的各个组成部分及其比例关系和发放方式。根据薪酬支付依据的不同，薪酬由岗位工资、职务工资、技能工资、绩效工资、工龄工资和薪级工资等构成。企业通常选择其中的一种或两种为主，其他为辅助的形式。选择并确定工资制度形式是薪酬设计的起点，主要分为以下几种工资制度形式：岗位工资制或职务工资制、技能工资制或能力工资制、绩效工资制、市场工资制和资历工资制。

（五）特殊群体的薪酬管理

特殊群体的薪酬管理的主要任务包括：对于销售人员、专业技术人员、管理人员和企业高层管理人员等在工作内容、目标、方式、考核等方面具有特殊性的员工群体，企业应根据他们的工作特点和职务要求区别对待，有的放矢地进行相应的薪酬体系、薪酬水平、薪酬形式等内容的设计与实施管理。

（六）薪酬行政事务管理

薪酬行政事务管理的主要任务包括薪酬分配的实施操作，以及对企业的薪酬分配进行系统性管理。薪酬行政事务管理规范的目的是加强对企业行政事务的管理，合理利用企业资产。其主要内容包括员工的作息时间管理、考勤管理、假期管理等。

第二节　薪酬设计与管理

科学合理的薪酬福利制度是激励与留住员工的主要因素。人力资源部门可根据员工的资历、职级、岗位与工作绩效，为员工制定相应的、具有吸引力的薪酬福利制度。薪酬福利应随着员工职务的升降、岗位的变换、工作表现的好坏与工作绩效的高低进行相应的调整。

一、薪酬管理的影响因素

（一）组织外部的影响因素

1. 劳动市场的供求与竞争状况

薪酬是吸引和争夺人才的关键因素之一。因此，本地区、本行业、本国乃至全世界的其他企业，尤其是竞争对手的薪酬政策与水平，对企业薪酬制度的影响很大。当某一地区其他行业或本行业其他旅游企业的薪酬水平上升时，往往会导致该地区旅游业整体薪酬水平发生改变。当社会上可供本企业使用的劳动力供给大于企业需求时，薪酬水平会降低；反之，则会提高。

2. 国家的法律法规

企业薪酬体系的确定应当遵守国家制定的各类相关法律和法令。例如，企业薪酬福利的给付应遵守我国《最低工资规定》。最低工资标准一般采取月最低工资标准和小时最低工资标准的形式，其中月最低工资标准适用于全日制员工，小时最低工资标准则适用于非全日制员工；最低工资标准的组成包括国家统计局规定应列入工资总额的工资、奖金、津贴等各项收入，不包括加班工资、特殊工作条件津贴以及国家法律法规和政策规定的保险、福利待遇。

3. 政府的宏观调控

在市场经济条件下，政府对企业薪酬水平的干预主要表现为培育、发展和完善劳动力市场，用宏观经济政策调节劳动力供求关系，通过引导劳动力市场，间接地影响企业薪酬水平。政府还可以利用调控个人所得税缴纳基点和缴纳比例等手段来影响员工的薪酬水平。政府部门也可用法律形式来规范企业的分配行为，从而直接影响企业的薪酬水平。

4. 地区与行业的薪酬水平

旅游企业薪酬水平的变化主要取决于旅游市场需求和本行业劳动生产率两大因素。当旅游市场需求比较旺盛时，旅游企业的薪酬水平应该有所提高；当旅游行业劳动生产率上升时，薪酬水平也可以在企业收益上升的幅度内按一定比例提高。如果旅游市场价格稳定，旅游企业处在比较宽松的竞争环境中，旅游企业薪酬的调整则应该以当地旅游业薪酬总体水平为参照，将本企业的劳动生产率与行业劳动生产率进行比较，从而决定薪酬调整幅度。

5. 当地物价变动和生活指数

物价变动从两个方面影响着企业的薪酬体系。一方面，员工对生活水平的期望无形中会给企业形成一种提高薪酬标准的压力；另一方面由于物价指数的上涨，为保证员工生活购买力保持稳定，企业常常不得不考虑适当调整工资。员工的正常收入至少应能支付家庭的基本生活费用，而生活费用与员工的消费习惯及当地物价水平有关。

6. 经济发展水平与劳动生产率

劳动生产率水平及其变化是决定一个地区或企业薪酬水平的首要因素。薪酬水平应该随着劳动生产率的增长而增长，其增长幅度应该低于劳动生产率的增长幅度，但又不能过分低于劳动生产率的增长幅度。如果薪酬水平的增长远超过劳动生产率的增长幅度，可能会影响企业的发展，并影响物价稳定；如果薪酬水平的增长过分低于劳动生产率的增长幅度，则不符合按劳分配的原则，不仅降低员工的工作积极性，而且不利于生产的持续发展，最终影响员工生活水平的提高。

(二)组织内部的影响因素

1. 企业的业务性质

在劳动密集型的服务型企业中,员工主要从事简单的体力劳动,人力成本在总成本中占很大比例。而在高科技企业中,知识型员工占主导,这些员工主要从事的是科技含量高的脑力劳动,人力成本在总成本中所占比例不大。因此,这两种类型企业的薪酬策略也是大相径庭。旅游企业属于典型的服务型企业,人力成本在总成本中的占比较高。

2. 企业的经营状况和财力

一般而言,资本雄厚、盈利丰厚且正处于上升期的企业,对员工的薪酬支付也较慷慨;反之,规模不大或不景气的企业,在薪酬支付上也不得不量入为出。企业经营状况直接决定着员工的工资水平,经营好的企业经济效益自然好,其薪资水平相对比较稳定,且有较大的增幅,而那些经营业绩较差的企业,其薪资水平相对较低且没有保障。

3. 企业文化

企业文化是企业分配思想、价值观、目标追求、价值取向和制度的土壤。企业文化不同,必然会导致观念和制度的不同,这些差异决定了企业的薪酬结构与分配机制的不同,从而间接地影响着企业的薪酬水平。

4. 员工职位

员工职位是影响薪酬分配的主要原因。职位高低与薪酬水平密切相关,职位高相应地权力大,责任也重,因此需要支付较高的薪酬。工龄长的员工薪酬通常略高,连续计算员工工龄工资的企业通过支付年资起到稳定员工队伍的作用。另外,资历高的员工比资历低的员工薪酬水平要高,主要是因为要对员工在学习知识与技术时所耗费的时间、体能、金钱和机会等付出一定的补偿。因此,较高的薪酬水平可以激励员工不断学习新技术、新方法,提高综合素质与工作能力。

5. 员工个体的差异

员工的薪酬部分是由员工的工作表现所决定的。在同等条件下,高薪酬也来自员工工作的高绩效。一般来说,员工表现好可能产生较高的绩效。员工的知识、技能、态度、动机和价值观等存在较大的差异,这些都是影响工作绩效与薪酬水平的重要原因。

6. 企业劳动生产率与人力资源配置

当某一企业劳动生产率低于社会平均劳动生产率时,所获得的利润就低于社会平均利润,甚至可能造成亏损;反之,则可能会获得高于社会平均的利润。在社会劳动生产率提高时,员工的工资在利润中所占的比例却会降低,从而在社会对某一产品需求一定的条件下,生产该产品所需要的员工数量就会减少,这就是失业率增加的因素之一。人力资源配置与薪酬体系建立息息相关,人力资源配置的优良与否直接影响企业薪酬体系的建设,同时薪酬体系与绩效考核挂钩,又反过来影响人力资源配置,合理有效的薪酬体系有利于优化人力资源配置。

二、薪酬体系的选择

(一)基于岗位的薪酬体系

岗位工资制是依据员工在组织中的岗位确定工资等级和工资标准的一种工资制度。岗位工资制基于的假设是,岗位任职要求与员工能力素质相匹配。如果员工能力超过岗位要求,则意味着人才的浪费;如果员工能力不能完全满足岗位要求,则意味着员工不能胜任岗位工作,无法及时并高质量地完成工作。岗位工资制的理念即不同的岗位创造不同的价值。因此，不同的岗位将给予不同的工资报酬。同时，企业应该将合适的人放在合适的岗位上，使人的能力素质与岗位要求相匹配。对于员工超过岗位任职要求的能力，不给予额外报酬的岗位工资制，鼓励员工通过晋升来获得更多的报酬。

（二）基于能力的薪酬体系

旅游企业薪酬的发展趋势是依据能力付酬。能力工资制根据员工所具有的能力向员工支付工资。员工能力不同，薪酬支付标准也不同。在人力资源管理过程中，能力多指一种胜任力和胜任特征，是员工具备的能够达成某种特定绩效，或者是表现出某种有利于绩效达成的行为能力。能力工资制能够真正体现以人为本的理念，给予员工足够的发展空间和舞台。如果员工能力大大超过目前岗位的工作要求，那么应给员工提供更高岗位的工作机会，如果没有更高层次岗位的空缺，也应给予超过岗位要求的技能和能力的额外薪酬。岗位薪酬体系与能力薪酬体系的对比如表 7-2 所示。

表 7-2　岗位薪酬体系与能力薪酬体系的对比

区　　别	岗位薪酬体系	能力薪酬体系
薪酬基础	以员工所在岗位为基础	以员工掌握的能力为基础
价值决定	岗位价值的大小	员工能力的高低
管理者关注的重点	岗位对应薪酬，员工与岗位匹配	能力对应薪酬，员工与能力相连
员工关注的重点	追求岗位晋升，以获得更高的报酬	寻求技能的增多或能力的提升，以获得更高的报酬
程序	岗位分析，岗位评价	能力分析，能力评价
工作变动	薪酬随着岗位变动	薪酬保持不变
培训作用	是工作需要而不是员工意愿	是增强工作适应性和增加报酬的基础
员工晋升	需要岗位空缺	不需要岗位空缺，只要通过能力认证测试
优点	清晰的期望，进步的感觉	鼓励员工持续学习，便于人员流动
缺点	潜在的官僚主义，灵活性不足	对成本控制能力的要求较高

（三）基于绩效的薪酬体系

基于绩效的薪酬体系是以员工的工作业绩为基础支付工资，支付的主要依据是工作绩效或劳动效率。将员工的绩效同制定的标准相比较，以确定其绩效工资的额度，形式有计件（工时）工资制、佣金制、年薪制等。绩效工资制适用于生产人员、管理人员、销售人员等工作群体。基于绩效所建立的薪酬体系的优点是员工的收入和工作目标的完成情况直接挂钩，让员工感受到平等的待遇，只有“干多、干少、干好、干坏不一样”，才能显现出激励的效果。通过层层目标分解，员工的工作目标明确，才更有利于实现企业战略目标。一方面企业不用事先支付过高的人工成本，另一方面在整体绩效不好时也能够节省人工成本。基于绩效的薪酬体系也有一定的不足之处，主要体现为考虑个人绩效时，会造成部门或团队内部成员的不良竞争，为取得优秀的个人绩效，员工之间可能会减少合作。因此，在需要团队协作制胜时，不应过分强调个人绩效对收入的作用。

（四）基于资历的薪酬体系

基于资历的薪酬体系是一种简单而传统的薪酬制度，它是按照员工服务期的长短而支付薪酬的一种管理制度，与终生雇佣制相关联。其基本特点是员工的工龄越长，工资越高。资历工资制度以日本为代表，是指以员工的年龄、工龄、学历、本专业工作年限等因素为依据的薪酬制度。资历工资制度是劳动积累工资，以资历作为加薪的客观标准，不仅可以增进同事之间的合作，而且有利于稳定企业员工，增强员工对企业的认同感和归属感。其优点是有利于培养员工的忠诚度，增强员工的安全感。不足之处是工资刚性太强，弹性太弱，容易形成论资排辈的氛围，不利于有才能的员工成长，也不利于吸纳年轻人。

三、薪酬策略的确定

薪酬策略是指将企业战略和目标、文化、外部环境有机地结合，从而制定薪酬管理的指导原则，为薪酬制度的设计与实施确立指导思想。薪酬策略强调的是对于同规模的竞争性企业而言的薪酬支付的标准和差异。企业的薪酬策略既要反映企业的战略需求，又要满足员工的期望。薪酬与企业及其外部环境之间存在着一种依存关系，与企业经营发展战略相辅相成。企业薪酬策略决定着企业的薪酬水平和激励导向。企业通过薪酬策略向员工发出企业期望的信息，并对与企业期望一致的行为进行奖励，引导员工为企业经营发展共同努力。根据企业经营发展战略、目标、发展的不同阶段，以及企业文化和外部环境的影响，企业可能采取以下几种薪酬策略。

1. 领先型策略

领先型策略即企业的薪酬水平高于市场平均水平的策略，采用这种薪酬策略的企业，薪酬水平在同行业的竞争对手中处于领先地位。这种薪酬策略以高薪为代价，在吸引和留住员工方面具有明显的优势，并且将员工对薪酬的不满降到相对较低的水平。

2. 匹配型策略

匹配型策略即薪酬水平与市场平均水平保持一致，又称市场跟随策略。采用这种薪酬策略的企业，一般都建立或找准了自己的标杆企业，企业的经营管理模式、员工薪酬水平都向自己的标杆企业看齐。在企业支付能力一定的情况下，应尽量将基本薪酬水平紧密地与竞争性劳动力市场保持一致，以保证组织能够获得高质量的人才。

3. 拖后型策略

拖后型策略即企业的薪酬水平要明显低于市场平均水平，又称滞后策略、成本导向策略，即企业在制定薪酬策略时不考虑市场和竞争对手的薪酬水平，只考虑尽可能地节约企业生产、经营和管理的成本，这种企业的薪酬水平一般比较低。

4. 混合型策略

混合型策略即针对企业内部的不同部门、不同职位、不同的人才采用不同的策略。例如，对关键职位采用领先型策略，对辅助性职位采用匹配型策略，而对一线员工则采用拖后型策略。

四、薪酬水平与结构设计

（一）薪酬水平设计

薪酬水平指企业内部各职位、各部门以及企业整体平均薪酬的高低状况，它反映了企业所支付薪酬的外部竞争性与薪酬成本。在确定薪酬水平时，企业通常可采用以下三种策略。

1. 高于行业平均水平

在企业盈利水平较高的情况下，可以实行高于行业平均水平的薪酬策略。当然如果企业的薪酬水平过高，则会增加人工成本，缩小利润空间，使产品失去竞争力。实行高薪酬策略的情况下，员工获得较高工资而受到激励，提高工作效率，使企业获得更高的经济效益，有利于形成良性循环。此外，高薪酬能吸引外部的优秀人才和保留内部的优秀人才。

2. 相当于行业平均水平

在企业支付能力一定的情况下，应尽量使其薪酬水平与竞争性劳动力市场保持一致，以保证企业能够获得优质的人力资源。如果企业的薪酬政策趋同于社会同行业的薪酬水平，就要根据同行业的工资水平来确定自己的工资水平。换而言之，对低于市值的岗位要增加工资以达到同行业水平；对高于市值的岗位则应适当降低工资以符合市场水平。

3. 低于行业平均水平

如果企业的规模小、财力有限或经营不善，则只能采用低薪酬策略。但是，工资水平过低不仅无法吸引优秀人才，原有的人才也会逐渐流失。薪酬水平对企业吸引人才的能力和在行业中的竞争力都具有重要影响。因此，如果一个企业的薪酬水准低于当地同类型企业的平均水平，同时又没有与之相配合的措施，如较高的福利、便利的工作条件、有吸引力的培训机会等，则很可能不利于员工忠诚度的培养，直接或间接地影响企业的利润率和经营目标的实现。

（二）薪酬结构设计

1. 结构式薪酬模式

结构式薪酬模式是一种复合型的工资制度，是将员工工作的职务与绩效，同其技能、资历等因素复合后，作为构成薪酬的不同组成部分来加以考量的薪酬制度。目前，关于员工的工资结构的分类尚未达成共识。多数学者认为可分为固定工资（如基础工资、年功工资）和变动工资（如技能工资、岗位或职务工资、超额工资）两大类型。结构式薪酬模式是工资不同功能的重要体现。工龄、学历、职务等主要反映劳动的潜在形态；工作态度、劳动条件等主要反映劳动的流动形态；劳动成果、贡献或积累贡献主要反映劳动的凝固形态；而员工的最低工资则主要保障员工的基本生活需要。结构式薪酬不仅全面地反映劳动的不同要素，而且有利于克服工资分配中的平均主义。实行结构式薪酬模式需要注意的是要把握好各部分工资在工资总量中的权重。

2. 岗位等级薪酬模式

岗位等级薪酬模式是以员工的技能等级为依据，以员工的实际劳动质量和数量确定薪酬的多元组合的工资类型。企业制定员工工作的技术等级及考核标准，并按其能力确定薪酬等级，支付相应的报酬。如果员工具备更高的能力，可以向企业提出升职的要求，但要经过选拔和优胜劣汰后，才能获得升迁。因此，岗位等级薪酬模式有利于员工的自觉进步。但其也有不足之处，即有些工作比较艰苦，与绩效考核不直接挂钩，这容易造成企业部分岗位人才流失的问题。

3. 计件式薪酬模式

计件式薪酬模式是指预先规定好产品计件的单价，根据员工生产的合格产品的数量或完成的工作量，以劳动定额为标准，按预先规定计件单价来计算劳动报酬的一种形式。计件式薪酬模式的优点是计算方式简单，员工的劳动成果与报酬直接挂钩；能够从劳动成果上反映员工的差别，激励性强；有利于员工改进工作方法，提高劳动生产率。计件式薪酬模式的缺点是容易出现追求产量、忽视质量、消耗定额，增加成本的现象；管理水平提高后，要提高定额比较困难；可能导致员工工作压力过大。计件式薪酬模式的适用范围是一些数量和质量取决于劳动者个人技能、劳动力数量及个人努力程度的工作，适用于产品质量容易检查的工种，容易制定劳动定额的工种，生产过程持续稳定、大批量生产的工种。其通常包括直接无限计件工资制、直接有限计件工资制、累进计件工资制、超额计件工资制、包工工资制五种类型。

五、薪酬设计的步骤

薪酬设计包括制定薪酬策略、职位分析与职位评价、市场薪酬调查、薪酬结构设计、薪酬制度管理等环节，缺一不可。

（一）制定薪酬策略

薪酬策略的制定是企业薪酬设计的出发点。在充分了解企业薪酬管理现状的基础上，确定薪酬分配的依据和原则，以此为基础确定企业的薪酬政策与策略。例如，不同层次、不同职系员工收入差距的标准，薪酬的构成和各部分的比例等。

（二）职位分析与职位评价

职位分析又称工作分析，是薪酬设计的基础性工作。首先，结合企业经营目标，在工作分析和人员分析的基础上，明确部门职能和职位关系；其次，进行岗位职责的调查分析；最后，由在岗员工、员工上级和人力资源部门共同完成职位说明书的编写。职位评价主要解决薪酬的内部公平问题。通过比较企业内部各职位的相对价值，得出职位的等级序列。职位评价以职位说明书为依据，方法包括访谈法、问卷法、主题专家会议法、文献分析法、工作日志法、观察法等，可根据企业或职位的特点采用不同的方法进行职位分析。

（三）市场薪酬调查

薪酬调查是薪酬设计的基础，主要解决薪酬的对外竞争力和对内公平问题。只有实事求是地进行薪酬调查，才能使薪酬设计做到有的放矢，实现薪酬的激励作用。薪酬调查要注意以下三个方面。

（1）企业薪酬现状调查通过科学的问卷设计，从薪酬水平的内部公平、外部公平、自我公平三个角度，分析现有薪酬体系存在的问题及其成因。

（2）企业薪酬水平调查主要收集行业和地区的薪酬增长状况，分析薪酬结构的差异，对比不同部门、不同级别的职位的薪酬、奖金和福利数据，了解长期激励政策以及未来薪酬走势等信息。

（3）薪酬影响因素调查应综合考虑企业内外部的影响因素。外部影响因素如国家的宏观经济形势、通货膨胀、行业特点和市场人才供应情况等，企业的内部影响因素如盈利能力和支付能力、人员的素质要求和企业的战略发展阶段等。

（四）薪酬结构设计

薪酬结构设计是在企业中各职位的相对价值与对应的实付薪酬之间确定一种线性或非线

性的关系的过程。它可以使每个职位的薪酬水平与其相对价值相呼应。企业根据战略发展的要求,参照市场同行业以及劳动力供求的情况确定薪酬结构。薪酬的构成要素体现了企业的管理理念。因此,管理者关注不同的方面就会形成不同的薪酬构成。企业在设计薪酬结构时应综合考虑以下因素:一是职位在企业中的层次,二是职位在企业中的职系,三是员工所需的技能与资历,四是职位的绩效考核要求等。

(五)薪酬制度管理

在职位分析与职位评价之后,企业将众多类型的职位的薪资归类组合为若干等级,形成一个薪资等级(或称职级)系列,并以此确定企业内每一职位具体的薪酬范围,确保企业的内部公平性。企业薪酬制度一经建立,就要确保正常运作,并实行适当的控制与管理,使其发挥应有的功能,这是一项长期且复杂的工作。薪酬制度在实施过程中,还要不断听取各级员工的反馈,及时修正其中的偏差,使薪酬制度更加合理完善。

六、薪酬福利管理的发展趋势

随着经济全球化和知识经济时代的来临,薪酬管理理念发生了深刻的变化,薪酬管理制度与方法也相应地出现新的发展趋势。

(一)全面薪酬制度

全面薪酬是指员工从企业获得的可感知的有价值的所有货币性与非货币性薪酬的总和。薪酬不仅是纯粹的货币形式,还包括鼓励、成就感等非货币形式。全面薪酬包括货币性薪酬和非货币薪酬两个部分,物质与精神激励并重。其不仅包括企业向员工提供的货币性收入,还包括为员工创造良好的工作环境及工作本身的内在特征、组织特征等所带来的非货币性的心理效应。外在的货币性薪酬包括直接薪酬与间接薪酬。工资、奖金等属于直接薪酬,津贴、保险等属于间接薪酬。参与决策、工作自主性、个人成长、挑战性的工作等都属于非货币性薪酬。

(二)宽带型薪酬结构

随着企业组织扁平化、流程再造、团队导向、能力导向等新的管理战略的施行,宽带型薪酬结构应运而生。宽带型薪酬结构是相对传统的职位等级工资结构所提出来的,是指将传统职位等级结构中的几个相邻等级合并为一个等级,从而使每一等级的工资范围变大的一种工资结构。宽带型薪酬结构对多个薪酬等级及其薪酬变动范围进行重新组合,形成相对较少的薪酬等级以及相对较宽的薪酬变动范围。宽带型薪酬具有显著的优点:支持扁平型组织结构,有利于职位轮换与调整;能引导员工重视个人技能的增长和能力的提高;能密切配合劳动力市场的供求变化;有利于管理者以及人力资源管理者的角色转变。

(三)激励长期化与薪酬股权化

激励长期化是指为了留住核心人才,稳定员工队伍,企业建立与实施员工持股计划、股票期权、业绩股票等一系列长期激励机制。员工持股计划是经济民主的形式之一。在现代大型股份制企业,员工持股已经非常普遍。20 世纪 60 年代初,员工持股计划由美国经济学家路易斯·凯尔索提出,其主要内容为企业成立一个专门的员工持股信托基金会,基金会由企业全面担保,贷款认购企业的股票。企业每年按一定比例提取工资总额的一部分投入员工持股信托

基金会,用以偿还贷款。当贷款还清后,该基金会根据员工相应的工资水平或贡献大小,把股票分配到每个员工的“持股计划账户”。员工离开企业或退休时,可将股票卖出还给员工持股信托基金会。员工持股制度的推行使员工与企业的利益融为一体,员工与企业间的经济利益密切相关,一荣俱荣,一损皆损。员工对企业前途充满信心,有利于企业获得快速发展,员工也能从持股中获益。

（四）薪酬制度的透明化

企业实行公开透明的薪酬制度是让员工信任企业,并积极为企业创造价值的重要保障。透明的薪酬体系,不仅可以反映每位员工的绩效和价值,也能够让员工明确自己需要提高的技能和追求的成长方向。薪酬制度一方面是企业与员工之间根据员工工作付出与回报做出的约定,另一方面也是企业激发员工工作积极性的手段。企业的发展依赖所有员工的共同努力,因此,企业在制定薪酬制度时,还要考虑不同员工薪酬差距的公平性与合理性。让员工都能接受企业的薪酬水平并认同内部的薪酬差距的关键就在于规则公开,也就是让每一位员工都熟悉薪酬支付的依据。

（五）自助式薪酬管理模式

自助式薪酬管理模式即建立一种以员工的个人需求为中心,由员工根据个人需求选择薪酬组合的管理方式。企业设计出一个薪酬菜单,员工可以在规定的薪酬形式范围内挑选心仪的薪酬组合。如备受青睐的企业弹性福利计划,让员工在规定的范围内,根据自身的需求选择心仪的福利组合,从而充分发挥福利的激励作用。

（六）重视团队薪酬

团队薪酬是指根据团队绩效确定对员工的整体奖励,实质是个体薪酬在一定程度上依赖于团队整体绩效的一种薪酬机制。如今,以团队为基础开展项目,强调团队协作的工作方式越来越流行,与之相适应地,针对团队设计的专门的激励方案也越来越常见,其激励效果比简单的个人激励效果更好,团队奖励计划尤其适合人数较少、强调协作的组织。团队薪酬计划具体包括以下三个步骤:首先是明确绩效衡量指标;其次是预先确定团队薪酬的金额;最后是制定团队薪酬计算方法,并提前告知员工。团队奖励有两种常见的模式:一是利润分享计划,指将企业所获得利润或超额利润的一部分在企业和员工之间进行分享的一种计划;二是收益分享计划,指将企业节约的成本在企业和员工之间进行分享的一种团队奖励方式,主要包括斯坎伦计划、拉克收益分享计划及改进生产盈余计划等。

案例分析　　沃尔玛的口号——“员工是合伙人”

沃尔玛公司是由山姆·沃尔顿创立的。1945 年,沃尔顿在美国小镇维尔顿开设了第一家杂货店。1962 年正式启用“沃尔玛”(Walmart)作为企业名称。经过几十年的艰苦奋斗,沃尔玛建立起全球最大的零售王国,2001 年和 2002 年连续名列《财富》杂志 500 强榜首。巨大的成功离不开沃尔玛独特的激励机制——把员工视为合伙人。山姆非常重视人的作用,他说:“高技术的设备离开了高层的管理人员以及为了整个系统尽心竭力工作的员工是完全没有价值的。”山姆一直致力于建立与员工的合伙关系，并使沃尔玛几十万名员工团结起来，将整体利益置于个人利益之上，共同推动沃尔玛向前发展。

山姆将“员工是合伙人”这一概念具体分为三个计划：利润分享计划、雇员持股计划和损耗奖励计划。1971 年，山姆开始实施第一个计划，保证每个在沃尔玛工作了 1 年以上及每年至少工作 1000 小时的员工都有资格分享企业利润。员工离开企业时可以现金或股票的方式取走他应得的利润。雇员持股计划即沃尔玛让员工通过工资扣除的方式，以低于市价 15%的价格购买企业股票。损耗奖励计划的目的就是通过与员工共享企业因减少损耗而获得的盈利来控制盗窃的发生。损耗是零售业的大敌，山姆对有效控制损耗的分店进行奖励，使得沃尔玛的损耗率降至零售业平均水平的一半。出色的组织、激励机制加上独特的发展战略，使得沃尔玛成为世界上顶级的明星企业。

（资料来源：根据相关资料整理。）

问题：

分析沃尔玛公司薪酬设计的成功之处。

第三节 福利管理

一、员工福利的内容

员工福利是社会和企业保障的一部分，是工资报酬的补充或延续。在激励员工、留住员工方面功不可没。它主要包括法定福利和企业福利两个构成部分。

（一）法定福利

法定福利是政府通过立法要求企业必须提供的福利，即政府要求企业为员工提供的一系列保障计划，由企业和员工分别按工资收入的一定比例缴纳社会保障税，其目的在于保障员工的基本生活，维持劳动力的再生产。如养老保险、失业保险、医疗保险、工伤保险、生育保险、住房公积金、法定节假日等。

（二）企业福利

企业福利是企业自身在没有政府立法要求的前提下主动提供的福利项目。企业福利指企业为员工提供的用以改善其本人和家庭生活质量的，以非货币工资或延期支付形式为主的各种补充性报酬与服务。例如，企业为员工提供的班车、制服、员工餐、防暑降温用品等。不同企业的员工福利差别很大，这往往与企业的经济能力、管理理念密切相关。

二、福利计划的设立依据

（一）企业条件

企业在实行福利计划时，首先应考虑企业自身的财力，尽管高福利可能会对员工产生显著的激励作用，但是如果企业自身经济能力不足，则只能选择一些相对常规或性价比高的福利项目,毕竟企业的目标应该是利润最大化,福利项目作为企业的成本支出,只能根据企业自身的财力,在福利的高激励效果与企业成本控制之间进行权衡。

（二）员工沟通

良好的沟通是提高福利满意度的关键。如果管理者期望企业的福利投资获得更好的回报,则需要与员工保持顺畅的沟通。一般而言,无论是企业现任员工还是应聘者,对企业的福利项目及其市场价值往往知之甚少,企业可以通过多样化的渠道与员工进行福利沟通。当然,员工对福利项目的深入了解可能产生正面效应,也可能产生一些负面效应,这取决于福利计划是否合理,是否富有一定的灵活性,能否满足员工多元化的需求。

（三）灵活程度

虽然企业对福利设计越来越重视,福利项目日趋多样化,但是对同一款福利项目的评价不尽相同,普适性的福利项目激励效果不明显,这就涉及福利产品的灵活性问题。企业在制订福利计划时,应充分考虑员工的选择权,兼顾福利的灵活程度与成本控制,既充分发挥福利计划的激励作用,又能提高员工的福利满意度。

三、员工福利的发展趋势

（一）自助式福利计划

近年来,企业为了吸引人才,不断丰富福利项目,提高福利标准,增加福利支出。但是,企业的福利计划有时并不被员工所认可,主要表现在企业提供的普适性福利很难满足不同员工的多元化需求。因此,现代企业的员工福利出现了自助式福利计划的发展趋势。

1. 自助式福利计划的概念

自助式福利又称弹性福利,指员工可从企业提供的福利项目菜单中选择所需的福利,强调员工的参与,体现福利管理的弹性化与动态化。自助式福利计划起源于 20 世纪 70 年代,员工在企业规定的时间和金额范围内,根据自身的需要和生活方式的变化,挑选对自己有价值的福利项目组合。自助式福利计划改变了传统的福利观念,从一种福利保障模式转变为一种薪酬激励模式,从固定的福利方案转变为固定的资金投入方案,强调福利的灵活性与激励性。自助式福利计划不仅赋予了员工对福利的选择权,而且提高了企业福利成本的投资回报率。企业可将节约的福利成本用于绩效奖励,增强福利的激励作用。此外,自助式福利计划通过提高员工的自主选择权,促进了员工与企业之间的沟通,有利于提高员工的忠诚度。

自助式福利计划是一种有别于传统福利的新型员工福利制度,基本原则是让员工对自己的福利计划进行选择,但这种选择受两方面的制约:一是企业给出的总成本的约束;二是每一种福利计划中都必须包括一些非自由选择项目,员工只能在限定的条件下挑选福利项目。

2. 自助式福利计划的形式

由于企业经营环境的多样化和内部的特殊性,自助式福利计划在实际的操作中逐渐演化为以下四种代表性的类型。

（1）附加型弹性福利计划。

附加型弹性福利计划的实施不会降低原有的直接薪酬和福利水平,而是在现有的福利计划之外,提供一些附加的福利项目供员工进行选择,或提高原有福利项目的水平。如原来的福利计划包括房屋津贴、交通补助、免费午餐等,实行附加型弹性福利计划后,可以在落实上述福利的基础上,额外提供附加福利,如补充的养老保险等。

(2) 混合匹配福利计划。

混合匹配福利计划中，员工可根据自身的需求，在企业提供的福利范围内决定每种福利的多少，但是总福利水平不变，一种福利的减少意味着员工有权利选择更多的其他福利。

(3) 核心福利项目计划。

核心福利项目计划是指为员工提供包括健康保险、人寿保险，以及其他一系列企业认为全体员工都应拥有的核心福利项目的组合。企业会将核心福利项目的水平都降低到各项标准要求的最低水平上，然后让员工根据自己的偏好选择其他的福利项目，或者提高某一种核心福利项目的水平。

(4) 标准福利计划。

标准福利计划是一种常见的弹性福利计划，即面对多种不同的福利组合，员工可以在这些组合之间自由进行选择，但是没有权利自行组合自己喜欢的福利项目。

(二) 心理福利

随着"00后"员工开始逐渐成为旅游人力资源的生力军，传统的物质福利已经无法满足"00后"员工的福利需求。"00后"员工自主意识增强，渴望被关注与尊重，心理需求趋于多样化。如休假、人际关系、心理健康、成就感、职业发展等心理福利越来越受到关注。

1. 心理福利的概念

心理福利又称精神福利(Spiritual/Mental Well-being)，是相对物质福利而言的概念，它有广义与狭义之分。广义的心理福利是20世纪60年代西方生活质量运动的概念性产物。狭义的心理福利是员工福利的构成部分之一，是企业为满足员工的精神需要，在薪金之外向员工及其家属提供的各种非物质形式的福利待遇。企业的精神福利以实现员工个性与人格的健全、良好的处事能力和环境适应能力的增强，以及良好人际关系的建立为目标，其实施内容主要包括心理压力疏导、人际关系协调和休闲娱乐活动的开展等。

2. 心理福利的形式

旅游企业的员工具有年轻化、学历不高等特点，在工作负荷与压力增大的背景下，员工的心理问题日益趋多。旅游企业为员工提供各种形式的心理咨询服务，设立心理咨询站、长期聘用心理顾问、开设心理健康专题讲座等，均取得显著的效果。旅游企业还可从落实人性化休假制度入手，提高员工的满意度。员工除了应获得的公休以及国家规定的法定节假日外，还可适当安排工作间歇的休息，灵活用好午休调整时间，有利于放松与调节身心。此外，营造和谐的企业氛围、指导员工进行职业规划等也均有助于提高员工的幸福感。

(三) 长期护理保险

1. 长期护理保险的概念

长期护理保险是指对员工由于年老、疾病或伤残导致生活不能自理，需要在家中或疗养院治病并由专人陪护所产生的费用进行支付的保险。长期护理保险属于健康保险范畴，标的物为员工的健康状况。通常护理期限较长，可能为半年、一年、几年甚至长达十几年，护理的意义在于尽可能长地维持员工的身体机能，而不是以治病为主要目的，长期护理保险可以作为对护理费用的经济补偿。长期护理保险大约20世纪70年代在美国开始出现，在欧洲如德国、法国等地的发展势头良好。在美国，长期护理保险日益成为广大家庭最受欢迎的险种，已占美国人寿保险市场30%的份额。2016年6月，我国人社部印发了《人力资源社会保障部办公厅关于开展长期护理保险制度试点的指导意见》，提出开展长期护理保险制度试点工作的原则性要求，明确河北省承德市、吉林省长春市、黑龙江省齐齐哈尔市等15个城市作为长期护理保险制度试点城市，这标志着国家层面推进全民护理保险制度改革的启动。

2. 长期护理保险的形式

企业提供给员工的长期护理保险主要有以下四种形式。

(1) 企业补充养老保险计划。

法律规定的养老保险水平并不高，不一定能保障员工退休之后过上宽裕的生活。企业为员工设立补充保险计划，有助于提高员工的保险水平，为员工的退休生活提供更多经济保障。为此，在国家法定的养老保险之外，企业自行建立补充养老保险计划越来越普遍。补充养老保险计划的主要方式是提供税收方面的优惠。具体做法有团体养老保险计划、延期利润分享计划、储蓄计划等。

(2) 团队人寿保险计划。

人寿保险是市场经济国家的一些企业为员工提供的一种常见的福利。大多数企业都采用团体人寿保险的形式。相对员工个人购买而言，团体人寿保险可以用较低的保费购买相同的保险。在多数情况下，企业支付全部的基本保险费，附加的人寿保险则由员工自己承担；在个别情况下，基本保险费率也可按一定比例在企业和员工之间分摊。

(3) 健康医疗保险计划。

健康医疗保险计划可以在一定程度上减少因生病或遭受事故给员工本人或家属带来的损失。通常有集体投保和员工自保两种方式。集体投保是指企业向保险公司支付保险费，当员工或其家属发生事故时，保险公司部分或全部赔偿其损失。而有些企业则采取员工自保的形式，企业划出部分资金作为员工的保险金，而不再向保险公司投保，以控制健康保险成本。

(4) 依赖者保健计划。

企业推出依赖者保健计划，借助健康维护组织为员工提供专业的健康医疗保险服务。健康维护组织(Health Maintenance Organizations，HMO)是一种保险公司和健康服务提供者的结合，能够提供完善的健康服务，属于管理型医疗保健的一种。HMO相对于其他保险计划的优点是费用较低，参加者在缴纳保险费后，看病时只需支付少量挂号费，基本不用承担其他费用。HMO通过与保险公司专门签约的特定医疗机构为员工提供医疗服务，并制定一系列的规则来控制开支。医疗机构为了保证获得更多患者，也愿意以折扣价与保险公司签约。除此之外，HMO还主动参与医疗过程，通过管理患者的医疗活动来降低不必要的费用。因此，这种做法有助于降低企业的保险成本。

（四）员工健康管理

员工健康管理是指通过企业自身或借助第三方的力量，应用现代医疗和信息技术，从生理、心理两个方面对员工的健康状况进行跟踪与评估，系统维护企业员工的身心健康，降低企业医疗成本，提高企业员工劳动效率的管理行为。

1. 员工健康管理的概念

员工健康管理是一项专门针对企业用户开发的服务，属于企业人力资源管理的范畴。企业管理者结合健康医疗服务和信息技术，从生理、心理、社会等角度系统地关注和维护企业员工的健康状态。另外，针对员工在工作中的健康危险因素，进行全方位的警示、防范与管理。

2. 员工健康管理的模式

目前，我国员工健康管理的具体职责一般由企业人力资源部门承担。具体的健康管理服务主要由健康管理机构提供，管理模式主要包括以下两类。一类是以大型医药集团为依托的健康管理公司。它从员工健康信息的建档管理、分析、实施，到住院时的针对性治疗，再到治疗后的康复追踪，提供全方位的健康咨询与服务。另一类是交给小型的健康管理机构。这种小型机构不具备良好的预防保健服务网络，服务内容相对单一，管理聚焦于日常保健与养生。该机构在建立与评估分析员工健康信息档案后，通过各种辅助调节手段改善员工的身心状况。不同的企业可根据行业特点、企业财务状况和员工健康状况，选择适合的健康管理模式，也可针对不同员工群体实施不同的健康管理模式，使企业健康服务做到有的放矢。

本章小结

(1) 薪酬福利的概念与构成。薪酬福利是指员工在为企业提供智力劳动或体力劳动的过程中所获得的各种酬劳以及奖励。薪酬可以分为物质性薪酬以及非物质性薪酬，主要包括工资、奖金、津贴、福利等。福利是一种以非现金形式支付给员工的报酬，包括法定福利和企业福利。

(2) 薪酬福利的功能与薪酬管理的原则。薪酬福利具有保障功能、激励功能、信号和调节功能与凝聚功能。薪酬管理应具有公平性原则、竞争性原则、激励性原则、合法性原则、经济性原则和平衡性原则。

(3) 薪酬管理的内容与过程。薪酬管理是指企业在经营战略和发展规划的指导下，综合考虑内外部各种因素的影响，开展岗位评价与薪酬调查，确定薪酬体系、薪酬水平、薪酬结构、薪酬形式，明确员工所应得的薪酬，并进行薪酬调整和薪酬控制的过程。

(4) 薪酬管理的影响因素。影响薪酬分配的组织外部因素包括劳动市场的供求与竞争状况、国家的法律法规、政府的宏观调控、地区与行业的薪酬水平、当地物价变动和生活指数、经济发展水平与劳动生产率等方面。影响薪酬分配的组织内部因素包括企业的业务性质、企业的经营状况和财力、企业文化、员工职位、员工个体的差异、企业劳动生产率与人力资源配置等。

(5) 薪酬体系的选择与薪酬水平的设计。薪酬体系的选择包括基于岗位的薪酬体系、基于能力的薪酬体系、基于绩效的薪酬体系、基于资历的薪酬体系等类型。薪酬水平指企业内部各职位、各部门以及企业整体平均薪酬的高低状况，它反映了企业所支付薪酬的外部竞争性与薪酬成本。在确定薪酬水平时，企业通常可采用三种策略，即高于行业平均水平、相当于行业平均水平、低于行业平均水平。

(6) 薪酬福利管理的发展趋势。薪酬福利管理的发展趋势包括全面薪酬制度、宽带型薪酬结构、激励长期化与薪酬股权化、薪酬制度的透明化、自助式薪酬管理模式、重视团队薪酬等方面。

(7) 福利管理。员工福利包括法定福利与企业福利两种类型。构建员工福利时，应注意企业条件、员工沟通和灵活程度等因素。员工福利的发展趋势有自助式福利计划、心理福利、长期护理保险、员工健康管理等形式。

思考与练习

1. 什么是薪酬福利？什么是薪酬管理？
2. 什么是自助式福利？
3. 请结合旅游企业的实例，分析薪酬福利管理的功能。
4. 简述薪酬福利管理的发展趋势。
5. 试结合实例谈谈旅游企业非物质薪酬的形式。

案例分析

上海贝尔：福利比高薪更有效

上海诺基亚贝尔股份有限公司（以下简称“上海贝尔”）始终把员工看成企业的宝贵资产、企业未来的生命线，并以拥有一支高素质的员工队伍而自豪。企业每年召开的董事会，都有相当多的时间用于专门讨论与员工切身相关的问题，如员工培训计划、奖金分配方案、工资调整和其他福利政策等，而且每年董事会用于讨论此类事项的时间不断增加。上海贝尔的决策者深刻地认识到，员工正日益成为高科技企业在市场竞争中的胜负手。只有抓住员工这条主线，其他战略部署才成为有纲之目。因此，企业的福利政策应该与其总体的竞争策略保持一致。随着企业竞争策略的变化，相应的福利政策也应该随之调整。意识到人在企业经营中的重要性并不困难，难的是如何在企业的日常经营中贯彻以人为本的经营方略。上海贝尔在这方面做了一些卓有成效的探索，并体现在企业的福利政策上。企业管理层为了塑造以人为本的理念，在实际中致力于以下几项工作。

1. 创造国际化发展空间

据上海贝尔前总裁谢贝尔(Gunther Strobel)先生介绍，上海贝尔在经营初期，为当时的外部环境所限，企业福利更多地承袭了计划经济体系下的大锅饭形式。随着企业的发展和中国市场体系日益和国际接轨，上海贝尔在企业福利管理方面日趋成熟。其中重要的一条就是真正做到了福利跟随战略，使上海贝尔的福利管理摆脱了原先企业不得已而为之的被动窘境，企业主动设计出别具特色的福利政策，来营建自身的竞争优势。为了让员工真正融入国际化的社会、把握国际企业的运作方式，上海贝尔的各类技术开发人员、营销人员都有机会前往上海贝尔设在欧洲的培训基地和研发中心接受多种培训，也有相当多的员工能获得在海外的研发中心工作的机会，少数有管理潜质的员工还被企业派往海外的名牌大学深造。如果一个企业能提供各种条件，使员工的知识技能始终保持在国际前沿水平，那么还有什么比这更能打动员工的心呢？

2. 力推自我完善

企业的福利政策应该是企业整体竞争战略的一个有机组成部分。吸引人才，激励人才，为员工提供一个自我发展、自我实现的优良环境，是企业福利的目的。同时，各类人才尤其是高科技领域的人才，在知识和技能方面，自我更新和自我提升的需求日益高涨，这也是很自然的事。“在整个福利架构中，培训是重中之重，我们在此可谓是不遗余力。”谢贝尔感叹道。从企业长期发展的远景规划，以及对员工的长期承诺出发，上海贝尔形成了一整套完善的员工培训体系。上海贝尔尽管不时从外部招聘一些企业急需的人才，但主要的人才来源是高等院校毕业的本科生和研究生。他们进入上海贝尔后，必须经历为期一个月的入职培训，随后紧接着的是为期数月的上岗培训；转为正式员工后，企业会根据不同的工作需要，对员工进行在职培训，包括专业技能和管理专项培训。此外，上海贝尔还鼓励员工接受继续教育，如MBA教育和博士、硕士学历教育，并为员工承担学习费用。各种各样的培训项目，以及新近成立的上海贝尔大学不但提高了企业对各类专业人才的吸引力，也极大地提高了在职员工的工作满意度和对企业的忠诚度。

3. 强调日常绩效

在上海贝尔，员工所享有的福利和工作业绩密切相连。不同部门有不同的业绩评估体系，员工定期的绩效评估结果决定了他所得奖金的多少。为了鼓励团队合作精神，员工个人的奖金还和其所在的团队业绩挂钩。在其他福利待遇方面，上海贝尔也是在兼顾公平的前提下，以员工所做出的业绩贡献为主，尽力拉大档次差距，意在激励广大员工力争上游，从体制上杜绝危害甚重的福利平均主义的弊端。“我们为管理骨干配备了公务用车。我们的福利政策是，你会得到你应有的部分。但一切需要你去努力争取，一切取决于你对企业的贡献。”谢贝尔说，“上海贝尔要在市场上有竞争力，在企业内部也不能排除良性的竞争。竞争是个绝妙的东西，它能使所有人得益。当然，我们的福利政策必须遵循这一规律。”

4. 培育融洽关系

上海贝尔的福利政策始终设法满足员工变动的需求。上海贝尔公司员工队伍的年龄结构平均仅为28岁。大部分员工正值成家立业之年，购房置业是他们生活中的首选事项。在上海房价很高的情况下，上海贝尔及时推出了无息购房贷款的福利项目，为员工们在购房时助一臂之力。而且在员工工作满规定期限后，此项贷款可以减半偿还。如此一来，既替年轻员工解了燃眉之急，也使为企业服务多年的资深员工得到回报，在无形中加深了员工和企业之间长期的心灵契约。

当企业了解到部分员工通过其他手段已经解决了住房，而有意于消费升级，购置私家车时，上海贝尔又为这部分员工推出购车的无息专项贷款。企业如此善解人意，员工当然投桃报李，对企业的忠诚度得到大幅提升。在上海贝尔，和员工的沟通是企业福利工作的一个重要组成部分，详尽的文字资料和各种活动使员工对企业的各项福利耳熟能详，同时企业也鼓励员工在亲朋好友间宣传上海贝尔良好的福利待遇。企业在各类场合也是尽力详尽地介绍企业的福利计划，使各界人士对上海贝尔优厚的福利待遇有一个充分的了解，以增强企业对外部人才的吸引力。

与此同时，上海贝尔还计划在员工福利的设立方面加以创新，改变以前员工无权决定自己福利的状况，给员工一定的选择余地，参与到自身福利的设计中来，如将购房和购车专项贷款额度累加合一，员工可以自由选择是用于购车还是购房；在交通方面，员工可以自由选择领取津贴，自己解决上下班交通问题；也可以不领津贴，搭乘企业安排的交通车辆。一旦员工在某种程度上拥有对自己福利形式的发言权，其工作

满意度和对企业的忠诚度则都会得到提升。

（资料来源：徐剑. 上海贝尔：福利比高薪更有效[EB/OL]. 2014-05-06. http://www.doc88.com/p-3458094545069.html.）

问题：

1. 结合案例谈谈你对“深得人心的福利，比高薪更能有效地激励员工。”这句话的理解。

2. 旅游企业采取哪些措施才能顺应福利的发展趋势？

第八章

员工关系管理

学习导引

员工关系管理作为人力资源管理的重要职能之一，是旅游企业获得员工忠诚的重要途径。员工关系管理已成为旅游企业经营管理的重要润滑剂。通过本章的学习，引导学生理解员工关系管理的相关概念，掌握员工关系管理的内容与职能，熟悉旅游企业员工关系管理的评价方法，了解旅游企业劳动争议的预防和处理过程，熟悉旅游企业员工满意度调查的过程与方法。

学习重点

通过本章学习，重点掌握以下知识要点：

1. 员工关系与员工关系管理概念；
2. 员工关系管理的内容；
3. 员工关系管理的影响因素；
4. 员工关系管理的评价；
5. 劳动争议的处理程序与应对策略；
6. 员工满意度调查的流程与方法。

案例导入　“90后”员工关系管理

“90后”员工是经济全球化、高校扩招背景下的新生代群体。知识经济时代，企业人才需求量较大，“90后”已经成为旅游企业发展的主力军。“90后”员工的群体特征使旅游企业在进行员工关系管理的过程中，面临着许多挑战。实施有效的员工关系管理策略，可以吸引“90后”高素质人才。这对降低员工的离职率，增强员工的责任感和认同感，促进企业的发展具有重要意义。

（资料来源：刘丽萍．中小企业90后员工关系管理研究[J]．中外企业家，2020(17)．）

思考：

在员工关系管理方面，旅游企业可以采取哪些措施管理“90后”员工？

第一节 员工关系管理概述

一、员工关系管理的概念与特点

（一）员工关系的概念与内涵

1．员工关系的来源

“员工关系”最初是因劳资双方的矛盾对抗加剧，阻碍企业的正常发展而引起关注。在劳动者与资本家间的力量对衡中，管理者逐渐认识到让员工参与企业经营过程有利于缓和双方冲突。伴随着管理理论的完善与发展，人性本质的认知不断获得更新与进步。加之国家劳动法律体系的健全，改善与协调员工关系，促进企业内部沟通等活动得到越来越多企业的重视。

2．员工关系的概念

员工关系是企业以契约精神为基础，通过工作而产生的不同主体之间的各种经济、法律和工作关系的总和。员工关系管理是指为建立和维持积极的员工和企业间关系而开展的各种活动，其目的是达成令人满意的生产率，激励员工士气，以及维持工作纪律，同时创造一种积极的、富有成效的、有凝聚力的工作环境。员工关系属于人力资源管理中涉及雇佣行为关系的一个特定领域，建立良好的员工关系有利于提高员工的企业忠诚度。

3．员工关系的内涵

员工关系的内涵可从法律层面与社会层面两方面进行理解。法律层面强调雇佣双方的法律关系，即双方因签订雇佣契约而产生的权利与义务关系；社会层面则是基于不成文的传统、习惯及伦理等建立起的人际、情感与道义等关系。当员工正式入职后，员工关系管理工作就已开始。员工关系涉及企业内部运作过程，因此不宜由企业外部机构进行管理。这就要求管理者对自身企业文化、员工特性、企业现状有清楚的认知，只有这样才能更好地做到知人善任，推动企业的发展与进步。

4．员工关系的实质

员工关系是指企业与员工之间基于雇佣形式而建立的关系。双方之间的合作、冲突、力量、权力的相互博弈是员工关系的具体表现形式。

(1) 合作：在企业中，管理者与员工基于劳动合同、集体协议或心理契约的形式，规定彼此的权利与义务。双方共同遵守既定的规章制度，协调合作，共荣共生。

(2) 冲突：管理者与员工在奋斗目标、利益与期望等方面存在差异，因此在工作过程中难免会产生分歧，甚至因分歧而产生冲突。辞职、罢工、怠工、抵制、旷工等是员工面对冲突的主要应对方式；而关闭工厂、惩罚或解雇员工则是管理者面对冲突的主要解决方法。

(3) 力量:双方选择合作还是对抗,均基于双方的力量博弈。力量是彼此间利益、目标和期望以何种形式表现出来的决定因素,对员工关系的影响较大。它可分为劳动力市场力量和双方对比关系力量。劳动力市场力量由市场供求中的稀缺性决定。一般而言,劳动力市场力量与员工个人技能呈正向关系。双方对比关系力量是指员工影响管理者的力量,其中以退出、罢工、岗位三种力量最为重要。

(4) 权力:权力体现为管理者在员工关系中享有的决策权,如对员工进行工作安排与指导,也包含纠正员工行为和表现的其他方式。管理者拥有的权力可使其在员工关系中处于主导地位,但这种优势地位颇受争议,在某些特殊时间或场合,优势地位可能会发生转变。

(二) 员工关系与劳动关系的区别

1. 员工关系

员工关系产生于管理方与员工及团体之间,是双方因利益而引起的合作、冲突、力量和权力关系的总称,在一定程度上受社会经济、政策、法律制度和文化背景的影响。员工关系又称雇员关系,强调企业内部关系应从员工角度出发,以员工为主体,注重个体层次上的关系和交流。员工关系的核心是注重和谐与合作,这是员工关系与劳动关系的本质区别。

2. 劳动关系

劳动关系不是泛指一切劳动者在社会劳动中形成的所有关系,而是特指劳动者与所在单位在劳动过程中发生的社会经济关系。所谓关系是指在企业的生产经营活动中形成的,涉及企业所有者、经营者、员工与工会组织之间的各种责、权、利关系。具体而言,劳动关系主要体现为劳动者与用人单位之间在工作与休息时间、薪资福利与安全卫生、劳动纪律与奖惩、劳动保险、职业培训等方面形成的关系。劳动关系主要包括企业所有者与全体员工的关系、员工与管理者的关系、管理者与工会组织的关系、工会与员工的关系。主体、客体和内容是劳动关系的三个主要构成要素。主体是指劳动关系的参与者,包括劳动者、劳动者的组织(如工会、职代会)和用人单位等。客体是指主体的劳动权利和劳动义务共同指向的事物,如劳动时间与报酬、劳动安全与卫生、劳动纪律、福利保险、教育培训等。内容是指主客体双方依法享有的权利和承担的义务。

(三) 员工关系管理的概念

员工关系管理的概念包括广义概念与狭义概念。

1. 广义的员工关系管理

广义的员工关系管理是指各级管理者通过制定各项人力资源政策,实施相关管理行为,调节企业与员工、员工与员工之间的关系,促进企业目标的实现。企业文化和人力资源管理体系的构建是广义员工关系管理的重点内容。它涵盖了从企业愿景与价值观体系的确立,内部沟通渠道的建设与应用,组织机构的设计与动态调整,到人力资源政策的制定与实施等,涉及企业与员工、员工与员工之间相互影响的各环节。

2. 狭义的员工关系管理

狭义的员工关系管理主要指企业与员工间的沟通交流。它多采取柔性、激励、非强制的手段以提高员工满意度,促进企业目标的实现。从人力资源管理职能来看,狭义的员工关系管理的内容包括劳动关系管理、人际关系管理、沟通管理、企业文化建设、员工服务与支持、员工关系管理培训等方面。

二、员工关系管理的内容

员工关系管理强调企业与员工间的沟通与交流，追求彼此间的和谐与合作。目前，员工关系管理已成为企业人力资源管理的重要工作。它主要包括以下三个方面的内容。

（一）员工关系的确立与终止

1. 人际关系管理

人际关系管理强调企业应创建和谐的人际关系环境，引导员工建立良好的工作关系，保证企业各部门、上下级、同级间的关系融洽，促进彼此间的相互理解与包容，形成良好的氛围，为更好实现共同的组织目标而奋斗。

2. 员工参与管理

员工参与管理是指让员工以不同形式参与企业的决策与管理过程，给予员工与管理者平等讨论问题与交流的机会。不仅可以让员工感受到企业的信任，从而产生将自身利益与企业发展密切结合的强烈责任感，同时还为员工提供了一个表达与展现自身的机会，具有一定的激励效果。

3. 员工沟通管理

良好的沟通管理是信息上传下达的重要保证。企业中各部门是相互依存的关系。部门间的依存性越大，对沟通协调能力的要求越高。如果企业与员工缺乏及时的双向沟通，管理者对下属了解不充分，下属对所分配的工作任务理解错误，不能准确无误地完成工作任务，就会给企业的经营管理带来损失。

4. 员工离职管理

员工离职是指员工因主动申请辞职或被辞退，办理物品、财务、信息及工作等各项交接手续后离开原来的工作岗位，解除或终止与企业的劳动关系。员工离职管理应区分员工离职的类型，分析员工离职的原因，熟悉员工离职的流程，掌握离职面谈的内容与要领。

（二）员工的健康管理与劳动保护

1. 员工情绪管理

情绪管理指通过研究个体和群体对自身以及他人情绪的认知、协调、引导、互动和控制，充分挖掘和提高个体和群体的情绪智商，培养驾驭情绪的能力，从而确保个体和群体保持良好的情绪状态。员工情绪管理特指培养员工驾驭情绪的能力，使员工保持良好的工作情绪与状态，从而在工作中更具适应性与灵活性。

2. 员工援助计划

员工援助计划(Employee Assistance Program，EAP)是企业为员工提供的一项系统、长期的服务项目，以解决员工及其家人的心理和行为问题为核心，促进员工的个体成长。员工援助计划形式多样，涉及工作压力、心理健康、危机事件、职业生涯发展、健康生活方式、法律纠纷和理财问题等多个方面，有利于帮助员工平衡工作与生活的关系。

3. 员工压力管理

随着国际化进程的加速，市场经济的不断发展，企业间的竞争逐渐加剧，这让越来越多的员工感受到巨大的工作压力。压力与员工的缺勤率、离职率、事故率及工作满意度等方面息息相关。如果压力得不到释放或缓解，将会影响员工的情绪甚至身心健康，进而影响工作，对企业的负面影响也将是潜在的、长期的。

4. 职业健康安全管理

职业健康安全管理指企业从身体、心理两方面为工作场所的安全和健康提供保障。一方面是确保员工的身体健康，减少或避免职业病的发生；另一方面是确保员工的心理健康，能够坦然面对工作中的困难、挫折与挑战。对员工职业健康安全造成侵害的因素主要包括生产过程中的安全事故，工作场所的有害有毒物质，以及对健康不利的工作环境等。《中华人民共和国劳动法》规定劳动者享有获得劳动安全保护的权利，以保证员工在劳动过程中的安全和健康。

（三）员工劳动争议管理

1. 劳动争议处理

劳动争议处理是指基于劳动法律关系，劳动者和用人单位在执行劳动法律法规或履行劳动合同过程中，就劳动权利和劳动义务关系所产生的争议进行处理。劳动争议处理的内容涉及员工入职面谈、离职手续办理、员工申诉、人事纠纷和意外事件等方面。

2. 劳动关系管理

劳动关系管理指通过规范化与制度化的管理，使企业与员工双方的行为得到规范，彼此的权益得到保障。维护稳定、和谐的劳动关系有助于促进企业经营的稳定运行。劳动关系管理的主要内容包括劳动合同的签订与解除、集体合同的协商与履行、劳动争议处理、员工沟通管理、职业安全卫生管理、拟定劳动关系管理制度六个方面。

3. 员工纪律管理

纪律体现为员工自我控制以及有秩序的行为，是企业有序管理的重要前提。纪律并不意味着僵硬的规定和严格遵守信条，而是指正常而有秩序的活动。良好的纪律管理能在确保全体员工利益的同时，不侵犯他人的权利。员工纪律管理引导员工遵守企业的各项规章制度、劳动纪律，提高员工的组织纪律性，在一定程度上对员工的行为规范产生约束作用。

三、员工关系管理的影响因素

企业是社会中的一个有机体，难免会受到外部的经济、政策、法律、技术、社会文化等环境的影响。员工关系作为企业关系的一个方面，同样会受到企业内部因素的影响。

（一）外部环境因素

1. 经济环境

经济环境包括宏观经济状况与微观经济状况。前者如经济增长速度和失业率，后者如市场竞争程度。当社会中的失业率较高时，劳动力市场的力量就会减弱，从而影响工作预期。当同行业工资水平普遍上升时，企业可能面临增加薪酬的压力。首先，经济环境影响员工的薪酬福利水平、就业、工作转换以及工会的发展；其次，经济环境会影响产品生产、岗位设计、工作程序等；最后，经济环境会间接影响员工关系的整体状况，改变员工关系主体双方的力量对比。一方面，劳动力市场的经济环境变化直接影响双方的劳动力市场力量的消长；另一方面，要素市场的变化通过影响企业的生产函数和员工的消费函数来改变双方的成本收益，从而带来各种关系力量的变化。

2. 政策环境

政策环境主要是指政府制定的各项方针政策，包括货币政策、财政政策、就业政策、教育政策以及其他相关政策等。首先，就业政策对企业员工关系管理的影响最为直接。它通过调整供求状况、经济激励和惩罚措施来改变企业与员工的关系。如我国出台了残疾人就业的政策，对残疾人就业比例达到一定标准的企业给予税收等方面的优惠，保障了残疾员工的权益。其次，教育和培训政策主要影响人力资本投资的供求。通过教育改变员工的知识技术结构，调节不同类型的劳动力市场供求，以及企业的资本与劳动的比重，会对员工关系产生持久的影响。通过培训提高员工的素质与技术水平，影响企业提供的工作种类、工资和工作条件。最后，货币与财政政策可以通过影响资本的价格，改变资本和劳动的价格比率来影响企业的雇佣决策和企业的劳动关系。

3. 法律环境

法律环境是指规范雇佣双方行为的法律或其他力量的机制，这些机制规定了双方的权利与义务，具有相对的稳定性。如《中华人民共和国劳动法》规定了集体谈判中双方的权利义务、雇员的最低工资、健康和安全保护等。法律要求雇主承认工会，并同工会进行集体谈判，因而调整工会会员的工资和工作条件。法律是政府调整劳动关系的最基本形式。目前，我国在规范劳动关系、保护劳动者权益方面的法律法规仍有待完善。

4. 技术环境

技术环境是企业经营管理中最活跃的影响因素，企业必须以战略的眼光密切注视科学技术前沿的动向和发展趋势。新技术的出现与运用不仅会改变产业结构与产品的生产方式，还会改变劳动力市场上不同技术种类人才的供求状况。例如，随着我国IT产业的兴起，计算机、网络方面的人才需求量成倍增加。这类人才在劳动力市场中的需求明显上升，因而在员工关系中占据更大的优势。在文旅融合背景下，复合型跨界人才、知识型员工备受企业青睐。

5. 社会文化环境

社会文化环境是指在一种社会形态下已形成的信念、价值观念、宗教信仰、道德规范、审美观念以及世代相传的风俗习惯等被社会所公认的各种行为规范。在人力资源管理中，其也延伸为各国、各地区、各企业的主流价值观、传统习惯、信仰等。文化的影响是潜移默化的，它通过社会舆论和媒介来产生影响。对于违反社会文化规则的个人和企业，惩罚措施虽不像法律那样具有强制性，但其作用也不可低估。

（二）内部环境因素

企业的组织结构、工作环境、管理方式、企业文化等均属于员工关系管理的内部环境因素。

1. 组织结构

组织结构是企业进行流程运转、部门设置及职能规划的基本依据。组织结构需要根据企业总目标，把企业管理要素配置在一定的方位上，确定其活动条件，规定其活动范围，形成相对稳定而科学的管理体系。适宜且高效的组织结构能够最大限度地释放企业的能量，创造良好的员工关系氛围，使企业更好地发挥协同效应。

2. 工作环境

广义的工作环境指与工作有关的物理环境和社会环境。狭义的工作环境指企业周围的物理环境，如办公室、工厂、车间等。员工关系管理可从个体、人际和企业三个层次对工作环境进行分析。个体分析主要分析对工作直接产生作用的环境条件，如工作场所的大小、照明、通风、噪声等；人际分析主要分析工作空间中交谈的便利程度和工作空间的象征性作用，如工作空间与工作区域的布局特点反映员工在地位、身份上的特征；企业分析包括最大范围的物理环境，集中于分析建筑的内部结构和外部布局，如办公室的远近与分隔等。

3. 管理方式

企业管理者的管理理念与管理方式是影响员工关系管理的重要因素。管理方式解决如何进行管理的问题,包括管理方法、管理手段、管理程序三个方面。管理方法指用来实现管理目标的手段、方式、途径和程序的总和,即运用管理原理,实现企业目标的方式。任何管理都离不开选择并运用恰当的管理方法。管理手段涉及工作的方法与技巧。管理程序是管理者实施管理的方针和步骤。

4. 企业文化

企业文化是企业在经营管理过程中逐步形成的管理思想、群体意识以及与之相适应的思维方式和行为规范的总和,是企业管理者提倡上下共同遵守的文化传统和不断革新的一套行为方式。它体现为企业价值观、经营理念和行为规范,渗透于企业的各个领域。其核心内容是培育企业价值观、企业精神、企业经营理念,通过建设和实施企业文化,提高企业员工的思想道德水平,优化企业人文素质,为员工关系管理营造良好的氛围。

第二节 员工关系管理的过程

一、员工劳动关系的确立与终止

劳动关系是指在劳动过程中,劳动者与企业之间发生的所有关系的总称,具体是指由雇佣行为而产生的关系。劳动力的特殊性体现在其依附于人身上,与人身不可分割的属性。劳动关系一旦建立,在职责上双方就具有从属关系。

(一) 员工参与管理

1. 员工参与管理的概念

道格拉斯·麦格雷戈认为员工参与管理是为充分发挥员工能力,鼓励员工为企业做更多努力与贡献而设计的一种参与过程与管理模式。参与管理指让员工参与企业部分重大问题的决策过程,采纳员工的合理建议,激发员工的主人翁感与责任感,提高员工的工作积极性与组织忠诚度。员工参与管理既能对个人产生激励,又能为企业目标的实现提供保证。

2. 员工参与管理的形式

(1) 分享决策权。

分享决策权是指下级在一定程度上分享直接上级的决策权。当工作趋于复杂时,管理者无法了解工作全貌,因此选择与下级分享决策权,让了解工作细节的员工参与决策,以便做出更完善的决策。分享决策权能够增强各部门员工在工作中的相互依赖性,也能够使集体协商解决问题成为常态。共同参与决策不仅可以提高决策的质量,而且还可以增加员工对决策的承诺。由于员工参与了决策过程,决策的实施便会获得更高的支持率。

(2) 代表参与。

代表参与是指从全体员工中选取部分代表参与决策,目的在于重新分配企业的决策权,把员工放在同资方、股东的利益平等的地位上。当前,工作委员会和董事会代表是代表参与最常用的两种形式。工作委员会把员工和管理层联系起来,任命或选举出部分员工,在企业做出重大决策时必须与之商讨。董事会代表是指进入董事会并参与部分决策的员工代表。

(3) 质量圈。

质量圈是由一组员工和监管者组成的共同承担责任的工作群体。质量圈的成员定期会面,讨论质量问题并分析原因,提出改进建议,并实施解决措施。质量圈承担着解决质量问题的责任,对质量管理工作进行反馈与评价,不过管理层保留实施方案的决定权。另外,由于基层员工不一定具备分析和解决质量问题的能力。质量圈可能还会为参与的员工提供质量测定与分析的策略和技巧、群体沟通的技巧等培训。

(4) 员工股份所有制。

员工股份所有制是指员工拥有所在企业的一定数额的股份。员工股份所有制使员工自身利益与企业利益密切相关,不仅能够提高员工的主人翁意识,而且能够显著提高员工的工作满意度。员工因为拥有企业的股份,会定期被告知公司的经营状况,一定程度上拥有对企业经营施加影响的机会。

(5) 员工参与团队。

企业可以利用各类团队鼓励员工参与解决企业相关问题。这类团队可能是一种临时性的团队,其成员主要从事特殊的分析性任务,比如降低生产成本或提高生产率。有些企业通过任命暂时的问题解决团队将这一过程正规化处理。这些问题解决团队负责识别与分析工作流程及企业遇到的问题,并及时寻找解决方案。

3. 员工参与管理的适用性

员工参与管理过程中的关键因素包括权力、信息、知识与技能、报酬等。首先,给予员工一定的决策权力是首要因素。权力可体现为工作任务分派、客户服务和员工选拔等。授予员工的权力大小可不同,从简单地为管理者输入决策信息,到员工集体做决策,再到员工自主做出决策。其次,充分的信息对正确决策至关重要。企业应保证参与管理的员工掌握运作过程,以及结果数据、业务计划、竞争状况、工作方法、组织发展观念等信息。再次,企业应提供训练和发展计划,培养和提高员工的知识和技能,以确保员工能够做出好的决策。最后,合理的报酬能有力地吸引员工参与管理。给予员工参与管理的机会,不仅能为员工提供内在的报酬,如实现自我价值与获得成就感,而且还能给员工提供外在的报酬,如奖金、晋升等。在参与管理的过程中,这四个方面的因素必须同时起作用。如果仅仅授予员工做决策的权力和自主权,但得不到必要的信息、知识与技能,员工也难以做出好的决策。如果授予员工权力的同时保证他们获取足够的信息,对其知识和技能也进行训练和提高,但并不将绩效结果的改善与报酬联系在一起,那么员工也可能会失去参与管理的热情。

(二) 员工沟通管理

1. 员工沟通管理的概念

在人力资源管理过程中,信息交流并不是简单地发送电子邮件或在网站上发布消息。有效的沟通与高效的薪酬方案一样,需要对沟通对象进行分类,并针对不同的对象群体发送相关的信息,然后通过各种媒介加以传递和强化。员工沟通的内容主要包括绩效反馈、薪酬福利、职业发展、个人努力程度和个人贡献等。

2. 员工沟通管理的途径

(1) 建立全方位的沟通机制。

建立多角度、双向的、多级的沟通机制对企业发展至关重要。全方位的沟通机制可以形成管理层与部门领导、部门领导与普通员工、管理层与普通员工、普通员工之间的多层次交流对话机制，保持沟通渠道的畅通。双向沟通可以让管理者听取员工意见，关注员工的所思所想，有助于彼此间的相互理解、相互尊重和感情交流。沟通的方式包括正式渠道与非正式渠道。正式渠道如书面方式的邮件、公告和布告栏等，非正式渠道如口头通知、简报小组和公共发言体系等。

（2）提高沟通效率与质量。

首先，企业应针对不同时期、不同员工的情况，合理确定沟通的时间和次数。比如，对试用期为 3 个月的新员工，正式沟通的次数应以 1～3 次为宜。一方面，对新员工可起到提醒作用；另一方面，及时沟通能给新员工纠正错误的机会。另外，管理者在与员工约谈时，要尊重员工已有的工作安排，切忌强令指定和破坏，要做到彼此尊重。

其次，确定沟通地点。沟通要选择合适的地点，避免在公共区域进行。部门管理者在初次会见新员工时应避免选择在自己的办公室，减少给员工带来的“压迫感”。选择会议室会让双方觉得公平，便于平等、顺利地进行沟通。另外，沟通过程中应尽量避免不必要的干扰与中断。

最后，确定沟通的内容与方式。管理者应根据不同员工在不同时期面临的问题，有针对性地确定沟通的内容与方式。比如对试用期新员工的沟通，可以从“知识、技能、态度、需提高”四个角度考虑，可用试用期员工考核表来做备忘录。同时，也可根据沟通的内容与重要性，确定采用正式或非正式的沟通方式。

案例分析　　迪士尼的员工沟通管理

迪士尼是一家在全球拥有众多员工的知名跨国企业，早在几十年前它就认识到员工意见沟通的重要性，并且不断地加以实践。现在，企业的员工意见沟通系统已经相当成熟和完善。迪士尼的员工意见沟通系统主要分为两个部分：一是每月举行的员工协调会议；二是每年举办的主管汇报和员工大会。

1. 员工协调会议

早在多年前，迪士尼就开始试行员工协调会议，员工协调会议是每月举行一次的公开讨论会。在会议中，管理人员和员工共聚一堂，商讨一些彼此关心的问题。迪士尼的总部、各部门、各基层组织都举行协调会议。在开会之前，员工可事先将建议或意见反映给参加会议的员工代表，代表们将在协调会议上把意见传递给管理部门；管理部门也可以利用这个机会，同时将企业的政策和计划讲解给代表们听，相互之间进行广泛的讨论。

在员工协调会议上都讨论些什么呢？以下摘录一些资料。

问：企业新设置的自助餐厅周围的墙上一片空白，很不美观，可不可以增加一些装饰？

答：企业已有打算，准备布置这片空白。

问：管理部门已拟工作 8 年后才有 3 个星期的休假，管理部门能否放宽规定，将限期改为 5 年？

答：企业已经做了很大的努力，诸如团体保险、员工保险、退休金福利计划、增产奖励计划、意见奖励计划和休假计划等。我们将继续秉承以往精神来考虑这一问题，并呈报上级。如果批准了，将在整个企业实行。

问：可否对刚病愈的员工给予照顾，使他们在康复期内，担任一些较轻松的工作。

答：根据医生的建议，给予个别对待。最后的决定权在医生，只要这些员工拿到医生证明，每周工作将不会超 30 个小时。

问：企业有时要求员工星期六加班，是不是强制性的？如果某位员工不愿意在星期六加班，企业是否会算他旷工？

答：除非重新规定员工工作时间，否则，星期六加班是属于自愿的。在销售高峰期，如果大家都愿意加班，而少数不愿意加班，应仔细了解其原因，并尽力加以解决。

要将迪士尼众多员工的意见充分沟通，就必须将协调会议分成若干层次。实际上，企业内共有 90 多个这类组织。如果有问题在基层协调会议上不能解决，将逐级向上反馈，直到有满意的答复为止。如果事关企业的总政策，则要在首席代表会议上才能决定。总部高级管理人员认为意见可行，就立即采取行动；认为意见不可行，也需要把不可行的理由向大家解释。员工协调会议的开会时间没有硬性规定，一般都是一周前在布告牌上通知。为保证员工意见能迅速逐级向上反馈，基层员工协调会议应先开。

同时，迪士尼也鼓励员工参与另一种形式的意见沟通。企业在四处安装了许多意见箱，员工可以随时将自己的问题或意见写下来投到意见箱里。为配合这一计划，企业还特别制定了一些奖励规定，凡是员工意见经采纳后产生显著效果的，企业将给予优厚的奖励。令人欣慰的是，企业从这些意见箱里获得了许多宝贵的建议。如果员工对这种间接的意见沟通方式不满意，还可以采用更直接的方式，如面对面地和管理人员交换意见。

2. 主管汇报

对员工来说，迪士尼的主管汇报、员工大会的性质，与每年的股东财务报告、股东大会相类似。员工每人可以收到一份详细的企业年终报告。这份报告一般有 20 多页，包括企业发展情况、财务报表分析、员工福利改善、企业面临的挑战以及对协调会议所提出的主要问题的解答等。企业各部门接到主管汇报后，就开始召开员工大会。

3. 员工大会

员工大会都是利用上班时间召开的，每次人数不超过 250 人，时间大约 3 小时。大多在规模比较大的部门里召开，由总部委派代表主持会议，各部门负责人参加。会议先由主席报告企业的财务状况和薪金、福利、分红等与员工有切身关系的问题，然后便开始问答式的讨论。这里有关个人的问题是禁止提出的。员工大会不同于员工协调会议，提出来的问题一定要具有一般性、客观性，只要不是个人问题，总部代表一律尽可能予以迅速解答。员工大会比较欢迎预先提出问题的这种方式，因为这样可以事先充分准备，不过大会也接受临时性的提议。

以下列举一些讨论的资料。

问：本企业高级管理人员的收入太少了，企业是否准备采取措施加以调整？

答：选择比较对象很重要。如果选错了参考对象，就无法做出客观评价，与同行业比较起来，本企业高层管理人员的薪金和红利等收入并不少。

问：本企业在目前经济不景气时，有无解雇员工的计划？

答：在可预见的未来，企业并无这种计划。

问：现在将企业员工的退休基金投资在债券上是否太危险了？

答：近几年来，债券一直是一种很好的投资，虽然现在经济比较不景气，但是立即将这些债券脱手将会造成很大损失。为了这些投资，企业专门委托了几位财务专家处理，他们的意见是值得我们考虑的。

迪士尼每年在总部要先后举行10余次的员工大会，在各部门要举行100多次员工大会。那么，迪士尼员工意见沟通系统的效果究竟如何呢？在20世纪80年代的全球经济衰退中，迪士尼的生产率每年平均以大于10%的速度递增。员工的缺勤率低于3%，流动率低于12%，在同行业最低。

（资料来源：根据相关资料整理。）

问题：

迪士尼的员工沟通管理有哪些值得借鉴的经验？

（三）员工离职管理

1. 离职的概念

广义上的离职即劳动移动。它是指劳动者从一个地方移动至另一个地方，即地域间移动，或从某一职业转移至另一个职业，即职业间移动，或从某一产业移转至另一种产业，即产业间移动，同时也指某一特定组织如企业员工的流入和流出。

人力资源管理者最关注员工在企业间的移动。它可分为企业内部的移动、从企业内部往外部的移动以及从企业外部往内部的移动。企业内部移动的主要方式是人力的配置转换或工作轮换，从企业内部往外部的移动称为离职，从企业外部往内部的移动称为入职。狭义的劳动移动一般指离职，即从企业内部往外部的劳动移动，也就是员工自愿从企业流出或自愿离开企业。本章探讨的是狭义的离职问题。

2. 离职的类型

(1) 按员工是否依据个人意愿离职分类。

离职以员工是否自动移动为标准可划分为自动离职与非自动离职。自动离职是员工依据个人意愿做出离职决定，通常称为辞职。员工辞职的原因有很多，可能是为了追求新鲜感，或追求高收入、高福利，或谋求更大发展、增加阅历，或出于改善人际关系，或因为婚姻、家庭、出国、升学等，自动离职的原因既有对现有工作的不满等主观原因，也有个人或家庭的客观原因。非自动离职是指非员工意愿，而是企业从自身利益出发强制执行的离职，通常称为免职或辞退。非自动离职又可分为解雇和暂时解雇。其原因主要是员工工作能力减退、工作表现不符合企业规定，或无法满足企业要求时，企业依据正当理由予以解雇。当业务紧缩、歇业或经济不景气时，为了节省成本，企业也可能暂时解雇员工。另外，员工虽然愿意继续工作，但已达退休年龄，此类情况也属于非自动离职。员工在达到退休年龄之前的自愿退休则属于自动离职。

(2) 按离职是否可以避免分类。

按离职是否可以避免可分为可避免的离职与不可避免的离职。可避免的离职是指通过企业管理者的努力改变员工心意的离职，通常大部分自动离职属于可避免的离职范围。不可避免的离职是指员工因疾病、死亡、怀孕等不可回避的原因，即不可控制的原因而导致的离职。

(3) 按离职对企业的影响分类。

依照离职对企业的影响，其可分为功能性离职（低绩效）与非功能性离职（高绩效）。功能性离职是指企业要求员工离职,可能因为员工的绩效评估不合格,或企业因素所致,员工个人不一定愿意离职。非功能性离职是指员工个人想离职,但企业希望挽留他,这类员工的绩效通常较高。

3. 离职的管理对策

(1) 自动离职的管理对策。

一般而言,从企业的维持和发展来看,应尽可能控制自动离职的人数,即尽可能抑制因对企业的报酬、福利、工作时间及其他工作条件等不满而产生的可避免的离职,以确保企业人力资源的稳定性。企业之所以非常重视自动离职是因为它不仅影响企业形象,而且可以反映企业经营管理的不足。企业针对引发自动离职的因素,可采取以下管理对策。

第一,建立和完善制度性管理策略。建立企业内部申诉制度以及人事咨询制度,改善各种人际关系以解决员工的不满。重视辞职、离职事件,处理好员工的内部提拔、外部引进、人才跳槽和制约问题。建立有效的绩效考核制度,采取多种激励措施稳定人才。可在保证管理策略与组织目标一致的情况下,以晋升、薪酬和福利等方面满足员工的个人需求。

第二,建立有效的程序化沟通。企业要想留住高忠诚度的员工群体,可为员工投入更多的时间、精力与资金,与员工保持顺畅的沟通,建立充分信任的关系,引导员工不断地提升能力与改善绩效。企业只有尊重员工意见,以情感交流温暖员工,以良好的职业晋升机制、和谐的组织氛围留住员工,关注员工团队建设与组织凝聚力的培养,才能实现员工关系的长久稳定。

第三,工作再设计。员工需求不同,对工作所负的责任也不相同。如果员工对自身成长要求较高,就会更愿意接受高技术性、挑战性及自主性的工作,通过提升工作动机与工作绩效,获得成长。对员工习惯性、例行性工作进行再设计,提升员工工作挑战性、自主性,赋予员工参与决策的权力,能够使员工获得快速成长。

(2) 非自动离职的管理对策。

非自动离职的典型形式是解雇,解雇是离职方式中较强硬且痛苦的形式。一般而言,解雇的依据来源于员工的绩效考核记录、矫正员工过失的指示记录、书面警告、法律法规以及企业的规章制度等。企业为纠正员工不良行为所做的警告,虽然通常被认为是非效率的措施,但却是维护企业整体纪律与制度的必要手段。非自动离职需要人力资源管理者付出更多的耐心与技巧,通常员工关注的内容是企业辞退理由以及个人需承担的责任、个人可能面临的损失和补偿。企业在解雇员工的过程中,应给予员工辩解或倾诉的机会,疏导员工的负面情绪。非自动离职可能也会面对劳动争议问题,详情请见后续的相关内容。

4. 离职面谈

离职面谈是指员工在提出离职申请后,由人力资源部相关人员进行面谈。了解员工离职原因,对优秀员工予以挽留,根据面谈结果制定有利于企业发展的人力资源策略。部门负责人接到员工辞职的消息后,要第一时间和员工进行充分沟通,了解其离职原因,确定是否可以挽留。离职面谈的内容主要包括导致离职的主要事件,离职的背景与真实原因,技能水平,收入情况,出勤情况,对企业管理文化的评价,员工对企业的工作环境以及内部人际关系的看法,对离职后本岗位后续工作展开的建议,以及离职后个人职业生涯规划等。此外,还要了解该员工掌握企业机密的程度,并对优秀员工予以挽留,探讨改进工作状况的方法以及改善其工作环境、条件待遇的可能性,阐明企业和员工各自的权利和义务,征求员工对企业或所在部门的意见或建议。

离职面谈是企业员工关系管理的一项重要工作。面谈环节不仅可以为企业人力资源流动状况分析提供基础记录，更重要的是建立了员工沟通的有效渠道。在面谈过程中，人力资源管理者可以根据部门对员工辞职的态度，判断准予或不准予辞职，代表企业向员工表示对辞职的重视，并善意提醒员工注意违约责任和一些附属协议中的保密责任、知识产权等条款，防范员工损害企业合法权益。

二、员工的健康管理与劳动保护

（一）员工心理健康管理

1. 心理健康管理的概念

随着工作节奏的加快与竞争压力的加剧，员工心理健康问题日益突出。员工心理健康是指员工拥有一种高效而满意的、持续的心理状态，主要表现为员工的职业压力感、职业倦怠感、职业方向感、组织归属感、人际亲和感等处于积极、均衡的状态。员工心理健康管理是指管理者应用心理学知识和现代信息技术，系统地关注和维护企业员工的心理健康。实施员工心理健康管理的企业能使员工感受到温暖与关心，增强员工的归属感，提高员工的工作热情。企业通过创造良好的工作环境，为员工提供良好的心理氛围，并对员工及其亲属的心理问题进行辅导，排解心理困扰，减少因工作带来的心理伤害，提升员工的心理健康水平，降低企业的管理成本，从而达到提高组织绩效的目的。

2. 心理健康管理的途径

有效的员工心理健康管理可为企业带来无穷的效益。从企业角度来说，员工心理健康管理的干预方式为认识和排除压力源以缓解压力，防止心理性疾病和精神障碍性疾病的发生。首先，企业通过营造良好的企业文化氛围，鼓励并帮助员工提高心理保健能力，以开设宣传专栏或心理健康课程的方式，让员工掌握自我调适的方法，增强心理抗压能力，并在此基础上推荐个性化的教育培训、互动交流、自助调适和专家咨询服务，通过员工的积极参与、主动互动，维护和提高员工的身心健康。其次，企业通过构建心理健康档案，定期实施压力监控与压力预警，界定员工的心理健康状况，对出现心理亚健康的员工进行及时干预。最后，可将员工的心理健康管理与企业人力资源管理的各环节进行有机结合，从制度上、组织上、程序上保障员工的心理健康。

（二）员工援助计划

1. 员工援助计划的概念与发展

员工援助计划是企业为帮助员工解决健康、心理、经济等方面的问题而设计的一套系统的、长期的福利与支持项目。它通过专业人员对企业进行诊断，并对员工及其家属提供专业的指导、培训与咨询，旨在解决员工及其家庭成员的各种问题，提高员工的工作绩效与企业的组织绩效。

员工援助计划（EAP）最初产生于20世纪初的西方国家。管理者发现员工酗酒、吸烟等行为严重影响了生产效率。为了消除员工这些不良行为习惯对企业造成的影响，管理者采取行为纠正的方法来帮助员工克服这些成瘾行为，于是产生了最初的EAP服务模式。接受行为纠正的员工在一定程度上能够摆脱这些不良嗜好，工作效率与生活质量也得到明显改善。后来管理者又发现影响员工工作效率的原因有很多，如家庭负担、人际关系等。因此，EAP的服务领域逐步得到扩展。

2. 员工援助计划的内容

随着现代社会的发展，企业规模的扩大，导致员工工作绩效降低的原因逐渐增多。员工援助计划的范围因此不断拓展。员工援助计划涉及员工的生活和工作两大方面。员工个人生活问题包括健康、焦虑、人际关系、家庭关系、经济、法律、情感困扰、酗酒、药物成瘾及其他相关问题等。工作方面的问题包括工作要求、工作中的公平感、工作中的人际关系、欺负与威吓、工作与家庭平衡、工作压力及其他相关问题等。

员工援助计划通过将预防和处理相结合、解决普遍问题和个别问题相结合的方式，帮助企业消除或削弱诱发员工问题的来源，增加员工心理健康方面的知识，提高抗压能力与自我调节能力，并向有需要的员工提供有效的咨询服务。同时，员工援助计划有助于提高员工的劳动生产率与生活质量，降低企业运营成本，保障社会安宁。

（三）员工压力管理

1. 压力与压力管理的概念

压力是当个体去适应由周围环境引起的刺激时，在身体上或者精神上出现的生理反应，它可能对个体的心理和生理健康状况产生积极或者消极的影响。当压力显现时，人会本能地调动身体内部的潜力来应对各种刺激因素，这时会发生一系列的生理和心理变化。适当的压力能够使员工产生工作的动力，但过大的压力反而会让员工精神颓废，无所适从。

压力管理是个体对感受到的挑战或威胁性环境的适应性反应。为了预防和减少压力对员工和企业造成的消极影响，发挥其积极效应，许多企业管理者已开始关注员工的压力管理问题。企业实施适当的压力管理能有效地减轻员工的心理压力，保持适度的压力，从而使员工提高工作效率，进而提高组织绩效与企业利润。

2. 员工压力的来源

（1）个人层面的压力源。

个人层面的压力源来自工作、生活与社会等多个方面。工作方面的压力源有物理环境、个人承担的角色及其角色冲突、人际关系等因素，其管理策略有锻炼、放松、行为自我控制、认知疗法以及建立社会和工作网络等。

（2）组织层面的压力源。

组织层面的压力源来自企业的管理政策、组织结构和设计、组织程序、组织氛围与工作条件等。其管理策略是消除或者控制组织层面的压力源，从而减少员工的工作压力。例如，当员工面对新技术、新环境，遇到紧急任务或重大任务时，或日常的工作流程和工作强度被打破时，员工可能会产生压力。企业应给予员工一定的培训或疏导，才能够让员工全身心投入工作，并感受到企业的关心。

3. 员工压力管理的方法

减轻员工压力可从企业与员工双方着手。缓解或消除因组织层面所造成的工作压力，企业负有首要责任。企业可从以下五个方面着手为员工减压。

（1）改善工作环境和条件。

工作环境与条件是影响员工工作效率的重要因素。因此，企业应尽量为员工提供一个具有安全感和舒适感的工作环境。如宽大的办公空间、安静的环境、高品位的装饰、舒适的照明、清新的空气、高级的办公设备等。这些配置不仅能在快节奏的工作中减轻员工的工作压力，而且能够有效提升员工的工作效率。

(2) 设计合理的工作负荷。

好的工作设计不仅能减少工作的单调重复性,使工作具有一定的挑战性和刺激性,同时还可避免职责模糊所造成的互相推诿,调整工作中的人际关系,有利于提升员工的工作满意度,减少其退缩行为。重新设计工作可以使员工感到身心愉快,有助于排除他们的工作疲劳感,提升其对环境的良性适应。当然,工作再设计时还要考虑个体差异性,只有当人和工作匹配时,工作压力才能得到真正的缓解。

(3) 建立公平的内部管理机制。

许多工作压力来源于企业内部不公平的管理机制,包括晋升机制、竞争淘汰机制、绩效考核机制、激励分配机制等。不公平的企业管理机制不仅会使员工产生强烈的不满,而且会给员工构成较大的工作压力,甚至会造成企业内部管理秩序的混乱。另外,新生代员工倾向人性化管理的组织氛围,喜欢以尊重其个体思想与能力的方式开展工作。因此,构建人性化的管理文化,保持企业管理机制的公平公正,是减少员工工作压力的方式之一。

(4) 企业变革期的减压措施。

企业并购、重组、机构调整、裁员等重大变动是员工压力急剧增加的特殊时期,此时期形成的工作压力如果处理不当,持续时间越长,影响面就会越大,从而会引发严重的后果。因此,在这些关键时期,企业应及时、妥当地做好员工安置工作,尽快减少压力因素的蔓延,避免压力因素扩大到整个组织层面或影响到没有参与组织变动的员工。

(5) 提供医疗保健项目。

企业可为员工提供缓解员工工作压力的医疗保健项目。首先,企业可提供各种健身设备与环境,鼓励员工进行健身锻炼,举办各种休闲活动,不仅能够释放与缓解员工的工作压力,而且还可增强员工的身体素质。其次,企业可邀请压力管理专家开展讲座,引入压力管理的培训,开展压力管理知识的宣传,培训员工正确面对压力,并提升自身处理压力的能力。最后,企业可聘请资深专业人士为心理咨询员,免费为员工提供心理咨询与辅导,提高其自我调适能力。

三、员工劳动争议管理

(一) 员工申诉管理

1. 申诉的概念

学界对申诉的概念有不同的界定。朱西斯(Micheal J. Jucius)认为申诉(Grievance)是员工对企业的有关事项感到不公正或不公平时,表示出来的任何形式的不满。戴维斯(K. Davis)认为申诉是指员工对其雇佣关系所感到的任何真实的或想象的不公平。简而言之,申诉是指组织成员以口头或书面等方式,对组织或企业有关事项所表示的不满。

2. 申诉的意义

(1) 为员工提供正式程序,用以维护其合法权益;

(2) 疏导员工不满情绪,缓和整体工作氛围;

(3) 有助于人力资源管理规章制度进行合理调整;

(4) 防止不同层次管理者权力的不当使用;

(5) 辅助集体协议的运用,以应对违法的劳动争议行为;

(6) 减轻高层管理者处理员工不满事件的精力消耗;

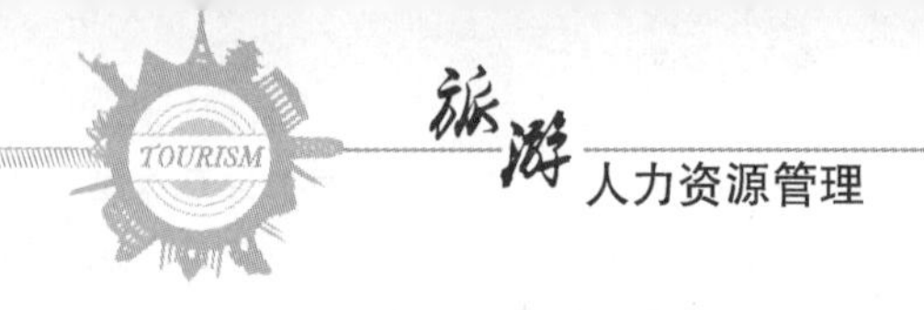

(7) 提高企业解决内部问题的能力，避免组织外部介入或干预，使问题扩大或恶化。

3. 申诉的类型

(1) 个人申诉。

个人申诉多体现为管理方惩罚员工而引起的纠纷。个人申诉通常由员工个人或工会的代表提出，内容范围包含管理方的书面警告至最终员工被解雇整个过程中可能引发的任何争议。争议内容主要针对违反集体协议中规定的个人和团体的权利，如有关资历的规定、未遵守工作规则、不合理的工作安排或工资水平等。

(2) 集体申诉。

集体申诉是为了集体利益而提出的政策性申诉。集体申诉通常是工会针对管理方，在某些情况下，也可能是管理方针对工会违反协议条款的行为而提出的质疑。集体申诉虽不直接涉及个人权利，但却影响整个谈判单位的团体利益，一般由工会委员会的成员代表工会的利益提出。如管理方把协议中规定的本属于企业内部安排的工作任务外包给其他企业，这一做法意味着在谈判单位内部雇佣员工数量的减少，工作岗位也相应减少，因此工会可能提出集体申诉。

4. 申诉的范围

员工申诉制度的主要作用在于处理员工工作过程中的不满，其范围一般仅限于与工作相关的问题。凡是与工作无关的问题通常应当排除在外。例如，员工的私人问题、家庭问题。虽然这些问题可能会间接影响其工作绩效，但并不是申诉制度所覆盖或所能够处理的问题。员工提出申诉的事项主要包括薪酬福利、劳动条件、安全卫生、规章制度、工作分配及调动、奖惩与考核、群体间的互动关系以及其他与工作相关的不满等。

5. 申诉的程序

处理申诉的程序，因企业规模大小、事情轻重以及有无工会组织而有所不同。有的申诉程序只有一两个阶段，有的则多达五六个阶段。申诉程序也可能因企业不同而存在差异。但一般而言，申诉的起始阶段多由申诉人与其管理者直接协商，然后由工会代表和企业主管洽商，如争端仍未获解决，最终则通过第三方仲裁。原则上，如果能在第一阶段解决问题，申诉就不再进入第二阶段。在无正式工会组织的企业，员工若有任何抱怨与不满，一般由申诉人与其主管直接协商，如果没有解决则依次向上一级主管提出，直至最高主管来解决。在有工会组织的企业内部，员工申诉程序往往通过正式的流程来处理。员工申诉的处理程序一般分为以下几个步骤。

(1) 受理员工申诉。

管理者在接受申诉的过程中，要心平气和地对待申诉人，用客气、关怀的语气询问申诉人，并观察其态度与言行，从其态度和表达中发现抱怨或不满产生的根源所在。

(2) 查明事实。

管理者要查明争议事实，不得有偏袒，如果事情涉及双方，则要对双方的事实都进行调查。调查内容主要包括员工是否违反了有关规定？员工是否了解这一规定？员工是否已经得到适当的警告和提示？对员工的处理是否与过去的个案一致？处理结果是否合理且公平？查明事实的方法包括实地调查、员工面谈，分析和检讨各项政策、规定和措施，核查员工资料，与有关人员分析探讨等。

(3) 解决问题。

管理者在了解员工申诉的事实真相之后，应设法加以解决，并解释清楚事实缘由，解除员工的误解。一般而言，解决员工申诉的方法主要包括：提供与抱怨产生原因有关的信息；对各项申诉事实给予解释；对员工表示充分同情；对员工说明事实绝非他所想象的恶劣；承认员工的人格尊严和价值；必要时给予员工一定的帮助；协助员工勇于面对现实；帮助员工解决私人所遭遇的各种困难；利用工作轮换解决冲突；改善企业的物质条件。

（4）申请仲裁。

如果员工的申诉不能在企业内部得到解决，则双方可以诉诸第三者或公权力进行仲裁。申诉仲裁大多属于自愿仲裁，当事人可以自由确定仲裁员。仲裁结果对双方具有约束力。当事人不服仲裁裁决，可以诉诸法院审判，但必须证明仲裁员有下列情形之一：超越其仲裁审理的权限，或违反集体协议的规定；因个人利益或偏见导致仲裁裁决有失公平；没有遵循法定的程序；对集体协议或法律的含义存在实质性的误解。一般而言，只有具备充分、明显的证据才能质疑仲裁者的资格和清廉，否则仲裁员的裁决就作为最终的裁决，双方当事人必须遵守。

（二）劳动争议处理

1. 劳动争议的概念与表现

劳动争议指劳动关系双方当事人之间关于劳动权利和劳动义务的争议。劳动争议是市场经济和社会化大生产的必然产物，体现了员工与企业之间的利益矛盾。

一般来说，劳动争议主要的表现有两种类型：其一是企业在聘用员工时没有严格按照《中华人民共和国劳动法》的规定，没有保障员工应有的权利，导致员工和企业之间产生了争议；其二是员工没有很好地履行自身的劳动义务，导致与企业之间发生冲突，引发劳动争议。企业处理劳动争议应遵循下列原则：着重调解，及时处理；在查清事实的基础上，依法处理；当事人在适用法律上一律平等。

2. 我国劳动争议的处理程序

《中华人民共和国劳动争议调解仲裁法》规定劳动争议案件处理的先后程序为：调解、仲裁、判决，体现“仲裁前置”的原则。劳动争议案件未能和解的，当事人可向本单位劳动争议调解委员会申请调解；调解不成或当事人不愿调解的，可向劳动争议仲裁委员会申请仲裁；对仲裁裁决不服的，当事人可向人民法院提起诉讼，未经劳动争议仲裁委员会仲裁的案件人民法院一律不予受理。

3. 企业劳动争议的应对策略

（1）健全和完善企业人力资源管理制度。

企业人力资源管理制度主要包括薪酬制度、招聘与录用、培训与开发、绩效考评与奖惩管理、工作时间与休假管理、劳动保护与劳动条件、福利保险管理、员工行为准则等。企业人力资源管理制度一定要完善、全面、缜密。企业在依法拟定这些制度之后应及时告知员工，并监督制度的贯彻执行。企业人力资源管理制度必须公开透明，并用书面文件形式进行存档。确保企业人力资源管理制度的健全与可操作性，是避免劳动争议的基础。

（2）提高争议预见能力，掌握应诉技巧。

人力资源管理者应提高对劳动争议产生的预见能力，并在劳动争议产生前做好准备工作，对问题员工的处理要预先准备好充分的证据。一般而言，管理者在进行问题处理前收集证据较为容易，而在问题处理后再进行证据收集就十分困难。因此，管理者要注意及时、尽可能全面地收集证据，将证据准备好后再处理问题员工。人力资源管理者只有主动工作，提高预防劳动争议的能力，才能有效避免争议或在争议中胜诉。

案例分析　劳动报酬发生争议怎么办?

2017年3月,张某与某快餐企业签订了负责外卖递送的劳动合同,但没有写明递送的地域范围。上班后才发现递送的范围包括近郊,而近郊的交通条件比较恶劣,尤其在晚上更是危险。张某做完一个月后,发现工资并没有比一般岗位的员工多,他认为自己的劳动条件比原来想象的恶劣得多,于是要求企业加薪,企业觉得与合同不符,予以拒绝。张某又要求如果不加薪,就缩小递送的范围,企业仍然认为与合同不符,也不同意。张某觉得很不公平,但他又不知如何说服企业。

(资料来源:根据相关资料整理。)

问题:

张某应该如何维护自己的正当权益?

知识活页　《中华人民共和国劳动合同法》关于劳动合同争议的相关规定

(三)员工纪律管理

1. 纪律管理的概念

广义而言,纪律就是秩序。纪律不是僵硬的规定和严格的信条,而是指正常而有秩序的活动。纪律管理是指维持组织内部良好秩序的过程,也即凭借奖励和惩罚措施来纠正、塑造、强化员工行为的过程,或指将企业员工的行为纳入法律环境,对守法者给予保障,对违法者予以适当惩罚的过程。

2. 纪律管理的类型

员工纪律管理强调改变员工行为的过程。根据其功能和作用的不同,可分为预防性纪律管理和矫正性纪律管理两类。

(1) 预防性纪律管理。

预防性纪律管理强调采用积极有效的激励方法,鼓励员工遵守劳动标准和规则,以预防违规行为的发生。其基本目的是鼓励员工自律,努力向上。

(2) 矫正性纪律管理。

矫正性的纪律管理是指当员工出现违规行为时,为了阻止违规行为继续发生,使员工未来的行为符合标准而采取的管理措施。矫正性纪律管理偏重惩戒，典型的矫正性措施是采取某种形式的处罚，如警告、降职或暂停薪资等，目的是改变员工的不当行为，防止类似行为的发生。

3. 纪律管理的意义

企业通过规章制度规范管理活动，约束员工行为，确保组织目标的达成。在企业的生产运营过程中，只有每个员工都有组织、有领导、有纪律地进行活动，才能确保劳动过程有序进行。如果没有严格的劳动纪律，每个员工各行其是，自由行动，那么各项工作可能根本无法顺利进行。因此，在企业中构建并维持良好的纪律成为管理者的重要任务。

4. 纪律管理的程序

纪律管理程序的目的在于防范问题员工，促进普通员工的自我约束。管理者确立纪律管理目标是关键，另外，还应与员工进行及时沟通，并据此来评价与修正员工的不当行为。

(1) 确定纪律管理目标。

制定纪律法规的目标在于引导和规范员工工作行为，使之井然有序，以提高员工的工作效率，进而提高企业的竞争力。确定纪律管理目标的意义在于确保组织目标的实现，同时保障员工个人的合法权益。

(2) 拟定工作和行为规范。

一般而言，纪律法规应涵盖工作行为的各个方面，凡是直接或间接影响企业目标达成的事项都应拟定具体的纪律法规，以规范员工的工作行为。纪律法规的制定应当公平合理、简单明确，避免模棱两可、含糊不清，否则在执行中容易出现困难，引发员工的反感和抗议。

(3) 沟通目标与内容。

纪律法规要得到切实执行和遵守，员工就必须对其目标和内容有充分的了解。因此，企业在制定纪律法规的过程中应积极鼓励员工参与，确保员工对纪律法规的支持与落实。

(4) 评估与修正员工行为。

定期和不定期地记录员工平时的工作表现，并将纪律法规运用于绩效评价，对员工行为予以检讨和评估，并作为管理决策的参考。在绩效评估之后，应指出员工的不当工作行为，并运用适当的惩戒措施予以修正。

第三节 员工关系管理的评价

一、员工关系管理评价的概念和方法

(一) 员工关系管理评价的概念

员工关系管理评价是指通过对企业的员工关系政策、管理制度、管理项目、管理行为的效果进行评定，为进一步改善员工关系提供决策参考的一种评价方式。

(二) 员工关系管理评价的方法

1. 横向方法

横向方法是将员工关系管理评价指标放在人力资源管理综合评价指标之下进行评价的一种方法，充分反映员工关系管理对人力资源管理、企业战略目标实现的支持程度。

2. 纵向方法

纵向方法即采用专门的员工关系管理评价指标体系进行评价的一种方法，充分体现员工关系管理职能的特点。针对员工关系管理的评价要素包括：企业的员工关系价值取向、员工关系管理政策、员工关系管理体系、员工关系改进机制、员工关系管理项目、员工关系管理能力等。

3. 替代方法

替代方法即根据企业管理的需要，通过对一些单项指标的调查分析，推断员工关系整体状况，并以此判断企业员工关系管理效果的一种方法，如员工满意度调查、员工忠诚度调查等。

二、员工关系管理评价模型

员工关系管理的效益是人力资源管理系统的协调、效率与效果，以及员工满意度的综合体现。因此，可从适应性、执行性和有效性三个方面来评价员工关系管理的指标体系。其中，适应性是对员工关系管理系统内外部协调的反映；执行性反映员工关系管理系统的内部运作情况；有效性反映员工关系管理活动的效果。员工关系管理评价模型如图 8-1 所示。

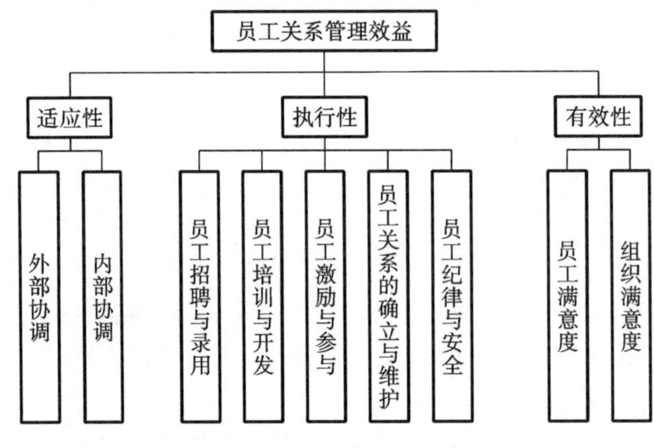

图 8-1 员工关系管理评价模型

(1) 适应性分为外部协调与内部协调两个方面。外部协调包括员工关系管理政策与法律的符合性，与企业战略、经营理念和企业文化的相容性，以及员工关系管理系统和企业其他子系统的协调与配合；内部协调是员工关系管理、人力资源管理各职能之间的协调，以及员工关系管理者、人力资源管理者与一线管理人员之间的协调与配合。

(2) 执行性可以从员工招聘与录用、员工培训与开发、员工激励与参与、员工关系的确立与维护、员工纪律与安全五个方面来衡量，主要从时间、成本、质量等角度反映员工关系管理活动的效率。

(3) 有效性可以从员工满意度和组织满意度两个方面来衡量。员工满意度是指人力资源管理系统满足员工个人目标的程度，部分反映员工关系管理的成效。员工关系管理对组织目标实现的贡献程度主要通过员工参与管理、员工关系改进、提高劳动生产率等方面来反映，这也是组织满意度的体现。

三、员工满意度调查的实施

(一) 员工满意度调查的概念

员工满意度是指员工对其工作特征的认知评价与一般态度，也是对其在组织中所扮演的角色的感受或情感体验，是将实际所得与期望所得对比后，员工对工作各方面的满足程度和情绪反映。工作涉入度、组织承诺和工作动机等都与员工满意度有密切联系。

问卷调查是员工满意度调查的主要形式，通过收集员工对企业管理各方面满意程度的信息，然后进行专业、科学的数据统计和分析，真实反映公司经营管理现状，并将所得结论作为管理决策的客观参考依据。一般而言，员工满意度调查有利于培养员工对企业的认同感与归属感，增强企业的向心力和凝聚力。

（二）员工满意度调查的目的

员工满意度对其工作效率有重要影响。员工满意度水平低往往会导致员工情绪低迷，工作效率不高；员工满意度水平高则其对工作比较投入，离职倾向较低。员工满意度调查已成为多数企业管理诊断的依据，通过满意度调查，企业可以提前发现隐患问题，及时寻找解决问题的方法。

1. 诊断潜在问题

员工满意度是衡量员工对企业管理制度与自身工作满意程度的重要指标。员工满意度调查有利于全面审核企业管理，及时发现企业潜在的管理问题，解决低生产率、高损耗率、高人员流动率等问题。如果发现员工的薪酬满意度呈下降趋势，就应对企业的薪酬福利制度进行检查，找出导致不满情绪的原因并采取措施予以纠正。

2. 分析问题症结

员工满意度与缺勤率之间呈一定程度的负相关关系，即员工满意度越低，缺勤率越高。员工满意度与流动率之间也呈显著的负相关关系。因此，提高员工满意度不仅有助于降低缺勤率，而且能降低员工流动率。当企业从员工满意度调查中发现员工存在高缺勤率、高离职率等情况时，应及时采取有效措施，减少企业的人才流失，维护稳定和谐的员工关系。

3. 评估企业政策与制度

员工满意度调查有利于改善企业内部管理，能够有效评价企业政策和组织规划中的各种变化。管理者可通过前后变化对比更好地了解企业政策与制度对员工满意度的影响，为修订企业政策与制度提供依据。此外，员工满意度调查也是人力资源决策的基础和前提，有助于企业对人力资源现状做出客观判断与正确分析，明确自身优劣势，使企业内部条件、管理目标与市场环境实现动态的平衡，为提高企业竞争力创造有利的条件。

4. 促进员工沟通

员工满意度调查属于群体沟通方式，是管理者与员工之间重要的信息交流和反馈渠道。一方面，员工满意度调查有利于激发员工参与企业管理的热情，让员工主动表达自身想法；另一方面，管理者可根据收集到的员工真实需求，有的放矢地制定和调整管理制度，有利于企业制定正确的人才决策，提高管理效果。

5. 增进员工归属感

员工满意度调查的本质是员工对企业管理工作的监督，体现了企业文化中员工参与的思想，有利于改善企业内部管理，使员工更加信任与支持企业。管理者认真对待员工满意度调查，不仅能使员工感受到企业的重视和关怀，而且有利于员工树立以企业为中心的群体意识，不断增强员工对企业的向心力与凝聚力。

（三）员工满意度调查的内容

员工满意度调查的内容由影响员工满意度的因素构成。洛克（Locke）提出员工满意度构成因素包括工作本身、报酬、晋升、认可、工作条件、福利、自我、管理者、同事以及组织外成员十个因素。阿莫德(Arnold)和菲德曼(Feldman)认为影响员工满意度的因素包括工作本身、上级、经济报酬、升迁、工作环境和工作团体六个因素。

1. 员工满意度调查问卷

根据调查对象的差异,员工满意度的内容包括员工间关系的满意度,员工对企业的满意度和员工对工作的满意度三个方面。另外,根据不同的调查目的,大致可将调查内容分为工作本身满意度、工作群体满意度、企业满意度三个方面。

(1) 工作本身满意度。

工作本身满意度包括以下四个方面:①工作空间质量,即对工作场所的物理条件、企业所处地区环境的满意程度;②工作作息制度,即合理的上、下班时间和加班制度等;③工作配备齐全度,即工作必需的条件、设备及其他资源是否配备齐全;④福利待遇满意度,即对福利、医疗和保险、休假的满意程度。

(2) 工作群体满意度。

工作群体满意度包括合作和谐度与信息开放度两个维度。合作和谐度包含上级的信任、支持和指导,同事的相互了解和理解,以及下属领会意图、完成任务的情况等;信息开放度包含信息渠道畅通,信息的传播准确高效等。

(3) 企业满意度。

企业满意度包括企业了解度和组织参与感两个维度。企业了解度包含对企业历史、企业文化、战略政策的理解和认同程度等;组织参与感包含员工的意见和建议得到重视、参加决策等。

2. 盖洛普咨询公司的测量问卷

通过对员工满意度的测量与分析,企业能够了解员工的工作状态,从而及时采取针对性的管理对策,增强企业凝聚力。关于员工满意度调查,盖洛普咨询公司开发了一套包含十二个题项的测量问卷,涵盖了影响员工满意度的诸多因素。

(1) 在工作中我有明确的工作职责;

(2) 我拥有完成工作必需的设备与设施;

(3) 每天都有机会发挥我的特长;

(4) 在过去的七天中,我曾经受到表扬;

(5) 上级和同事关心我;

(6) 在公司,有人关心我的成长;

(7) 公司的宗旨使我感到我的工作很重要;

(8) 在公司,我说话能得到尊重;

(9) 我在工作单位有一个最好的朋友;

(10) 我的同事对工作质量精益求精;

(11) 在过去的六个月内,公司有人谈到我的进步;

(12) 去年,我有机会学到新东西。

(四) 员工满意度调查的流程与方法

1. 制订调查计划

企业要进行有效的员工满意度调查,明确调查目的是关键。它包括了解企业现存问题、寻找员工离职的原因和对策等,如针对薪酬水平满意度、工作环境满意度等进行的专门调查。此外，不同的调查目的决定不同的调查对象、调查计划、内容和方法。调查对象可能是全体职员，也可能是某一个或几个部门的员工代表，明确调查对象有利于提高调查效率。然后是选择调查方法。如从不同的部门、年龄、性别分层选取一些员工进行座谈，获取与满意度调查内容有关的企业信息。运用文案调查法，对企业内部业务经营部门、计划统计部门和档案部门的记录等资料进行收集与归纳。通过资料分析，充分了解企业现有的经营环境和人员状况，并在此基础上拟订调查计划。

2. 选择调查方法

根据事先拟订的调查计划，管理者可以灵活选择不同的调查方法，实施调查方案，形成书面报告。常见的员工满意度调查主要有以下三种方法。

（1）工作描述指数法。

该方法是最常见的员工满意度调查方式。打分标准分为差、较差、一般、较好、好五个等级。通过填表人的打分，可以判断出员工对工作环境、工作回报、工作群体的满意程度。

（2）明尼苏达工作满意调查表。

该调查表含有二十大项，每一个大项下有五个小项，共计一百个细项调查内容。明尼苏达工作满意调查表也有简单形式，即二十个大项可以直接填写每项的满意等级，并将二十项满意等级进行加总后得到总满意度。

（3）彼得需求满意调查表。

该调查表是开放性的，适用于管理人员的调查。问题集中在具体的管理工作上，每个问题都包括三句话，如“在目前的管理职位上，你的个人成长和发展机会如何？理想的状况应如何？而现在的实际状况又如何？”

三种调查方法均有正确性、可靠性和全面性的特点，可以准确反映企业想要调查的内容，提供企业管理者感兴趣的影响因素的详细数据。企业可根据员工满意度调查的目的及自身特点选择适当的方法。不论采用何种调查方法，最终都要形成书面调查报告。

3. 分析调查结果

通过对调查问卷进行检验、归类、统计，用文字或图表形成调查结果，评价并分析现存的问题，提出改革的具体措施，最终提交综合报告。要结合并思考各方面的反馈信息，对员工满意度不高的原因进行分析，不能以偏概全。

4. 实施改进措施

根据员工满意度调查的结果实施改进措施是十分有必要的，否则员工会把满意度调查视为形式主义，从而对企业管理制度丧失信任。此外，存在的矛盾不会随时间的推移而自动消失，积累时间越长，爆发力度越大。企业应及时采取措施，如建立并落实各项规章制度，培育企业文化等。

5. 跟踪反馈效果

员工满意度调查工作的最终结果不是实施改进措施，而是对改进措施进行两方面的效果评价。一是评价措施的经济性，即企业能否以较少的投入获得显著的产出；二是评价措施的实用性，即员工满意度的改善程度如何。采用成本-效益分析法评价改进措施的经济性。成本包括进行员工满意度调查以及实施改进措施所花费的成本。效益表现为企业劳动生产率、出勤率、顾客投诉率、销售收入、利润率等指标的变动情况。对改进措施的实用性评价需要根据下一轮的调查结果来判断，因为整改措施的效果不可能一步到位，立竿见影。

企业可以根据员工满意度调查，准确、全面地了解员工满意度状况，以及员工现实和潜在的需求，从而制定和实施针对性的激励措施，激发员工对工作与企业的奉献精神，提高员工和管理者的各项技能，从而达到减少劳动争议的目的。

综上所述，员工关系管理的问题归根结底属于人的管理，突出表现为管理者的问题。所以，管理者尤其是中高层管理者的观念和行为起着至关重要的作用。在员工关系管理和企业文化建设中，管理者应是企业利益的代表者，群体的首要负责人，以及下属的培养者和新观念的开拓者，规则执行的督导者。在员工关系管理中，每一位管理者能否把握好自身的角色，实现自我定位、自我约束、自我实现乃至自我超越，关系到员工关系管理的成败和水平，更关系到企业文化建设的成败。因此，每一个管理者都应对员工关系管理进行更多的思考与实践。

本章小结

（1）员工关系管理的概念。员工关系是组织中以契约精神为基础，通过工作而产生的不同主体之间的各种经济、法律和工作关系的总和。广义的员工关系管理是指各级管理者通过制定各项人力资源政策，实施相关管理行为，调节企业与员工、员工与员工之间的关系，促进企业目标的实现。狭义的员工关系管理主要指企业与员工间的沟通交流。

（2）员工关系管理的影响因素。员工关系管理的影响因素分为企业的外部环境因素和内部环境因素，前者包括经济、政策、法律、技术、社会文化等，后者包括组织结构、工作环境、管理方式、企业文化等。

（3）员工关系管理的过程。员工关系管理主要涵盖员工劳动关系的确立与终止、员工的健康管理与劳动保护、员工劳动争议管理三个方面。员工关系的确立与终止包括员工参与管理、员工沟通管理、员工离职管理等；员工的健康管理与劳动保护包括员工心理健康管理、员工援助计划、员工压力管理等；员工劳动争议管理包括员工申诉管理、劳动争议处理、员工纪律管理等。

（4）员工关系管理评价的概念与方法。员工关系管理评价是指通过对企业的员工关系政策、管理制度、管理项目、管理行为的效果进行评定，为进一步改善员工关系提供决策参考的一种评价方式。员工关系管理评价的方法包括横向方法、纵向方法、替代方法等，员工满意度调查是员工关系管理的重要评价方法之一。

思考与练习

1. 什么是员工关系？
2. 什么是员工关系管理？员工关系管理主要包括哪些内容？
3. 劳动合同订立、续签、解除的依据和条件是什么？
4. 简述员工劳动争议处理的概念与程序。
5. 如何进行员工的心理健康管理？
6. 如何开展员工满意度调查？

案例分析

生生不息的华为文化

华为成立于1987年。经过多年的艰苦创业，在2010年以218.21亿美元营业收入首次进入《财富》杂志发布的世界500强排行榜，名列第397位。2011年以273.557亿美元年营业收入位居第352位。到2012年，华为已连续3年入选财富500强，以315.4亿美元名列第351位。2013年，华为首超全球第一大电信设备商爱立信，排名第315位，爱立信排名第333位。2014年，华为排名由2013年的第315位上升至285位。2015年华为排名比2014年又有大幅提升，上升57位至228位。2016年，华为又提升了将近百名，位居第129位。

华为的企业文化就像企业的“魂”，推动着华为管理的改进。华为文化是华为管理实践的总结，而华为的管理制度和规范是华为文化中相对稳定的部分，符合华为企业核心价值观，通过实践反复验证为正确，并在员工心目中达成共识后，用条文的形式加以固化，经过正式签发和颁布，为员工共同遵守。只有与华为员工的文化背景相适应的管理制度和规范，才能与华为的实际相符合，才具有执行力。

从1996年初开始，企业开展了“华为基本法”的起草活动。“华为基本法”总结、提升了企业成功的管理经验，确定了华为二次创业的观念、战略、方针和基本政策，构筑了企业未来发展的宏伟架构。华为依照国际标准构建企业管理系统，不遗余力地进行人力资源的开发与利用，强化内部管理，致力于制度创新，优化企业形象，极力拓展市场，建立具有华为特色的企业文化。

以“华为基本法”为里程碑，华为继续吸收了包括IBM等企业在内的管理理念，形成了均衡管理的思想，完成了企业的蜕变，成为中国优秀的国际化企业之一。“华为基本法”实际上是根据任正非的思维因果，用统一的语言集中进行的一次梳理，是中国企业第一次完整系统地对其价值观的总结，对中国的企业文化建设起到很大推动作用。

（资料来源：根据相关资料整理。）

问题：

1. 该案例体现了员工关系管理的哪些方面？
2. 华为的员工关系管理有哪些值得借鉴的地方？又存在哪些不足之处？

第九章

跨文化管理

学习导引

跨国经营是大型旅游企业实现扩展与持续发展的主要选择，跨文化管理已经成为人力资源管理的重要挑战。通过本章的学习，引导学生理解文化的概念与特性，掌握人力资源跨文化管理的概念与内容，熟悉人力资源跨文化管理模式，并掌握旅游人力资源跨文化管理的重要性、特点与对策。

学习重点

通过本章学习，重点掌握以下知识要点：

1. 文化的概念、构成与特性，人力资源跨文化管理的概念与内容；
2. 文化理论与跨文化管理理论；
3. 人力资源跨文化管理的四种模式，文化融合的前提与实施对策；
4. 文化冲突的概念与处理模式；
5. 旅游人力资源跨文化管理的重要性与对策。

案例导入　中美酒店人力资源管理差异

随着国际性交流与合作的增强，我国酒店业的国际化程度日益提高，在管理过程中面对越来越多的跨文化管理的问题。美国的酒店行业国际化程度高，其经营管理理念对我国酒店的经营管理有一定的启发。

中美酒店在人力资源管理上的差异主要体现在以下两个方面。首先是选拔和任用人才的侧重点不同。我国一直有着尊重传统、“长幼有序”的观念，并且酒店行业是十分重视员工实践经验的行业。因此，我国酒店在选拔人才时，比较重视员工的工作经验与年龄，以及员工的政治素养与人际脉络，在任用人才上强调员工“服从命令听指挥”。而美国企业则有着很大的不同，美国的法律规定禁止用人单位因为员工的年龄、性别等差异区别对待。因此，美国的酒店在用人方面，比较重视员工的责任感与工作能力，不关注员工的人际关系与工作经验。在员工的选拔和任用方面，重视员工的专业技能、服务水平与个人潜力。

其次是等级观念影响下领导方式的不同。中美之间的等级观念有着十分显著的差异。我国有着很强的等级观念，通常基层员工没有参与决策的机会，只是执行命令者，决策权往往集中在管理者手中，导致员工对管理者有着一定的敬畏感，这可能对员工的工作状态与绩效产生不利的影响。而美国酒店的管理者则十分注重民主，管理者往往是带着服务员工的态度，让酒店的员工拥有更多的自主权，对工作更加满意，促使员工给予顾客更好的服务。美国酒店的员工还可以参与到酒店的决策之中，能够对酒店规定的制度产生怀疑，并提出相应的建议。

（资料来源：贺同庆. 跨文化背景下中美酒店管理比较研究[J]. 度假旅游，2019(2).）

思考：

结合案例，谈谈文化差异对酒店人力资源管理的影响。

第一节　跨文化管理概述

一、文化的概念与内涵

文化在中国古代是指“以文教化”。《周易》曰：“观乎天文，以察时变；观乎人文，以化成天下。”“天文”指的是自然规律，“人文”指的是社会道德规范，大意是人类从自然、社会中获取文化，利用文化来驾驭、改造自然，教化世人。文献中正式出现文化一词是在西汉以后，刘向《说苑・指武》中写道：“圣人之治天下也，先文德而后武力。凡武之兴为不服也。文化不改，然后加诛。”现代汉语中通用的文化一词，首先是由日本学者在翻译西学时借用了汉语的词汇，后又由日文转化过来的，成为一个内涵丰富、外延宽广的概念。英语中的 Culture，德语的 Kultur，都源于拉丁语的 Colere 一词，有耕作、居住、练习、留心、敬神等多种含义，后逐渐延伸出与物质含义相对的精神含义，具有性情陶冶、品德教化等内涵。

（一）文化的概念

到了现代，关于文化的概念还是见仁见智。1865 年，文化学的奠基者爱德华・伯内特・泰勒[①]在《人类早期历史与文化发展之研究》中提出，文化是一个复杂的总体，包括知识、艺术、宗教、神话、法律、风俗以及其他社会现象。1871 年，他在《原始文化》中对文化的定义做了修改：所谓文化，就其广泛的民族志的意义上来说，是知识、信仰、艺术、道德、法律风俗及任何人作为社会成员而获得的所有能力和习惯的总体。泰勒的定义影响了其后许多学者，特别是文化人类学家和民族学家。

---

① 爱德华・伯内特・泰勒(Edward Burnett Tylor，1832～1917)，英国文化人类学的奠基人、古典进化论的主要代表人物。

19 世纪后半叶及 20 世纪，文化人类学的各流派的代表人物，都给文化下过不同的定义，对文化的外延及内涵做出了不同的界定。1952 年，美国文化人类学家克罗伯和克拉克洪①合著的《文化：概念和定义批判分析》，罗列了从 1871 年到 1951 年之间关于文化的 160 多种定义，其中包括人类学家、社会学家、精神病学家以及其他学者的论点。按照内容的侧重点划分，文化的定义分为记述的定义、历史的定义、规范的定义、心理的定义、结构的定义和发生的定义六类。两位学者给文化下了一个综合的定义：文化存在于各种内隐的和外显的模式之中，借助符号的运用得以学习和传播，并构成人类群体的特殊成就，这些成就包括他们制造物品的各种具体式样。文化的基本要素是传统的(通过历史衍生和由选择得到的)思想观念和价值，其中尤以价值观最为重要。换言之，文化是历史上创造的生存式样的系统，既包括显性式样又包括隐性式样，具有为整个群体共享的倾向，又或是在一定时期中为群体的特定部分所共享。文化体系一方面是行为的产物，另一方面又是进一步的行为的决定因素。

我国著名学者钱穆认为，人类各方面各种各样的生活汇总起来，并将长时间的绵延性加进去，就称之为文化。文化并不是平面的，而是立体的。钱穆在《文化学大义》中将文化概略地分为物质文化、集体文化和精神文化三个层次；按照文化特征划分，钱穆将文化分为农耕文化、游牧与商业文化两种类型；按生活形态划分，钱穆将人类的生活划分为经济、科学、政治、艺术、文学、宗教和道德七大类，称之为文化七要素。

《辞海》对“文化”的界定如下：广义的文化是指人类社会历史实践过程中创造的物质财富和精神财富的总和；狭义的文化则是指社会的意识形态，以及与之相适应的制度与组织机构。文化是一种历史现象，每一个社会都有与其相适应的文化，并随着社会物质生产的发展而发展。文化作为意识形态，既是一定社会的政治和经济的反映，又反作用于一定社会的政治和经济。

(二) 文化的构成

文化是人们的生活方式和认识世界的方式。从管理学的角度看，文化是一系列规范和准则，以及在这种规范和准则约束下，人们的态度与行为，是人们一代代传下来的对于存在价值和行动的共识。美国著名组织行为学家艾德佳·沙因②在著作《组织文化与领导》中，将文化划分为由外而内的三个层面。在创建企业文化时，人们是由基础往顶层砌筑的，但在认识它时，却是由可见的表象逐层深挖到它隐含的内核。

表层文化是文化的各种表现，易于观察或识别，能给予人们强烈的冲击，让人感受到文化的存在和力量，通常是一些可见的事实，包括成员的行为模式，以及一些有形的、具有象征性标识意义的事物。如企业使命说明、口号标语、英雄模范的事迹、礼仪典章规范等可以感知的软件和硬件。

中层文化是指一个社会的规范和价值观，包括群体或组织共同信奉与提倡的精神、原则等，是对表层文化所含内容的解释与说明。

核心文化是一个社会共同的关于人为什么存在的假设，它触及该社会中最根深蒂固、最不容质疑的东西。核心文化是逐步形成的、难于观察的，它包括人与环境的关系、人对自己的认识、现实、时间和空间的本质、人际关系的本质和人的行为的本质等一些基本假设。

---

① 克罗伯(Kroeber Alfred Louis，1876～1960)，克拉克洪(Clyde Kay Maben Kluckhohn，1905～1960)，美国文化人类学家。

② 艾德佳·沙因(Edgar H. Schein)，企业文化与组织心理学领域的开创者和奠基人。

这三个文化层面不应逐一分割开来对待，而应视为一个一体化的整体，每一个外层都是其内层的反映，核心是体现其基本理念的共同价值观。

（三）文化的特性

1. 习得性

文化是人们通过一代又一代的后天学习、模仿以及经验总结来获得的。文化不是先天的遗传本能，而是后天习得的经验和知识。

2. 传承性

文化是世世代代不断积淀而累积形成的，是一个接连不断的动态过程，属于相对稳定的社会遗传因子。文化是一定社会与时代的产物，每一代人都生长在一个特定的文化环境中，他们自然地从上一代那里继承了传统文化，又根据自身的经验和需要对传统文化加以改造与扬弃，抛弃不合时宜的部分，同时又注入新的内容。

3. 共有性

文化是人类共同创造的社会性产物，它必须为一个社会或群体的全部成员共同接受和遵循。不为社会成员共同理解和接受，纯属某个社会角色私有的事物（如怪癖），不能称之为文化现象。

4. 地域性

文化具有鲜明的地域性。文化是人在一定的自然环境中创造的。地域不同，自然条件不同，文化也就不同。俗话说的“百里不同俗，千里不同风”指的就是相距较远的不同地域拥有不同的风俗习惯。

5. 发展性

文化就其本质而言是不断发展变化的。19 世纪进化论学派的人类学家认为人类文化是由低级向高级、由简单到复杂不断进化发展的。以马林诺夫斯基为代表的功能学派认为文化的发展过程就是文化变迁。整体而言，文化的稳定性是相对的，变化与发展是绝对的、必然的。

6. 时代性

任何一种文化模式或文化形态、文化内容，都存在于具体的时代之中，文化是时代的见证物。在人类发展的历史进程中，每一个时代都有自己典型的文化类型。时代的更迭必然导致文化类型的变异，新的类型取代旧的类型。在不同的时期，文化受到时代的影响而做出和时代特征相呼应的调整，这就是文化的时代性。

二、文化理论

（一）霍夫斯泰德文化维度理论

霍夫斯泰德文化维度理论是文化理论中较具影响力的理论，由荷兰心理学家吉尔特·霍夫斯泰德[①]提出，用来衡量不同国家的文化差异。他认为文化是在一个环境下人们共同拥有的心理程序，能将一群人与其他人区分开来。研究文化差异，有助于管理者理解其他文化中员工的工作态度和动机的不同，并通过制定跨文化的人力资源管理战略来实现跨国企业的目标。

霍夫斯泰德发现虽然 IBM 有一套深厚的企业文化，但是在其世界各地子公司中，员工的

① 吉尔特·霍夫斯泰德（Geert Hofstede，1928～2020），荷兰心理学家，文化大师。

文化价值观却差异很大。1968年和1972年，他对IBM的11.6万名员工做了两次调查研究。通过对大量的调查数据进行分析，霍夫斯泰德找出了解释文化行为差异的因素。1980年，霍夫斯泰德在《文化的后果》中发表了该研究的成果，提出了文化的四个维度。后来，他参考香港中文大学心理学教授彭迈克(Michael Harris Bond)提出的华人价值观调查(Chinese Values Survey,CVS)，补充了第五个维度。霍夫斯泰德将文化差异归纳为五个基本的文化价值观维度，即权力差距(Power Distance)、不确定性规避(Uncertainty Avoidance)、个人主义与集体主义(Individualism/Collectivism)、男性化与女性化(Masculinity/Femininity)，以及长期取向与短期取向(Long-term Orientation/Short-term Orientation)。

1. 权力差距

权力差距在企业管理中常常与集权程度、领导方式和决策权紧密联系。在任何组织内部，由于成员的能力不同，权力也不均等。组织成员之间权力的不平等分布是组织的实质。在一个高权力差距的企业中，下属常趋于依赖其管理者，管理者多数采取集权化的决策方式，由管理者做决策，下属接受并执行。而在低权力差距的组织中，管理者多数采取民主化的领导方式，与下属的沟通较平等，下属较广泛地参与部分决策。

2. 不确定性规避

不确定性规避倾向影响着企业对风险的态度。在高不确定性规避的文化中，企业通过建立更多的工作条例、流程或规范以应对不确定性，管理方式以工作和任务指向为主，管理者决策多为程序化决策。在低不确定性规避的文化中，企业较少强调控制，工作条例和流程的规范化与标准化程度较低。

3. 个人主义与集体主义

在集体主义倾向的企业中，管理者在决策时常鼓励员工积极参与决策，决策达成时间较长，但执行和贯彻决策迅速，因为员工多数参与了决策过程，了解决策的目的和内容。而在个人主义倾向强烈的企业中，管理者常常自己独立决策，虽然决策迅速但执行贯彻的时间较长，因为他们不得不用更多的时间与员工沟通决策的目的和内容。

4. 男性化与女性化

男性化与女性化，即阳刚与娇柔意识。这个维度用来描述文化中的性别角色系统。所有的企业都有内部分工，但是劳动分工与性别角色在组织内如何恰当地结合起来，很大程度上取决于传统惯例。

5. 长期取向与短期取向

长期取向的文化关注未来，注重节约、节俭和储备，决策或行动时会留有余地。短期取向的文化则面向过去与现在，看重眼前的利益，虽然尊重传统，关注社会责任的履行，但此时此地才是最重要的。在管理上，最看重的是此时的利润，上级对下级的考核周期较短，要求立竿见影，较为急功近利。

(二) 克拉克洪与斯多特贝克的六大价值取向理论

美国人类学家佛罗伦斯·克拉克洪与弗雷德·斯多特贝克[①]在《价值取向的变奏》(Variations in Value Orientations,1961)一书中提出了六大价值取向理论。价值取向是指复杂但确定的模式化原则，与解决普通的人类问题相联系，对人类行为和思想起着指示与导向作

① 佛罗伦斯·克拉克洪(Florence R. Kluckhohn)，弗雷德·斯多特贝克(Fred L. Strodtbeck)，美国人类学家。

用。克拉克洪与斯多特贝克认为，人们所遵循的解决问题的方法体现了这个社会的价值观。六大价值取向即人性取向、人与自然的关系取向、时间取向、活动取向、关系取向和空间取向。不同文化中的员工面对这六大问题的观念、价值取向和解决方法，反映了这些群体的文化特征，有助于解释观察到的文化差异现象。

（1）人性取向：人性本善（Good）、人性本恶（Evil）或善恶兼而有之（Mixed）。

（2）人与自然的关系取向：征服（Mastery）、服从（Submissive）或和谐（Harmonious）。

（3）时间取向：过去（Past）、现在（Present）或未来（Future）。

（4）活动取向：存在（Being）、成为（Being-in-becoming）或行动（Doing）。

（5）关系取向：个体主义的（Individualistic）、附属的（Collateral）或等级的（Hierarchical）。

（6）空间取向：隐私的（Private）或公共的（Public）。

（三）冯斯·川普涅尔的文化架构理论

1993年，冯斯·川普涅尔[①]在《文化踏浪》中提出七大文化维度。后来，他与搭档查尔斯·汉普顿·特纳在1998年改版此书。冯斯·川普涅尔认为，国家与民族文化的差异主要体现在以下七个方面，即普遍主义—特殊主义、个体主义—集体主义、中性—情绪化、关系特定—关系散漫、注重个人成就—注重社会等级、长期—短期导向、人与自然的关系。

1. 普遍主义—特殊主义

普遍主义者强调用法律和规章指导行为，而且这些指导原则不应因人而异。普遍主义者认为对所有事物都应采取客观的态度，而且世界上只存在一个真理，只存在一种正确解决问题的方法。特殊主义者却强调具体问题具体分析，不能用同一标准、同一尺度去解决不同情况下的问题。另外，特殊主义者认为世界是相对的，没有绝对的真理，也不存在唯一正确的方法，可以有不同的选择。

2. 个体主义—集体主义

个体主义文化的核心是自我取向的价值观，这种价值观将自我视为一个独立的个体，追求个体目标；集体主义文化的核心则是群体取向的价值观，这种价值观将自己视为群体的一个部分，追求的是集体的共同目标。

3. 中性—情绪化

中性—情绪化维度主要反映人际交往中情绪外露的程度。情绪表露含蓄、微弱的文化被称为中性文化，而情绪表露鲜明、夸张的文化被称为情绪文化。在中性文化里，人与人之间很少有身体接触，人与人之间的沟通和交流比较微妙，因为情绪表露很少，往往需要用心领会才行。相反，在情绪文化里，人与人之间的身体接触比较公开且自然，沟通交流时表情丰富，用词夸张，充满肢体语言。

4. 关系特定—关系散漫

关系特定—关系散漫维度可以用来解释不同文化背景下的人际交往方式的差异性。该维度的提出源自著名社会心理学家库尔特·勒温的圆圈拓扑理论。人际交往方式有两类，为U类交往方式（即特定关系类型）和G类交往方式（即散漫关系类型）。U类交往方式即美国人常见的人际交往方式，特点是外松内紧，对陌生人设防较少，但是要进入私人空间比较难，对所

① 冯斯·川普涅尔（Fons Trompenaars），现任特姆彭纳斯公司的总经理；查尔斯·汉普顿·特纳（Charles Hampden Turner），英国跨文化管理大师。

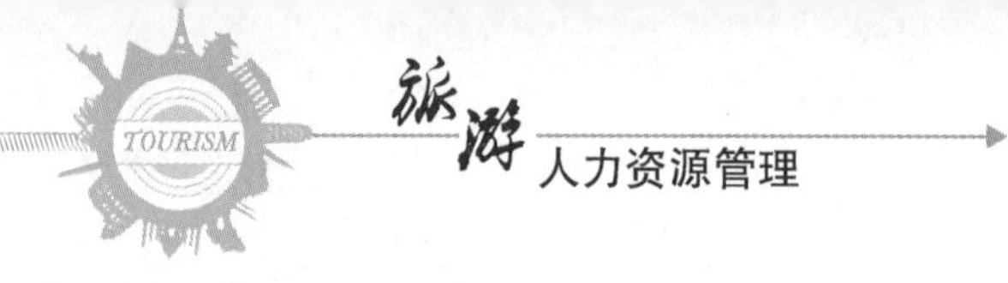

有事务都有特定倾向;G类交往方式即德国人常见的交往方式,特点是外紧内松,在初次接触时设防较多,但对于进入圈子的自己人则毫不设防。这个维度不仅是人际交往特征的体现,还是思维方式的表现。U类交往方式下,特定、精确的思维习惯会渗透到工作与生活的各个方面,有时也会妨碍融会贯通能力的发展,而G类交往方式下的散漫思维有助于变通、灵活地应对工作。

5. 注重个人成就—注重社会等级

在注重个人成就的文化中,成员的社会地位和他人对该成员的评价是由其工作的业绩与成就决定的。注重社会等级的文化则意味着成员的社会地位和他人对该成员的评价是由其出身、血缘关系、性别或年龄决定的,又或是由其人际关系和教育背景决定的。

6. 长期—短期导向

长期—短期导向维度指对过去、现在和未来的理解,是顺次完成任务还是同时完成多个任务。在长期导向的文化里,成员关注未来,认为企业的变化是必要且有益的,而一个静态的组织则行将没落。竞争能够鼓励产生更好的业绩,认为个人能够影响未来,努力工作会导向未来的成功。在短期导向的文化里,成员关注过去,认为生命依据传统或上帝意愿,沿着一条预先设定的轨道延伸,所以企业的战略策划并没有什么意义,推崇保持稳定状态。

7. 人与自然的关系

人与自然的关系维度是指人们与环境之间的关系,有两种截然不同的价值取向。一种是控制环境的价值取向,而另一种是适应环境的价值取向。不同的价值取向直接影响人们在日常生活中的行为方式。控制环境的价值取向注重组织和自身职能的实现,当环境超出自己控制的范围时就会表现出不适应;而适应环境的价值取向则提倡与环境和谐相处,承认环境对未来发展存在一定的影响力。

三、人力资源跨文化管理的概念

(一) 跨文化管理的概念

跨文化管理(Trans-culture Management)又称为交叉文化管理(Cross-culture Management),是指涉及不同文化背景的人、物、事的管理,是在跨文化条件下克服异质文化的冲突,进行有效管理的过程。其目的是在不同形态的文化氛围中,设计出切实可行的组织结构与管理机制,最合理地配置企业资源,最大限度地挖掘和利用人力资源的潜力和价值,从而达到企业综合效益的最大化。

(二) 跨文化组织的概念

跨文化组织是一个跨越两个或两个以上文化环境而从事经营的组织。所谓组织的文化环境,是指组织在长期经营实践中形成的并需要全体成员普遍遵循的共同价值观念、行为规范和准则等因素的总和。

(三) 人力资源跨文化管理的概念

人力资源跨文化管理就是跨文化企业的人力资源管理。跨文化企业是指由来自不同文化背景、存在跨文化差异的员工所组成的企业。人力资源跨文化管理是以提高劳动生产率、工作生活质量和取得经济效益为目的,对来自不同文化背景的人力资源进行获取、保持、评价、发展和调整等一体化管理的过程。人力资源跨文化管理是相对单一文化管理而提出的,它又被称为国际人力资源管理,这是经济全球化所带来的人力资源全球化的必然结果。在人力资源跨文化管理中，企业是由两国或多国企业合伙在东道国组成的跨地域、跨民族、跨政体、跨国体的跨文化经营管理的经济实体，因此，文化因素对人力资源管理的影响是全方位、全系统、全过程的。

（四）人力资源跨文化管理的内容

人力资源跨文化管理的主要内容除了涵盖人力资源管理的传统功能，即人力资源的招聘与筛选、培训与开发、绩效管理、薪酬激励、员工关系等功能外，还包括跨文化培训与开发管理、跨文化冲突与沟通管理等。人力资源管理者应具备广阔的视野，扮演好跨文化沟通者的角色，理解并适应不同文化的差异，并在此基础上进行文化融合，形成一种新的文化模式组合。人力资源管理者应通过对跨文化的理解和参与，针对企业中的现实问题进行协调，把握人力资源跨文化管理的规律，充分发挥企业不同文化背景的成员的作用。

随着经济活动在全球范围内的展开，不同经济区域、不同国家之间，以及国家内部不同地区之间的人际交往和经济交往越来越频繁。跨文化管理包括跨越国界和跨越民族界限的文化管理。跨文化管理是指在国际化经营中，对不同种族、文化类型和文化发展阶段的子公司所在国的文化采取包容的态度，运用合理的管理方法协调不同文化之间的矛盾，通过将不同文化整合为别具一格的企业文化，形成一个高效率、高质量的管理过程。

四、跨文化管理理论

（一）莫朗的跨文化组织管理理论

莫朗(Robert T. Moran)[①]在《跨文化组织的成功模式》及《文化协和的管理》中提出跨文化组织管理理论。他认为跨文化组织管理的有效性是基于一种潜在的最佳协同作用，该协同作用可以减少因跨文化冲突而导致的损失。文化一体化是衡量跨文化协同管理效果的重要指标，具体包括以下十三项指标：

(1) 文化一体化是一个动态过程；

(2) 文化一体化过程中总包含着两种经常被认为相反的观点；

(3) 文化一体化具有敏感性；

(4) 文化一体化意味着对发自他人信息的解释；

(5) 具有适应性与学习性；

(6) 协同行动，共同工作；

(7) 群体一致的行为大于各部门独立行动之和；

(8) 拥有创造共同成果的目标；

(9) 发挥文化的协同效应，提高并购企业的整体素质和效率，或由于跨文化障碍与冲突，降低了并购企业的整体素质与效率，只要文化一体化的结果不是负数，就是取得了成果；

(10) 对其他不同文化组织的透彻理解；

(11) 文化一体化并非单方的妥协；

(12) 文化一体化是指基于文化推动而做出的行为；

(13) 文化一体化是多文化组织为获得共同目标而努力的过程之中的必然产物。

① 莫朗(Robert T. Moran)，美国知名管理学家。

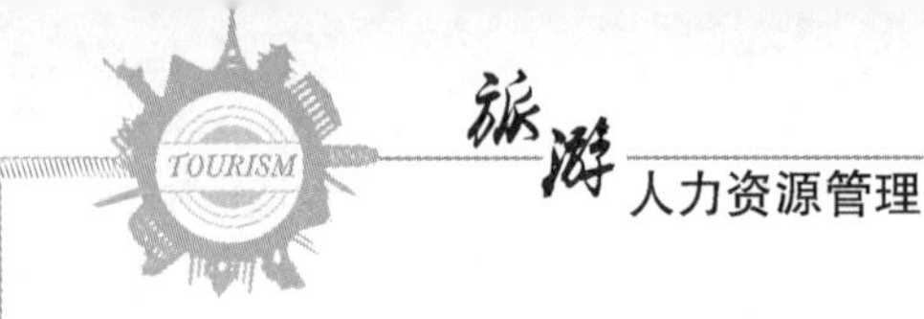

（二）阿德勒的文化协调配合论

南希·阿德勒(Nancy J. Adler)[①]于1986年提出了文化协调配合论，提出跨文化管理中的文化协调配合是处理文化差异的办法，包括管理者根据个别组织成员和当事人的文化模式，形成组织方针和办法的过程，也可解释为文化上协调配合的组织所产生的新的管理和组织形式，且这一管理和组织形式超越了个别成员的文化模式。文化协调配合论承认跨文化组织中各种文化的区别，并把这些差异看成是构成和发展一个组织的有利因素，有五种做法有利于建立一种平衡，即文化支配、文化顺应、文化妥协、文化回避和文化协作。另外，阿德勒提出了跨文化管理中文化协调的方向、处理办法和对策建议，并总结了合资企业跨文化管理成功的四个要素，即共同的长期战略、互利、相互信任、共同管理，这成为跨国经营哲学的基础。

（三）保罗·毕密斯的合资企业论

保罗·毕密斯(Paul W. Beamish)[②]通过对27个发展中国家的66家合资企业进行广泛调查，并对其中12家核心企业进行重点调查与分析，在著作《发展中国家的跨国合资企业》中提出合资企业论。保罗·毕密斯发现标志企业好坏的各种因素与企业成就没有绝对的联系，同样，技术水平、出口能力、股权比例、与政府合资或与私人企业合资、外籍员工还是当地企业的经理、管理方式等与合资企业的成功也没有关系，而充分尊重合资双方的需要和承诺才是合资企业取得成功的先决条件，只有充分尊重双方的需要和履行各自的承诺，企业才能取得令人满意的经营成果。合资企业的文化整合同化包括以下五个维度。

1. 理性管理与人性管理

西方的理性管理与中国的人性管理相互整合，使合资企业中既依靠法规、纪律、规章、规则、条令、计划，以及其组织、机构、模式等进行管理，同时又以社会人的人性假设为基础，确定管理思想，制定管理原则和管理方法，充分考虑员工作为社会人的情感需求的满足。

2. 民主与集中

西方民主与中国民主集中制相互整合，形成民主管理与集中管理相结合的新型管理模式。

3. 法制管理与道德约束

西方以法制管理为主，中国则更强调道德上的约束，两种不同观念在合资企业中整合而形成新的管理模式。合资企业将法治与德治有机地结合，法与情理相结合，治人与治心相结合，整合为合资企业独特的企业文化，是管理理论的创新成果之一。

4. 物质激励与精神激励

西方文化强调以物质刺激调动职工的积极性，认为物质基础与经济利益是衡量员工价值的重要标准，强调工作业绩是个人能力的体现。中国传统文化则更为注重思想，关注精神需求的满足。同步激励强调有效的激励方式是物质激励与精神激励相结合。

5. 个人主义与集体主义

西方个人主义与中国集体主义的整合同化，不仅可以极大地激发员工的开拓创新精神，而且在处理国家、集体、个人三者的关系时，能够从实际出发，更为客观，有利于提高企业的凝聚力和创造力。

---

① 南希·阿德勒(Nancy J. Adler)，加拿大著名的管理学家。

② 保罗·毕密斯(Paul W. Beamish)，加拿大韦仕敦大学毅伟商学院教授。

（四）跨文化管理的整合同化理论

跨国企业面对着瞬息万变的市场、多元化的员工及多元化的社会文化背景，因此，跨国企业的管理应具有更强的发展性与动态性。整合同化理论提出将企业多元化价值观转变为一个多数员工认同的企业的共同价值观。整合同化理论涉及整合与同化的概念，整合是指跨国企业主动组织内外部资源，在求同存异的基础上，将多元化价值观转化为企业的共同价值观，即来自多元的价值观但又高于多元的价值观；同化是指组织对共同的价值观进行确认，并使其成为绝大多数员工认同的观念。

整合同化理论是在共同管理文化模式的基础上发展而来的理论，其主旨是体现不同的管理文化，主动整合企业内外部资源，实现对文化环境与多元化员工的同化，建立具有独特性、主动性、发展性、层次性的组织结构与文化氛围。整合同化理论不仅阐释了具有中国特色的跨文化管理模式，而且阐明了宏观、中观和微观三个层次的跨文化管理：东道国与母国之间文化的整合与同化；组织之间、团队之间的协同合作；整合同化企业中不同社会文化背景的员工，使多元化员工达成共同愿景。跨国公司的文化整合过程分为探索期、碰撞期、整合期和创新期四个阶段，文化冲突的高潮可能发生在碰撞期，也可能发生在整合期。

(1) 探索期：考察跨文化企业所面临的文化背景、文化差异，以及可能产生文化冲突的相关问题，并根据考察的结果初步制定文化整合同化的方案。

(2) 碰撞期：是跨文化企业进行文化整合的实施与执行阶段，这一阶段往往伴随着一系列管理制度的出台。

(3) 整合期：指不同的文化逐步达到协调、融合、同化的过程，这是一个比较漫长的过程。

(4) 创新期：指在文化趋向同化的基础上，进行跨文化整合，创造出新的文化的阶段。

案例分析　　都是沟通方式惹的祸

飞利浦照明公司某区人力资源副总裁（美国人）与一位被认为具有发展潜力的中国员工进行交谈，想听听这位员工对自己今后五年的职业发展规划，以及期望达到的职位。中国员工并没有正面回答问题，而是开始谈论起公司未来的发展方向、公司的晋升体系，以及目前他本人在企业中的职位。这位员工表达了很多观点，却始终没有正面回答副总裁的问题。副总裁有些疑惑不解，没等他说完已经有些不耐烦了，因为类似的事情之前已经发生过好几次了。“我不过是想知道这位员工对于自己未来五年发展的打算，想要在飞利浦做到什么样的职位罢了，可为何就不能得到明确的回答呢？”谈话结束后，副总裁忍不住向人力资源总监甲抱怨道。“这位外国的总裁怎么这样咄咄逼人？”谈话中受到压力的员工也向甲诉苦。作为人力资源总监，甲明白双方之间是因为不同的沟通方式引起了隔阂，虽然他极力想向双方解释，但要完全消除已经产生的矛盾并不容易。

（资料来源：根据相关资料整理。）

问题：

中西方文化背景下，关于职业生涯规划的沟通应注意哪些事项？

第二节　人力资源跨文化管理模式

在跨国企业内部，不同文化之间融合兼并的过程称为跨文化管理。借助这种方式，可以处理文化、种族差异以及由此产生的冲突与矛盾，增强不同国家、不同种族的员工之间的沟通交流，提高团队凝聚力与企业的经营管理效率。

一、人力资源跨文化管理的模式

20世纪60年代末，希南(D. A. Heenan)和帕尔马特(H. V. Perlmutter)[①]在"跨国企业的曲折演进"中提出EPRG模型。该模型将跨国企业的国际营销战略依据战略区域中心的不同分为本国中心战略(Ethnocentric)、多元中心战略(Polycentric)、全球中心战略(Geocentric)和地区中心战略(Regiocentric)四种，并以管理导向的观念，将人力资源跨文化管理模式分成以下四类。

(一) 本国中心模式(Ethnocentric)

本国中心模式是指战略中心侧重本国业务，将别国业务放在次要地位的管理模式，又被称为民族中心法。在这种模式下，企业总部做战略决策，他国分支机构无基本自主权，主要由本国总部人员担任关键职位并决定国内外分支机构的运作。换言之，国外分支机构由总部外派人员管理，以使用本国员工为主。当地缺乏优秀人才可能是使用本国中心模式的原因，该模式的优点是分支机构与总部间的沟通、协调与控制变得更加容易。

(二) 多元中心模式(Polycentric)

跨国企业战略重心侧重在他国各分支机构业务上的管理模式称为多中心模式。在此模式下，企业各分支机构可看成是具有某些决策自主权的独立个体。企业分支机构的管理人员通常由当地人员担任，这些管理人员很少会晋升到总部的管理位置。相对应地，总部的管理人员也一般不会被外派到他国分支机构工作。多中心模式以使用东道国员工为主，采用人力资源本土化策略。其优点如下：一是由本地人才管理，基本不存在语言障碍，避开了本国外派他国人员及家属的适应问题，以及用于文化意识培训的相关费用；二是有助于企业在政治敏感地区的发展，可以保持低调，不会被过度关注；三是雇佣大量的本地员工，节省了企业大量的人力支出，也能让当地的分支机构在管理上有延续性。

(三) 全球中心模式(Geocentric)

全球中心模式，是一种将各国不同的分支机构通过全球网络联合起来统一协调行动，以谋取企业整体利益最大化的管理模式。跨国企业采取全球性方法进行运作管理，并认识到企业的每一个部分，包括总部和分支机构都对企业整体做出独特的贡献。全球中心模式下，使用全球最有资格的员工，不注重员工的国籍，但重视员工的个人能力。各分支机构中不缺乏人才，拥有跨国经历是跨文化管理成功的重要条件，这是采用全球中心模式的重要原因，该模式下有助于培养高层管理者的文化适应能力与开放心态。

---

① 希南(D. A. Heenan)和帕尔马特(H. V. Perlmutter)，跨文化管理学家。

（四）地区中心模式（Regiocentric）

地区中心模式指跨国企业追求海外区域分部的利益最大化，将战略重心放在这一区域内的海外经营业务上的管理模式。这种管理模式一般使用区域内一个国家的员工，通过有限性的手段雇佣众多的管理人才。这些分部的管理人员可以允许离开母国工作，但必须在一定的地域之内。这些管理人员虽然拥有该地区分部一定程度上的决策权，但却不可能被提升到总部任职。采用地区中心模式，大多数管理人员由当地的人员担任，这体现了地区文化的敏感性。企业总部与海外区域分部的高层管理者可以有良好的交流，而且区域总部的高层管理者与分部员工也能有较好的交流，这是该模式的一大优点。

二、跨文化管理的层次

全球经济一体化的推进，让各国之间的经济交流与人员流动愈加频繁。根据弱势文化与弱势文化、弱势文化与强势文化、强势文化与强势文化之间的整合这三种情况，将跨文化管理划分为以下三个层次：文化移植、文化嫁接、文化合金。

（一）文化移植

文化移植是最简单、直接的跨文化管理方式。它在文化贯彻和实施过程中带有强迫的色彩，即直接将母公司的文化体系全套照搬到子公司所在国家或地区，而无视子公司所在地的本土文化或合作方原有的组织文化。如果母公司文化是强势文化，而子公司的地域文化或原有文化是弱势文化，那么在移植过程中反映出的冲突相对较小；如果两种均为强势文化，可能爆发比较激烈的冲突；如果两种文化均为弱势文化，则移植毫无结果，徒劳无功。此外，还有一种情况是子公司的地域文化或组织文化为强势文化，而弱势的母公司文化的移植则很有可能不仅不能保持母公司文化中的精华，反而会更为弱势，或者被子公司的文化所同化。这是最低层次的跨文化管理，低效且往往容易失败。文化是有生命的东西，它的生存需要适宜的“土壤”。如果单纯地把“土壤”更换，那么再有生命力的东西也会因“水土不服”而枯萎。

（二）文化嫁接

文化嫁接属于较为复杂、有效的跨文化管理方式。它是母公司认识到子公司所在地域文化的特征，并在尊重当地文化的前提下采取的方式。嫁接多以子公司的地域文化或组织文化为主体，然后选择母公司文化中关键和适应的部分与之结合。这种方式的优点在于对当地文化给予充分的认识和尊重，但容易出现的问题是母公司文化的特性不突出或者是没有取尽精华，对当地文化中的不适宜的成分也没有进行充分的剥离，使协同效应无法充分地发挥出来。跨国企业若想在管理结构、管理职务、人事政策上完全超越国家和文化的界限，既不可能，也不可取。跨国企业真正需要的是借助于跨文化沟通，以及对跨文化管理的积极参与、实践，从而达到文化的真正融合，形成跨文化的和谐的具有东道国特色的经营管理模式，在互相决定的各种需求之间获得动态的平衡。

（三）文化合金

文化合金是跨文化管理的最高层次，也是最有效的方式。它是指两种文化的有机结合，选择各自精华的部分紧密融合，成为兼容性强、多元化的合金。它不是具体以哪一种文化为主体，而是两种文化直接融合。具有这种性质的文化也可以兼容更多的文化，适应更多不同的文化环境，具有普遍推广的能力。文化合金有两层内涵：一是文化融合，即在跨国（地区）经营中，对不同种族、不同文化类型、不同文化发展阶段的子公司所在国家（地区）的文化进行兼容，并创造出独特企业文化的管理过程。二是跨文化管理，其中心任务是解决文化冲突，在管理过程中寻找超越文化冲突的企业目标，制定不同文化背景的员工共同的行为准则。跨国企业经营过程中存在的文化冲突，经过沟通与协调，最终会达到文化融合。在文化融合的过程中，跨国企业汲取不同文化的精髓，创建出一种融合各国文化特色和劳资双方共同利益的新型文化。文化合金的最终目的是促进企业经济效益和社会效益的增长，从而实现企业利润最大化。

三、人力资源管理上的文化融合

在任何文化背景之下，获取人力资源最大的使用价值，发挥其最大的主观能动性，培养全面发展的员工，都是人力资源开发与管理的主要目标，这为人力资源管理上的文化融合提供了基本前提。同时，文化是动态可变的，而不是一成不变的，这也为文化融合提供了必要条件。

（一）文化融合的基本前提

1. 确认原则

没有确认的基本原则就不能确定文化中哪些应该改进，哪些应该扬弃，哪些应该废除，哪些属于落后。不同文化背景下的人们在一起工作时，要完成人力资源开发的任务，双方就必须先确认一些基本原则。

2. 相互理解

在确认原则之后，相互理解是非常重要的出发点，在文化融合过程中没有所谓对错，先进与落后的概念，只有符合原则和不符合原则的问题。现实中往往是强势文化在影响和同化弱势文化。弱势文化背景下员工的情感、意志、态度和兴趣等均可能产生挫折感，并由此产生一些非理性行为，对于这些要事先给予充分重视。

3. 相互尊重

“入乡随俗”是文化融合中的一个重要原则。本土文化不论是处于强势还是弱势，在本土地域内均具有很强的影响力。外来文化尽管可能是强势文化，但也不能咄咄逼人，处处以自己的原则和规范行事，把自己的意识形态当成真理，威逼别人接受。

我国海尔集团创造的“激活休克鱼”的奇迹，就是用强势文化成功改造了弱势文化，实现了用无形资产盘活有形资产，证明了成功的文化融合可以产生巨大的经济效益。不论是何种态势下的文化融合，只有处于不同文化双方的人们相互理解和尊重，才能实现文化融合。

（二）文化融合的实施对策

1. 以宽容和容忍的态度对待文化冲突

即使准备再充分，跨文化管理中的冲突仍不可避免。面对冲突，管理者需要拥有一种平和的心态、宽容的态度和理智的处理方式。文化融合的前提是相互尊重和理解，对本土文化进行分析，学习其优秀的部分，而不可抱有成见或一概排斥。管理者的立场要客观中立，处理方式尽量温和、宽容，因为文化的变革过程不是一时之事，要有耐心才能水到渠成，而粗暴苛刻只会前功尽弃、事倍功半。

2. 求同存异，整合创新为新文化

文化融合不是简单而机械地叠加，是在原有文化的基础之上，运用补充的方式，整合成为全新的文化内容。其前提是找到不同文化的内容、形式中的共同之处，相互包容，实现共识，整合双方文化中的积极因素，进而形成全新的文化。经过合理有效的整合创新，原有的文化能够互相参考、求同存异，从而形成有别于他国文化，又与自身特质相关的全新文化体系。

3. 分步骤实施,最终实现文化合金

文化融合是一个系统工程,要有计划、有步骤地分阶段实施,进而达到塑造文化合金的最终目标。从具体发展路径上讲,运用移植的跨文化管理方式实现文化融合很难,成为文化合金就更难了;而运用嫁接的方式实现文化合金就具有较大的可能性。

综上,在人力资源的跨文化管理过程中,管理者要时刻关注文化的变化,并积极主动地推动文化的变革和融合,使企业真正成为兼收并蓄、集各种文化之所长的文化合金。

四、文化冲突的概念与处理模式

跨国企业在经营管理的过程中,必然会出现不同文化冲突,包括企业员工之间的文化冲突,以及企业员工的文化与企业原有文化之间的冲突,所以跨国企业必须重视文化的差异性,因地制宜、灵活应变地进行有效的跨国管理。在跨文化管理中,只要存在无论何种原因造成的文化冲突,就要想方设法去解决冲突,人力资源管理在很多时候都承担了解决冲突的任务。

(一)文化冲突的概念

文化冲突是指不同特质的文化或其他文化因素之间,在接触和交流时所产生的相互对立、相互排斥、相互竞争及相互否定。

(二)文化冲突的特征

1. 多样性和冲突性

文化是一种客观存在,由于价值观念、制度体系、行为习惯的不同,文化差异不可避免,这就是文化的冲突性。此外,文化还具有较强的历史延续性和变迁的迟缓性。各种不同的文化不可能像设备更新那样容易变动,这就构成了重组文化的多样性。

2. 积极性和消极性

积极性表现为不同文化的顺利融合、优势互补,培养、选择为双方认同的价值观和行为准则;消极性表现为重组后的不同文化之间发生冲突,产生阻碍发展的不利因素。

3. 渐进性和逆向性

文化融合需要经过一定的磨合期,因此具有渐进性;融合过程中表现为文化的一种特殊的逆向性,即物质文化与制度文化先磨合,进而影响精神文化。

(三)文化冲突的类型

1. 根据冲突的表现形式分类

(1) 显性文化冲突:表达方式所含的意义不同而引起的冲突。

(2) 制度文化冲突:西方理性管理和东方群体至上的冲突。

2. 根据文化冲突的发生范围分类

(1) 企业内部文化冲突:企业从事跨国或跨地区的经营活动时,为实现其本土化的目标,往往要招聘来自东道国或当地的人员进入企业。这就必然导致企业内部文化冲突,包括企业员工之间的文化冲突,以及企业员工的文化与企业原有文化之间的冲突。

(2) 企业外部文化冲突:企业从事跨国或跨地区的经营活动,会受到来自东道国或所在地文化环境的影响,这种文化环境会在某些方面与企业原有的文化产生冲突。

(四)文化冲突的处理模式

不同文化间的差异需要尊重,而相互包容理解,相互融合是尊重的重要基础。根据跨国企业的跨文化管理形式，文化冲突的处理模式主要有以下四种。

1. 凌越模式

凌越模式又称为灌输占领式。其特点是组织中一种文化压制在他国文化之上，现实决策和行为均受其支配。在文化势力对比悬殊的情况下可使用此种模式，但从实际情况来看，采用此模式的企业非常少。该模式下，跨国企业在国外进行直接投资时，强行往海外分公司注入本国母公司的企业文化，会造成海外分公司只存留母公司的企业文化而无当地文化的情况。虽然在短时间内有利于形成“统一”的企业文化，但弱势文化员工容易反感，加剧不同文化之间的冲突，不利于博采众长，取长补短。

2. 折中模式

折中模式又称为相互依存式。这是一种在企业内部保留不同文化，追求不同文化的和谐与稳定的一种模式。然而此种方式只能带来表面上的和谐，潜藏着各种危机。只有在不同文化的差异足够小的时候，才能采用这种文化冲突的处理模式。该模式适用于强强文化或弱弱文化联合，不同文化之间的长处和短处都比较明显，有助于取长补短。海外分公司可以同时保存本地文化与母公司企业文化，二者共存，相互包容，相互协调补充。这种模式既非母公司文化主导，也非当地文化主导。现实中此模式的应用较少，因为两种不同文化之间毕竟难以协调，难免会发生冲突。

3. 融合模式

融合模式又称为融合创新模式，即采取各种方式将母公司企业文化与海外分公司地域文化进行有效的整合，以促进两种文化间的相互了解，融合与尊重，在双方文化的基础上构建全新的文化。它有利于保留着各自文化中优秀、可取的部分，是不同文化的有机结合，具有很强的稳定性。

4. 移植模式

移植模式又称为简单平移模式。该模式通过两者文化的僵化平移，把各自的文化生硬地嵌套在一起。母公司通过派到开发国或东道国的高级管理人员，把母国的文化习惯全盘移植到开发国或东道国的子公司中，让子公司里的当地员工逐渐适应并接受这种外来文化，并按这种文化背景下的工作模式来运行公司的日常业务。这种模式可能导致双方“水土不服”，从而使双方产生互相排斥的心态，最终加剧异质文化间的文化冲突。

案例分析　上汽通用汽车有限公司的企业文化

上汽通用汽车有限公司(以下简称“上汽通用”)是由上海汽车集团股份有限公司和美国通用汽车公司共同出资组建的中国较大规模的中美合资企业之一。上汽通用成立初期，也曾经历过两国文化的磨合，通过双方管理人员的共同努力，在跨文化管理领域，尤其是在人力资源跨文化管理方面，取得了一定的实践经验。

首先，上汽通用的管理者认识到双方的文化差异，主张互相学习，调整融合。上汽通用的企业文化十分重视建立共同的价值观，坚持创新和保持开放的心态，提倡在不断学习的基础上追求创新，团队合作，充分授权。其次，上汽通用为了建立起中美双方共同的价值观，使企业运营更为顺畅而且有效率，提出了合资企业文化的“一二三四”原则，以应对可能由于文化因素导致的冲突：“一”是指目标一致，步调统一；“二”是指中美双方建立起彼此合作共赢的共识；“三”是指“约法三章”，即双方领导不得在下属面前公开对立，不得在发生争执后不交流，不得在困难面前有矛盾；“四”是指全公司推行的“4S”合作理念，即 Study（学习理解）、SGM First（上汽通用利益为重）、Standardization（标准化）、Spring（灵活务实）。

其中，前三点主要针对的是管理决策层，而“4S”的理念更能体现上汽通用对待文化差异的态度，因为文化的冲突并不总局限于组织结构的上层。“学习与理解”是相互尊重、理解和融合文化差异的基础，“上汽通用的利益为重”和“标准化”是原则，而“灵活务实”则体现了整合双方差异、优势互补的思想。

在具体执行上，上汽通用除了奉行“一二三四”原则外，还开发了融合中国传统文化和美国现代管理理念的员工激励机制，以完善现有的薪酬制度和员工发展体系。除了按照美国企业现代管理模式为员工提供完善的培训制度，以提高员工和企业各自的竞争力，上汽通用还设立了更适应中国国情的福利计划，唤醒员工的归属感，激发员工的潜能，从而使公司发展更有活力。

（资料来源：根据相关资料整理。）

问题：

上汽通用汽车公司的成功经验对人力资源跨文化管理有哪些启示？

第三节　旅游人力资源跨文化管理

一、旅游企业国际化的背景

旅游业是一个开放的国际化产业，具有服务贸易外向的典型特征。国际旅游企业给中国市场带来了先进的管理理念和模式、培训教育及服务观念，在提升我国旅游企业管理效率、经济效益以及服务质量方面具有重要意义，不仅加快了我国旅游企业经营管理水平的提升，而且缩小了与国际一流水平的差距。

（一）旅游产品的特性决定了国际化经营趋势

旅游产品的空间流通特点是从旅游者趋向于目的地，且具有生产与消费的同一性，它暗示国际旅游收益的最主要来源是目的地产品销售。旅游企业想从日渐扩大的国际旅游市场上占有更多份额，就要求其只能适应国际化的要求，在目的地国家设立分支机构，以便就近向旅游者提供相关的旅游产品，促进旅游企业的国际化发展。

（二）旅游产业的国际化为企业的国际化提供了市场

自 20 世纪 80 年代开始，出现了跨境旅游人数不断增长的趋势，人们倾向到与本国旅游资源、风俗习惯不同的目的地旅游。这些目的地包括东南亚和非洲的一些国家和地区，如马来西亚、南非、新加坡等国家，以及曼谷、巴厘岛和我国香港地区等。此外，国际旅游的另一发展趋势是与国际资本流动相伴随的商务旅游者的增加。新兴的资本市场如中国（含港澳台地区）、印度等均远离原有的以欧美为代表的资本流出地区，这将不可避免地带来国际商务旅游者的大规模的旅行，从而在一定程度上加快了旅游企业国际化的进程。

（三）跨国企业投资自由化为国际化提供了货币资本

国际经济发展战略的日趋开放化、贸易自由化以及经济一体化促进了大量区域间及区域内的投资，为旅游企业国际化带来了一定的资本。国际生产一体化网络的形成也对跨国投资产生了一定的刺激作用。巨额新增投资中的绝大部分是由各跨国企业总部做出的决策。在此过程中，既然无法保证不同国家、地区间资本的增值条件，那么只能保证跨国企业的资本始终保持向资源要素发挥最大效益的方向流动，跨国企业在国际资本投资与资源配置中起着重要的调节作用。

（四）国际服务贸易自由化加速旅游企业国际化进程

由于政治、经济、文化等方面的差异，国际上的市场准入壁垒，尤其是非关税壁垒（NTB）一直阻碍着我国旅游企业的国际化发展。国际社会也始终在为消除这些障碍而努力，争取早日实现贸易自由化。1994 年，中国签订了“服务贸易总协定”（GATS），其中明确规定的“最惠国待遇”“透明度”“市场准入”及“国民待遇”等原则均加速了旅游企业服务贸易自由化的发展。

二、旅游企业国际化的模式

（一）客源依托型成长模式

大部分旅游经济发达的国家，即人口基数大、经济发展水平高且出境旅游人口达到一定规模的国家，会选择跟随本国出境客源的空间移动轨迹进行产业链条的延伸，从而在旅游产业价值链上获得更多的收益，即选择客源依托型成长模式。在国际化的经营过程中，旅游经济发达国家的旅游企业因为掌握本国客源所熟悉的管理技术，占有比较优势，所以常常采用非产权的方式进行扩张，扩大自己的市场区域。在现实中，表现为主要客源国的酒店集团通常利用品牌许可、特许经营和管理合同的方式进行国际化经营。

（二）资源获取型成长模式

资源获取型成长模式是指那些国土资源狭隘或客源规模有限，又或本国客源市场竞争过于激烈的旅游企业，利用自己的资本优势，通过直接设立、购买、并购等方式，从国际旅游产业链条上获取利润增长点，从而实现企业成长的方式。一般适用于旅游企业所在国的客源规模有限，经过国内市场的发育拥有雄厚的资金基础作为后盾的旅游企业。如果旅游客源国的客源规模有限，或旅游客源国的旅游企业为了争夺客源而导致市场竞争异常激烈，旅游企业就会倾向利用相对东道国旅游企业的比较优势，在客源充足或者旅游市场发育不完全的国家进行国际化经营，以获取成长。

（三）资源外溢型成长模式

资源外溢型成长模式是指在多元化成长过程中，企业利用其积累的经营管理经验、宽阔的营销网络、无形资产以及人力资源等方面的竞争优势的外溢，快速进入国际化范畴的成长模式。这一类型的企业如果按原来所从事的主业进行分类，可以分为两类：一类是那些在管理上具有竞争优势的企业，当所在产业日趋衰落，或者是市场的狭小限制了企业利益最大化的实现时，通过竞争优势的外溢到旅游产业中来实现国际化成长；另一类就是那些原本从事旅游业务经营活动的企业，通过管理知识和技术的外溢来实现国际化成长。

三、旅游人力资源跨文化管理的重要性

随着经济一体化时代的到来，旅游企业的跨国经营已成为一种重要的发展趋势，并对人力资源管理提出了新的要求。对跨国企业来说，跨文化所产生的问题在人力资源管理活动中的影响越来越大。跨国企业急需招聘、甄选、培训员工，以适应其国外分支机构的发展，同时也需要从国外招聘一定数量的员工到本部工作。

（一）对跨国企业及其员工具有导向约束作用

成功的跨文化管理可以形成一定导向的企业文化，即员工所共有的价值观念、行为准则和极具相应特色的行为方式与物质表现。这是跨国企业总部及所有分支机构都需要共同遵守的。企业文化对员工的价值观与行为取向具有一定的引导作用，它能使员工为实现企业的总目标而共同努力。这种导向作用是指通过跨国企业所塑造的一致的企业文化来引导员工行为的过程，企业文化能够使员工在潜移默化的过程中接受企业共同的价值观念，自觉地将自己所追求的目标与企业总目标相统一。同时，通过跨文化管理形成的企业文化对总部及分支机构的员工的思想、心理和行为都具有一定的约束作用。这种约束不是制度式的、外在的"硬约束"，而是一种内在的"软约束"，通过企业的文化氛围、群体行为准则和道德规范起作用。

（二）对跨国企业及其员工具有凝聚激励作用

跨文化管理所形成的企业文化能够在企业内部形成一种凝聚力，将总部和各分支机构强有力地凝聚在一起，共同为企业的持续发展而不懈努力。企业文化作为"黏合剂"，不仅能使员工将自己的成长与企业的进步紧密相连，与企业同甘共苦、风雨同舟，而且可以使所有员工团结一致，向着共同的目标不断奋进。此外，企业文化所营造出来的组织氛围和价值导向对员工也能起到一定的激励作用。大量的跨文化培训与管理，能使员工产生一定的积极情绪和发奋进取的精神，从而心甘情愿主动地为企业拼尽全力。

（三）在总部与各分支机构之间具有协调作用

跨国企业总部和各分支机构之间的优势互补、协调统一很重要，而这都离不开跨文化管理的开展。因为文化背景、价值取向以及行为模式的差异，跨国企业内部不可避免地会产生文化冲突。文化冲突可能导致组织秩序紊乱、职责不明晰、信息不对称、相互竞争等问题，这是集体意识缺乏的表现。这就使得企业的管理难上加难，不仅不利于跨国企业的全球化发展，还会造成企业反应迟钝、运转不灵等问题。随着跨国企业经营区域的扩大化和员工国籍的多元化，这种多元文化冲突在企业内部管理和外部经营中日益凸显。因此，跨国企业就需要掌握"全球化技能"来解决资源分配、决策制定和价格转移等问题，同时也需要持有"地方化技能"以解决地方适应、分散经营和转移能力等方面的问题。

（四）促进跨国企业的可持续发展

"小型企业看老板，中型企业看制度，大型企业看文化。"企业文化具有品牌效应，是一种极具生命力和扩张力的无形资产，作用巨大、潜力无穷。企业文化虽不能直接创造经济效益，但能通过生产、销售、流通等各个环节影响企业收益，从而决定企业的命运和未来发展。物质资产总有耗尽的一天，但企业文化却是生生不息的，是支撑企业可持续发展的重要支柱。想要企业保持可持续发展的良好态势就离不开优秀的企业文化。因此，跨国企业只有通过跨文化管理形成适合本企业的独特的企业文化，才不会失去持续发展的动力。

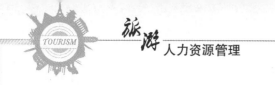

案例分析 跨文化沟通——你的意思我不懂

澳大利亚某酒店的员工来自不同的国家和地区，由于语言、风俗习惯、价值观等千差万别，员工平时的沟通很不顺畅，误解抱怨和纠纷不断。于是人力资源部的培训经理就对这些员工进行了集中培训。

考虑到这些员工大都是新员工，培训经理首先向他们介绍了酒店发展的历程及现状，并向他们解释了员工守则及酒店惯例，然后进行了问卷调查。该调查要求这些员工列出酒店文化与母国文化的不同，并列举出自入职以来与同事在交往中自己感受到的不同态度、价值观、处事方式等，还要写出个人对同事、上司在工作中的心理期待。

一位来自保加利亚的姑娘抱怨说，她发现所有同事点头表示赞同，摇头表示反对，而在保加利亚则刚好相反，所以她很不习惯。而一位来自斐济的小伙子则写道，公司总裁来了，大家为表示敬意纷纷起立，而他则条件反射地坐到地上(在斐济表示敬意要坐下)……

培训经理将问卷中的不同之处一一分类之后，再让这些员工用英语讨论，直到彼此能较好地相互理解各种文化差异。经过培训，这些员工之间的沟通比以前顺畅许多，即使碰到障碍，也能自己按照培训经理的做法解决了。

(资料来源：根据相关资料整理。)

问题：

分析案例中出现沟通障碍的原因与解决方法。

四、旅游人力资源跨文化管理对策

(一) 识别和理解文化差异

文化冲突是由文化差异造成的，因此，必须对文化差异进行分析与识别。文化差异是指人们由于地区差异所持有的文化不同而产生的差异。这种差异使跨文化沟通呈现出多种形式。相比亚洲文化，西方文化更加强调个性，把握今生今世，注重理性，遵从社会契约思想，以法律为准则，且注重成效。西方人的个性最初起源于基督教的信教前提，即人与上帝的个人联系，以及人应根据自己的良知独立地做出决定。在快节奏文化中，可直接切入主题；而在慢节奏文化中，只可间接切入主题。在权威文化中，沟通自上而下进行；而在开放文化中，沟通自下而上进行。此外，跨文化沟通中的听众偏好也受文化差异的影响。在沟通过程中，听众的立场、传统、准则等各不相同，这些因素直接影响着听众对待沟通方式、沟通内容等方面的态度。因此，在跨文化沟通前，应深入研究听众的价值观和偏好，以便采取灵活的沟通方式。

(二) 组织文化交流活动，加强员工的文化认同

适时举办相关的企业文化培训活动，不失为跨文化管理的一种好方法。此类活动不仅可以增进员工间的相互了解，还能加强员工对企业文化的认同。例如，可以开展文化背景的教学

活动，在过程中普及一些文化常识，让员工了解彼此的思维模式和行为习惯，以便更好地沟通和协作。此外，还可以开展相关的文化交流活动。人是有感情的动物，更多的接触有助于彼此增进了解、理解与默契，加深友谊。活动可以包括但不限于特色饮食交流、体育竞技运动、传统文化节日交流、其他娱乐活动（如主题文化节等），用此类活动来增强员工的文化认同，让其在愉悦的环境中潜移默化地接受不同的文化。

（三）开展跨文化培训，造就跨文化人才

跨文化培训（Cross-cultural Training）是缩小文化差异、防止文化冲突的有效手段，也是人力资源发展的重心所在，不仅是跨文化管理的重点，更是人力资源跨文化管理的优势所在。不仅如此，跨文化培训还能够提高员工适应异质文化的主动性，以便更好地与不同文化背景的同事进行沟通与协作。与此同时，实施人力资源跨文化管理，还可以助力企业打造一支高素质的跨文化人才队伍。因此，为减少文化差异对运营管理所造成的负面影响，企业必须重视跨文化培训工作，以确保企业内部始终维持良好的人际关系，加强企业的凝聚力。

经济学家纽波宁曾在分析跨文化培训时，提出企业尽快适应新文化的五种途径分别是文字方案、文化融合方案、语言指导方案、敏感性方案、实施训练方案。换言之，人力资源部门可以通过调动员工的积极性，开展小组讨论、情景模拟对话、案例分析、互换性角色扮演、实地考察体验、即兴报告演讲、文化知识竞赛活动等方式，打破不同员工的文化心理障碍。企业可以通过跨文化培训，培养员工的自我调适能力和处理文化冲突的技巧，减少跨文化冲突的发生率，同时培育一支出色的跨文化经营管理的多元人才队伍。

本章小结

（1）人力资源跨文化管理的概念与内容。跨文化管理又称交叉文化管理，是指涉及不同文化背景的人、物、事的管理，是在跨文化条件下克服异质文化的冲突，进行有效管理的过程。人力资源跨文化管理是以提高劳动生产率、工作生活质量和取得经济效益为目的，对来自不同文化背景的人力资源进行获取、保持、评价、发展和调整等一体化管理的过程。人力资源跨文化管理的内容除了涵盖人力资源管理的传统功能，即人力资源的招聘与筛选、培训与开发、绩效管理、薪酬激励、员工关系等功能外，还包括跨文化培训与开发管理、跨文化冲突与沟通管理等。

（2）文化理论与跨文化管理理论。经典文化理论包括霍夫斯泰德文化维度理论、克拉克洪与斯多特贝克的六大价值取向理论、冯斯·川普涅尔的文化架构理论等。跨文化管理理论包括莫朗的跨文化组织管理理论、阿德勒的文化协调配合论、保罗·毕密斯的合资企业论、跨文化管理的整合同化理论等。

（3）人力资源跨文化管理的四种模式。EPRG 模型将人力资源跨文化管理模式分为本国中心模式、多元中心模式、全球中心模式与地区中心模式四类。

（4）文化冲突的概念与处理模式。文化冲突是指不同特质的文化或其他文化因素之间在接触和交流时所产生的相互对立、相互排斥、相互竞争及相互否定。文化冲突有凌越模式、折中模式、融合模式、移植模式四种处理模式。

思考与练习

1. 什么是人力资源跨文化管理？

2. 简述人力资源跨文化管理的四大模式。

3. 结合实例分析人力资源跨文化管理的重要性。

4. 试述旅游人力资源跨文化管理的对策。

5. 简述霍夫斯泰德文化维度理论、克拉克洪与斯多特贝克的六大价值取向理论的主要观点。

6. 简述莫朗的跨文化组织管理理论、阿德勒的文化协调配合论的主要观点。

案例分析

空中跨文化沟通失误的严重后果

KAL2300 航班在暴风雨中降落韩国济州岛的几秒钟前，副机长 Chung Chan Kyu 试图从机长巴利·伍兹手中夺过飞机的控制杆以阻止飞机降落。飞机上的黑匣子记录了飞机即将着陆，仅离地面约 9 米处所发生的一切。机长伍兹大喊："把你的手拿开……拿开！拿开！怎么回事……"Chung 先生咕哝着，警报响起。几秒钟后，传来一阵巨大的碰撞声。飞机坠毁，开始燃烧。令人庆幸的是，机上 157 名乘客都逃出来了。

许多评论家认为济州岛的这次飞机坠毁事件反映了一个日益严重的职业隐患——语言障碍问题。快速发展的亚洲航空运输业在全世界征集飞行员，机乘人员的文化背景和使用的语言也日益复杂。外国飞行员认为这次发生在韩国的事故很严重。"在那里，我们就像置身于一团迷雾中，无法知道确切的方向位置，因为韩国人都只说韩语。"一位曾经在亚洲航空公司服务过几年，后来转到一家美国公司的美国飞行员这样说道："在韩国做飞行员，你很容易受到伤害。"

韩国法律规定，外国飞行员必须配备一名韩国副机长，以便和控制台沟通。不幸的是，就像济州岛事件那样，在飞行学校，韩国副机长们只学习了一点点英语。更糟的是，韩国文化中的等级制度可能会妨碍沟通，因为副驾驶员不敢提出问题或主动提供信息。事实上，一位曾经培训过许多韩国飞行员的外国机师说，他发给学员几百份起飞前的简报，却没有一个人提出问题。

种种原因让韩国航空业危机四伏。韩国航空业的重大事故发生率高于北美和拉美同行。调查员认为是沟通失误导致了济州岛事故。其实，在飞机即将着陆时，机长伍兹让副机长 Chung 把风挡雨刷(Windshield Wipers)打开。因为 Chung 没有反应，伍兹重复了这一要求。几秒钟后，Chung 回答说："哦，风切变(Wind Shears)。"显然，伍兹的命令"Get off the Controls(别碰控制杆)"也引起了误解。专家认为，更清楚的表达应该是"Don't Touch the Controls"。最后，两位飞行员都被判了疏忽罪。

这是一个语言文化差异影响沟通的典型案例。韩国的传统思想会形成一种较大的权力距离，表现为韩国飞行员不敢主动向上司提供信息。同样，提问题也经常被认为是不尊重他人的表现。他们认为这表现出经验不足或知识不够丰富，即使是在机舱里，也会让人没面子。没人在济州岛事故中丧生，这实在是不幸中的万幸。

（资料来源：根据相关资料整理。）

问题：

1. 对于航空企业而言，该案例有哪些可以学习的地方？

2. 请简要说明文化差异对于跨国企业经营管理的影响。

第十章

风险管理

学习导引

随着企业经营环境的复杂化，人力资源风险趋于多样化，风险管理已成为旅游人力资源管理的重要组成部分。通过本章的学习，引导学生掌握人力资源风险管理的概念，理解人力资源风险管理的重要性，分析旅游人力资源各职能可能存在的风险，熟悉相应的防范与应对策略。

学习重点

通过本章学习，重点掌握以下知识要点：

1. 人力资源风险管理的概念与特点；
2. 人力资源风险的分类：
3. 人力资源风险管理的过程；
4. 人力资源风险的分析与应对；
5. 旅游人力资源的风险管理。

案例导入　后危机时代的人力资源管理风险

2020年，为应对新冠肺炎疫情，许多旅游企业在不同程度上采取收缩式人力资源策略，如暂停招聘、倡导休假、调岗裁员、薪酬调整以及减少外部培训等。这些应急措施在促使人力资源重新配置的同时，也严重损害了企业员工的士气和忠诚度，并给企业声誉和形象带来了负面影响。旧的风险并未完全解决，新的风险不断产生。危机时期的“大裁员”会造成危机过后的“用工荒”。后危机时代的旅游企业不仅要致力于解决招聘、培训、绩效、薪酬等诸多内部流程问题，还要时刻警惕宏观环境的变迁所带来的挑战。种种迹象表明，后危机时代将是人力资源开发与管理的高风险时代。经历危机的阵痛，越来越多的旅游企业对人力资源风险的广泛性和破坏性有了深刻认识。针对后危机时代人力资源的宏观系统性风险和微观操作性风险，旅游企业应努力构建一套人力资源风险整合管理体系，综合运用风险管理理论和方法，积极探索适应后危机时代人力资源风险形式与特征的应对策略。

（资料来源：乐章.后危机时代人力资源风险管理——基于ERM理念的人力资源风险整合管理框架[J].中国人力资源开发，2010(6).）

思考：

分析后危机时代的旅游企业在人力资源管理上面临的风险。

第一节　人力资源风险管理概述

一、人力资源风险管理的概念

（一）风险的概念

风险是未来可能影响企业运营或实现财务指标的一些不确定的因素。它会造成企业财务损失，如成本增加，利润减少，甚至造成企业倒闭。但在实现企业经营目标的过程中难免会遇到各种不确定事件。企业无法预知事件发生的概率以及它们对经营活动和企业目标的影响程度。在一定环境与期限内客观存在的、影响企业目标实现的各种不确定性事件就是风险。简而言之，风险是指在一个特定时间内和一定的环境条件下，人们所期望的目标与实际结果间的差异程度。

（二）风险管理的概念

风险管理是指通过风险识别、风险估计、风险驾驭、风险监控等一系列活动来防范风险的管理工作。即企业通过认识、衡量和分析风险，选择最有效的方式，积极主动，有目的、有计划地处理风险，以最小成本争取获得最大安全保证的管理方法。当企业面临市场开放、法规解禁、产品创新等情况时，风险波动程度加剧，经营风险提高，而良好的风险管理有助于降低错误决策的概率，减少企业损失，并提高企业的竞争力。

（三）人力资源风险管理的概念

人力资源风险管理是指在工作分析、招聘与录用、职业计划、绩效考评、工作评估、薪酬福利管理、员工激励、培训开发、员工关系管理等各个环节中进行风险管理，防范各类人力资源风险产生。人力资源管理风险是指由人力资源的特性和对人力资源的不善管理而造成的用人不当，或未充分利用人力价值，或人员流失给企业带来的可能的损失。人力资源管理风险存在于人力资源管理的各个环节之中。

（四）人力资源风险管理的内涵

人力资源管理的整个过程是人力资源风险管理的对象，具体体现为在人力资源规划、工作分析、员工招聘、培训和开发、绩效评估、薪金和津贴、福利激励、奖励机制等环节中进行风险管理与风险防范。风险管理是由一系列行为构成的管理活动，一般包括风险识别、风险分析、风险应对、风险监控四个部分。企业人力资源风险管理的对象是企业人力资源管理的全过程和作为企业核心资源的人。企业人力资源风险管理通过认识、衡量、预测和分析风险，考虑种种不确定性和限制性，提供决策方案供管理者参考，力求以相同的成本带来更多的安全保障或更少的损失。

二、人力资源风险管理的重要性

（一）应对企业内外部环境的变化

任何一个企业都未能从经济、社会、政治和技术变化潮流的趋势中幸免。人力资源管理者应时刻注意风险的存在并合理运用风险管理技术规避风险。企业的内部变革与风险管理密切相关，外部的每个风险因素也会直接或间接地对企业人员造成影响。组织抵御外部风险需要领导者和下属团队良好的协调与合作。企业战略规划的执行需要对潜在风险进行有效把握，保证企业上下级之间的沟通和执行，企业任何的变革举措都需要事先预估风险，并提出合理的应对措施。

（二）应对人力资源独特性对企业的影响

除应对企业内外部环境的变化与影响，人力资源风险管理的重要性还体现在自身独有的特性中，即人本身的复杂性、企业用工过程中的信息不对称性、个人与企业目标的差异性以及个体遭遇意外的可能性等。除此之外，人力资源素质的动态性、人类行为的不可控性、知识与行为不一致的可能性等都是潜在的管理风险。

（三）提高企业的经济效益与社会效益

人力资源风险管理是一个过程，是实现结果的一种方式。人力资源风险管理通过对现实和潜在风险的系统分析，提出防范与补救措施，供管理者做出决策。人力资源风险管理的目标在于控制和减少损失，提高企业和个人的经济效益与社会效益。在传统的人力资源管理过程中，企业往往重视招聘、培训、考评、薪资等职能的具体操作，却忽视其中的风险管理问题。类似于招聘失败、新政策引起员工不满、技术骨干突然离职等事件都会影响企业的正常运转，甚至造成致命性打击。识别与防范风险的发生，已成为企业越来越重视的问题。

三、人力资源风险管理的特点

（一）正相关性

人力资源的开发投入越多，管理风险就越大。企业为实现一定目标或完成特定任务而投入相应的人力、物力和财力来开发人力资源，其结果可能不仅没给企业带来所期望的回报，反而带来重大损失和伤害。当企业通过大量投资而培养的具有高技能水平的员工中途离职，就会给企业带来两方面的损失。一是企业投资固化在离职员工身上的费用付诸东流，二是空缺岗位需企业花费大量资金用于引进和培训新员工。反之，一般员工的开发费用较低，其开发的风险也较小。

（二）可控性

按风险的可控程度划分，可分为可控风险与不可控风险。可控风险是指企业对风险形成的原因和条件认识较为清楚，并通过采取相应措施，把风险控制在一定范围内。不可控风险主要是指由于自然因素或外界因素的影响而导致的风险。人力资源管理风险并非完全不可控，只要开发计划符合实际、制度合理、管理严格、实施到位，化解风险的概率是很大的。

（三）动态性

按风险的形态划分，可分为静态风险与动态风险。静态风险是指由于自然力的不规则变化，或由于企业决策失误而导致的风险。动态风险是指由于企业需求改变、制度改进以及政治、经济、社会、科技等环境的变迁所导致的风险。人力资源风险的动态性主要体现为人力资源管理各个环节发生的频率、影响其活动的强度和范围都不尽相同，具有动态变化的特征。

（四）弱化倾向性

人力资源管理中可能产生的风险，使企业顾虑重重，把本应属于企业的行为推给社会，以此来规避风险。这种消极的态度与做法源于对人力资源风险无限扩大的认知。正是这种认知使企业滋生弱化开发的倾向，进而弱化风险管理的功能，造成企业发展后劲严重不足，同时增加社会成本，使企业人力资源在更大范围内面临风险。

四、人力资源风险的分类

（一）按人力资源管理的职能分类

按照人力资源管理职能及其内容对风险进行分类，可以分为传统人力资源管理职能风险与新的人力资源管理职能风险。

1. 传统人力资源管理职能风险

传统人力资源管理职能风险包括人力资源规划风险、招聘与选拔风险、绩效考评风险、薪酬福利管理风险、培训与开发风险等。

2. 新的人力资源管理职能风险

随着时代与行业的发展，新的人力资源管理职能风险不容忽视。如员工关系管理风险、员工职业发展风险、跨文化管理风险等。

（二）按人力资源风险的已知程度分类

按人力资源风险的已知程度，可分为已知风险、可预知风险、不可预知风险。对于已知风险和可预知风险要采取积极的防范措施。

1. 已知风险

已知风险是认真、严格地分析企业经营管理过程后，明确得出的经常发生且后果可预见的风险。已知风险发生概率高，但一般后果轻微。目前已知风险的例子有：企业目标不明确，过分乐观的进度计划，核心员工的离职等。

2. 可预知风险

可预知风险是根据经验，可预见其发生，但不可预见其后果的风险。这类风险有可能带来相当严重的后果。目前可预知风险的例子有：员工缺乏培训，员工积极性不高，员工团队协作能力差等。

3. 不可预知风险

不可预知风险是有可能发生，但其发生的可能性无法轻易预见的风险。不可预测风险也被称为未知风险或未识别的风险。它们是全新的、以前未观察到或后期才显现的风险。这些风险一般是外部因素作用的结果，如政策变化、通货膨胀、地震、暴雨、台风等。

（三）按人力资源风险的来源分类

人力资源风险不仅来源于人力资源管理的各个阶段，而且来源于人力资源管理的各个层

面。具体而言,可归纳为以下三类来源:理念风险、管理制度风险和管理技术风险。

1. 理念风险

理念是企业最基本、最集中的价值取向,也是管理实践的指导方针。人力资源管理不仅是一种实践,更是一种管理理念。人力资源管理实践的得失成败取决于管理者对人力资源管理思想精髓的认识。在旅游企业"人才瓶颈"现象的背后,真正限制人力资源管理体系建设的障碍是"观念瓶颈"。它是指企业管理者或人力资源管理者没有对企业的人力资源管理系统形成全面、科学的认识,不能从根本上把握人力资源管理的基本观念而造成在制度建设、实施与完善过程中的盲目性。

2. 管理制度风险

制度化的管理起源于社会化大生产。当企业规模越大,分工越精细,协作关系越紧密时,就越需要有严格的责权规定、行为规范和工作标准。制度定位不准、系统性不强是人力资源管理制度风险的具体表现。缺乏先进理念指导会造成制度的无效或制度整体性的不足。人力资源管理的各项职能是一个整体,而不是简单的堆叠。制度的系统性就是要使人力资源管理的各项工作包括工作分析、招聘、考核、激励、薪资、晋升、奖惩等形成一个完整的体系。企业人力资源管理要在一套行之有效的制度下实施管理。所以,缺乏现代人力资源管理理念指导的制度,或制度本身的不健全、不系统都会造成人力资源管理的风险。

3. 管理技术风险

人力资源管理是相应的管理制度和技术的一体化和同步化的过程。这说明人力资源管理技术的选择也存在与理念和制度不相符的风险。国内企业在管理人力资源的过程中,并不缺乏先进的人力资源管理思想,但十分缺乏将这些先进的人力资源管理思想转化为适合中国企业特点的可操作的制度、措施、技术手段和途径的能力。由于缺乏成熟的人力资源管理技术和完善的工作流程的实践,国内企业难以提炼、固化人力资源管理信息系统。因此,信息化程度低,工作效率不高也就在所难免。

五、人力资源风险管理的发展阶段

(一) 制度合规化

制度合规化是指从制度建设层面对各项人事管理政策和程序的合规性进行保障。制度合规化发展阶段的关注点是劳动法规、劳动合同、劳动保护和社会福利、劳动争议、劳动就业、劳动培训等法律法规的建立。合规性审查所依据的是国家颁布的各项劳动法律法规。

(二) 执行合理化

执行合理化是指从制度执行层面检查人力资源管理过程的经济性、效率性和效果性。在这个过程中,企业要注意以下三个方面的变化:其一是注重制度的完善,以便于贯彻执行;其二是获取资源支持,使工作的完成更加便捷与高效;其三是注重员工个人能力的培养,提高员工的工作积极性。

(三) 风险管理体系化

风险管理体系化是指从全面风险管理视角审核企业人力资本的配置、投资效益以及预期成长性。重点在于构建人力资源风险运行机制。该机制主要由风险管理组织、风险管理制度、风险管理流程、风险管理信息系统四大部分组成,具体还可划分为控制活动制定及实施、数据收集及监控、定期审计、指标预警及分析、效果反馈及持续监控等环节。

（四）风险管理信息化

科学技术的不断发展，为企业的发展与企业间的合作沟通提供了便捷。通过信息化技术，整合信息系统，可以更好地对企业风险进行预测和实时监控。但仍需防范信息化带来的不安全性，以及注重企业机密信息等的保护工作。

第二节　人力资源风险管理的过程

风险管理是企业管理的重要内容，风险管理机制是企业管理体系的关键组成部分。然而，风险管理正是我国企业经营管理中的薄弱环节。如何切实地推进风险管理，建立风险管理机制，是企业管理走向成熟必须解决的问题。具体而言，人力资源风险管理的过程包括风险识别、风险分析、风险应对和风险监控四个环节。

一、风险管理的过程

（一）风险识别

1. 风险识别的概念

风险识别是指在风险事故发生前，人们运用各种方法系统的、连续的认识所面临的各种风险，以及分析风险事故发生的潜在原因。风险识别主要是确定何种风险对企业可能造成的影响，并使用明确的文字描述风险的类型与特性。一般来讲，风险识别是一个反复进行的过程，由企业管理者、企业风险管理小组分头进行，尽可能地识别出企业可能面临的风险。

人力资源风险识别通常是建立在企业历史资料和专家系统的基础上的。企业可以通过相关历史记录，对人力资源风险发生的情况、概率及后果形成一个粗略的认识，而这些认识也就成为日后风险估计及评价的基础。

2. 风险识别的步骤

人力资源风险具有多样性，既有当前的，也有潜在于未来的；既有内部的，也有外部的；既有静态的，也有动态的。风险识别的任务就是要从错综复杂的环境中找出企业所面临的主要风险。风险识别是用感知、判断或归类的方式，对现实的和潜在的风险性质进行鉴别的过程。风险识别过程包含感知风险和分析风险两个环节。

（1）筛选：是按一定的程序将具有潜在风险的产品、过程、事件、现象和人员进行分类和选择的风险识别过程。

（2）监测：是在风险出现后，对事件、过程、现象、后果进行观测、记录和分析的过程。

（3）诊断：是对风险及损失的前兆、风险后果与各种原因进行评价与判断，找出主要原因，并进行仔细检查的过程。

3. 风险识别的方法

（1）收集历史资料：企业的历史资料或多或少地能够反映出未来企业可能面临的人力资源风险。企业可以通过收集历史资料，如规章制度、绩效考核体系、薪资设计、员工关系管理案例、风险事故的记录等，进行系统归纳与整理，找出各种现实的和潜在的风险及其损失规律。

（2）专家评议法：组织专家对企业人力资源风险发生的事件、概率以及产生的影响进行分析，确认收集到全面和清晰的资料。在风险识别报告中应指出无法收集完全的资料，以便在风险估计和评价中估算这些缺失的资料。

(3) 实地调查法：根据历史资料分析的潜在人力资源风险还要做实地的调查。调查的方式比较多样，主要有面谈法、观察法、风险分析问询法、过去的损失记录法、失误树分析法等。

风险识别一方面可以通过感性认识和历史经验来判断，另一方面也可以通过分析各种客观的资料，以及必要的专家访问与实地调查来完成。风险具有可变性，因此风险识别是一项持续性和系统性的工作，要求风险管理者密切关注原有风险的变化，并随时关注新风险的出现。

(二) 风险分析

风险分析是进行人力资源管理的必要前提，为进一步制定人力资源管理的风险控制和防范措施提供了依据。

1. 风险分析的概念

风险分析就是针对已识别的人力资源各环节中的风险进行综合分析、评估，度量风险发生的概率，衡量其对企业的影响和损失程度的大小，综合评定人力资源的各种风险。风险分析是评估并识别出风险的影响和可能性的过程。

2. 风险分析的步骤

风险分析是对风险可能造成的灾害进行评估与分析。它主要包括以下几个步骤：

(1) 根据人力资源风险识别的内容，有计划、有针对性地进行调查和研究工作；

(2) 根据调研结果和经验，判断人力资源风险发生的可能性及概率，用百分比表示风险发生的可能性大小；

(3) 根据人力资源风险发生的可能性的大小，排好优先队列。

3. 风险分析的方法

风险分析可以选择定性分析法或定量分析法，进一步确定已识别的风险对企业目标的影响，并根据其影响对风险进行排序，确定企业的关键风险项，用于后续风险应对计划的制订。风险分析常用方法包括综合评价法、蒙特卡洛模拟、专家调查法、风险概率估计、风险解析法、概率树分析、层次分析法等。

(三) 风险应对

1. 风险应对的概念

风险应对主要是针对企业的风险分析来制定一个风险应对的方案，致力于提高实现企业目标的机会。风险应对计划包括主要风险的说明和风险的应对措施等。每个措施必须确定明确的负责人员，要求完成的时间以及进行的状态。

2. 风险应对的步骤

风险应对主要解决风险分析中发现的问题，从而消除预知的风险。它一般由以下四个步骤构成：

(1) 针对预知风险展开进一步调研；

(2) 根据调研结果，给出消除风险的方案；

(3) 将该方案与相关人员讨论，并报上级批准；

(4) 实施该方案。

(四) 风险监控

1. 风险监控的概念

风险监控主要是在企业管理的过程中，跟踪已识别的风险，监控残余风险和识别新的风险，确保风险应对计划的执行，进而评估风险应对措施。风险监控是贯穿项目整个生命周期的持续过程。风险管理随着计划的逐渐推进发生不同的变化，可能产生新风险，也可能有预期的风险消失。

2. 风险监控的步骤

(1) 建立风险管理制度化体系。

从人力资源管理的各个方面识别和控制风险，建立风险管理体系。其重点在于建立事前风险防范和事中风险监控机制。企业必须培养事前风险防范意识，并建立相应的监督体制，以确保这种意识落实到现实的管理过程中。企业还应建立完善的数据记载机制，对记载数据进行分析并合理利用。

(2) 建立事中预防监控机制。

事中预防监控是事前防范的延伸。企业内部要对在职员工，特别是重要岗位的员工进行公开的定期、不定期的考核或心理测试，加强对员工个人职业素养的培训与提高，完善新员工的培训机制和在职员工的考核机制，建立与完善员工职业信用评估体系。例如，从收集个人信用信息和大数据角度建立员工的信用档案等来降低企业人力资源管理风险。

(3) 建立事后危机处理机制，完善长效风险监控机制。

企业应设立专门的风险管理部门，并不断完善管理制度。当旧的风险消除后，可能会出现新的风险。因此，风险识别、风险分析、风险应对等环节只有连续不断地进行，才能形成有效的风险监控机制。企业应定期对风险进行再分析，对执行中的问题进行再评估，确保风险应对方案能够切实有效地进行，同时要注意总结经验，为长期的风险管理提供参考。

二、人力资源各职能的风险分析

（一）员工招聘风险分析

员工招聘是人力资源管理中最重要的一项工作内容。员工招聘已成为人员配置中的一项经常性工作。常见的招聘风险包括法律禁止性规范的适用风险、聘用外部员工带来的资信风险、引进外部高级人才和接收毕业生使企业徒劳无功的风险等关键性问题。

1. 识别招聘中的风险

招聘风险是指企业招聘过程中带来损失的可能性。招聘的具体环节都不可避免地会给企业带来不同程度的损失。总的来说，招聘中的风险因素既可能源自应聘者，也可能源自招聘方。例如，在企业的招聘过程中，是否拟定明确的筛选标准，应聘者是否存在欺瞒行为，以及招聘流程是否科学合理，这些都是影响企业招聘风险的因素。

2. 招聘风险的来源

(1) 外部环境的风险。

企业在招聘过程中，不可能完全避免由于外界环境变化所带来的风险。对于因外界环境的改变而导致企业利润的减少，企业也只能采取减少或转移这种风险的措施。外部环境的风险主要包括以下几方面。

①国家政治形势、宏观经济、法律法规的变化所产生的风险。这类风险的产生主要体现在国家的政治倾向性、投资发展的政策导向性、经济状况的稳定性、经济状况的发展趋势以及相关法律的完善程度上。

②市场需求变化的风险。随着科学技术的快速发展，市场需求是动态发展、不断变化的，

因此难以预测并把握变化的趋势。一旦市场需求发生变化，企业没有及时做出反应，那么已招聘的人员不能满足新的市场需求，就会造成极大的资源浪费。

③科技进步的风险。人力资本面临着贬值的压力。时代在发展，科技知识在不断更新，员工的知识和技能可能随着社会的进步而逐渐贬值。旅游企业也面临着技术进步与革新带来的挑战。只有不断更新员工的知识与技术，培养创新型人才，才能推动企业不断前行。

(2) 内部环境的风险。

①招聘渠道选择的风险。招聘渠道类型多样，各自具有不同的特点。有些招聘渠道针对性较强，选择合适的招聘渠道会产生事半功倍的效果，选择失误则可能带来巨大损失。因此，对于企业招聘渠道的选择本身就是一个风险决策的过程。

②招聘回复速度的风险。招聘过程中，人力资源部门要尽量快速地回复应聘者投递的简历。回复越及时，就越可能获取优秀的人才。反之，若没有及时回复应聘者，则很有可能失去所需的优秀人才，让人才被竞争对手抢先录用，这样可能对企业的经营管理构成潜在威胁。

③人才判定的测评风险。企业一般都会在招聘中应用一些专业的测评技术，但现有的测评技术都具有一定的局限性，这种局限性会使人才测评产生风险。

④招聘成本的回报风险。企业的招聘与录用过程需要耗费一定的成本。如果忽视人力资源招聘的成本控制，则可能增加企业的甄选费用。员工只有安置在合适的岗位才能为企业创造价值。招聘对象并非条件越高越好，而是要找到与实际岗位需求匹配的人才。如果企业找不到合适的人才，或招聘的员工无法胜任该项工作，反而会增加招聘的成本，导致招聘成本的回报风险的上升。

案例分析　谁是出色的高尔夫球杆销售员？

一家高尔夫球场的老板花重金聘请了一位退役的高尔夫球员去推销球杆，认为其业绩肯定会很不错。结果这位退役球员推销球杆的时候，总是和客人谈论如何打高尔夫，而很多客人打高尔夫不是为了成为优秀的高尔夫选手，而是为了在打球的过程中结交朋友，促成更多的商务谈判，或是为了体现自己的价值和身份。这位老板同时还聘请了一位高中毕业的女孩，她虽然不会打高尔夫球，但业绩却比那位高尔夫运动员好很多。

(资料来源：根据相关资料整理。)

问题：

结合案例，谈谈如何避免人力资源的招聘风险。

(二) 人事决策风险分析

人事决策主要是指人员任用、晋升、薪酬变动等方面的决策。许多企业由于快速成长，扩张太快，往往造成人才相对短缺。因此，在人事决策过程中难免会出现用人不当、随意提拔、因人设岗等现象，给企业经营管理带来负面影响。

1. 彼得风险

企业员工晋升常见做法是当员工在某一专业方面有突出的表现时，得到领导赏识与重用。

“术而优则仕”，当晋升机会出现时，业绩突出的员工优先获得提拔。然而晋升后，该员工所做的工作与原工作有较大差异，导致不能适应新的工作任务，绩效并不理想。尤其是从原来的营销、技术类岗位走上管理类岗位后，由于缺少相应的培训和管理经验，晋升员工往往容易出现问题。这种情况下，不仅领导不满意，也打击了晋升员工的积极性，企业不仅在原工作岗位上失去了一名优秀的专业人才，而且多了一名糟糕的管理人员，即通常所说的彼得现象。因此，在选拔晋升人选时，应当谨慎选人，征求多方面的建议，兼顾各种考核结果，对该员工有较深入的了解后，再做出提拔的决策。

2. 用人失察风险

用人失察造成的人力资源风险，最常见的就是外派分支机构负责人或业务骨干时，没有进行深入细致的调查，在评估人选时重能力而轻品行，特别是当企业快速扩张需要大批人才，而企业之前人才储备、培养不够时，企业就会大张旗鼓地到处招聘，或进行内部提拔，有的甚至未经考察和培训就仓促上岗，结果可能出现员工不能胜任的情况，给企业管理带来隐患。

（三）员工培训风险分析

在知识和人才的激烈竞争中，企业要想获得竞争优势，就必须拥有一支高素质的员工队伍。而高素质员工队伍的建立，需要企业不断提高其培训效果。许多有远见的企业家已经认识到员工培训是现代企业必不可少的投资，不仅有利于企业的经营管理和持续发展，也有利于员工职业生涯和潜能的开发。但培训作为一种投资行为，不可避免地存在风险。

1. 培训后员工流失的风险

培训风险中最让企业头痛的是培训后员工流失的风险问题。企业为员工的培训投入了人力与财力，当员工的知识与技能获得提高后，可能离职另谋高就或被竞争对手挖走。培训提高了员工自身的价值，增强了员工的竞争力，使之具有更强的适应能力和更多的选择机会，但培训也抬高了员工的薪资要求。如果培训后员工的薪酬未能体现其价值，或员工的报酬要求得不到满足，可能就会出现员工流失现象。培训后的人才流失将对企业造成较大的危害。一方面，通过培训，员工的知识和技能得到提高，员工流失意味着企业失去优质人才；另一方面，员工熟悉原企业的经营和运作情况，如果进入竞争对手企业，就可能对原企业造成威胁与损失。人才流失的风险是整个培训工作存在的最大的风险，也是困扰企业人力资源管理工作的重要问题。

2. 培训效果低下的风险

培训计划不适当导致培训效果低下的风险在企业中普遍存在。例如，有些旅游企业未对培训工作做出长远规划，而是遇到问题时临时组织培训，具有一定的随意性，培训效果往往不理想。方向正确且组织良好的培训工作能够为企业带来效益，但并非所有的培训都会带来效益。企业员工培训可能面临投入无回报或回报低下的风险，产生这种风险的原因如下。首先，正确的培训可体现出应有的效益，但通常需要一定的时间。针对企业的经营战略而进行的培训，在培训效益的显现上具有一定的时滞性。如果企业因为竞争的需要、政策的转变，或因为在短期内看不到培训的直接效益，而对培训工作产生怀疑，可能就会使前期的培训投入付诸东流。其次，现代社会的技术和信息的飞速发展，要求培训具有一定的前瞻性，如果培训内容和手段落后，无法提供适应需求的培训，就会导致员工知识和技能的提高十分有限，这种培训的回报将是很低的。

（四）绩效考评风险分析

绩效管理是人力资源管理的核心工作之一，也是人力资源风险的重要来源。许多企业虽然引入了绩效管理，但实施效果不尽如人意，非但没有起到激励员工、提升绩效的作用，甚至引起员工的不满，破坏了组织的稳定，对企业业绩产生负面影响。如企业战略不稳定、绩效考评不当、考评要素引发部门内部冲突和部门间冲突等，都可能产生风险，且易激化其他矛盾，影响企业目标的实现。绩效考评包括以下五个方面的风险。

1. 绩效考评调整风险

随着时间的推移和企业战略的调整，绩效考评的体系与指标发生变化，可能出现绩效考评标准的新旧交替。如果企业没有及时对新的考评体系进行宣传与推广，给予员工一定的适应期，则可能面临绩效考评的困境。

2. 绩效考评不当风险

绩效考评是面向全体员工的，具有普适性。因此，可能存在有些考评方法区分度不大，激励性较差，不能准确地评价员工绩效，容易造成优秀人才流失的问题。在考评指标的选择上应兼顾数量与质量要求，综合考量员工的态度、能力与工作成果。

3. 重考评、轻改进的风险

任何一套绩效考评体系都不可能将员工的所有能力、行为、成果都纳入考核，并且在实践中常常出现重考评、轻业务改进的现象。由此带来的绩效考评结果不仅没有提高效率，反而降低了效率。重考评、轻业务改进，可能造成企业整体运营效率下降。

4. 绩效考评标准的法律风险

由于绩效考评产生的法律风险，最常见的是与“劳动合同”的冲突。有的劳动合同期限是3～5年甚至更长，而考评是一年一次。有的考评方式和结构化的考评工具直接与劳动合同发生冲突，如“末位淘汰制”不符合劳动合同的条款。考评中的“积极性”“主动性”等软性指标在劳动合同中无法作为辞退职工的法律依据。

5. 绩效考评工具的缺陷风险

绩效考评的工具可能存在一定的缺点，如有些考评指标不清晰，缺乏操作性等。在企业绩效考评过程中，可综合使用多种考评工具。考评的指标体系可能有局限性，消除这个局限需要在日常的管理中配合其他的管理方法和工具，把绩效考评融合到企业全面质量管理体系之中。

（五）薪酬管理风险分析

企业薪酬一般是由工资、奖金、津贴、福利以及股票期权等组成。制定合理的薪酬应该遵循激励性、公平性、合法性、灵活性等原则。因为薪酬不仅是员工的生活开支的来源和价值体现，也是企业吸引与留住人才的重要途径。薪酬管理风险主要表现在以下三个方面。

1. 薪酬制度与企业发展战略脱钩

企业所处的生命周期阶段不同、行业地位不同、经营战略也不同，相应的薪酬战略也有所不同。目前，部分企业实行统一的薪酬策略，未能与企业经营战略匹配。例如，在企业的初创期和成长期，为了吸引更多的优质人力资源，薪酬策略可更具激励性与灵活性；到了成熟期，可兼顾激励性与经济性，保持稳定的薪酬策略；当企业进入衰退期，薪酬策略应遵循经济原则，控制企业的成本成为关键。

2. 重现金支付轻非现金支付

现金性薪酬包括工资、津贴、奖金等，非现金性薪酬包括企业为员工提供的所有保险福利项目、实物、旅游、文体娱乐等。非现金性薪酬可在总预算不变的情况下达到激励员工的目的。通过涨工资即增加现金薪酬的数额，不一定能够起到显著的激励作用，反而增加企业的成本。

企业重视物质薪酬的同时，应关注非物质薪酬的激励，如员工的成就感、被认同感、被关心、集体荣誉、企业氛围也是重要的激励手段。平衡物质与非物质薪酬是防范薪酬风险的重要方法。

3. 绩效工资实施不当的风险

在薪酬管理实践中，绩效工资已成为大多数企业薪酬设计的重要选择。通过实施绩效薪酬，调动了员工的工作热情，提高了员工的工作绩效。但是，并不是每一个企业都获得了理想的结果，其关键在于绩效薪酬的方案设计是否合理。如果薪酬设计脱离企业经营的实际，未能满足员工的物质与非物质需求，就可能带来负面的影响。

（六）人事变动风险

人事变动风险是企业经常面临的风险之一。由于企业或员工的原因引起工作岗位的变动，往往会给企业经营管理带来不可避免的影响。

1. 跳槽

跳槽是人力资源风险中最常见的一种现象，不仅给企业带来直接的人力资本损失，而且可能对组织绩效产生不利影响。具有较强影响力的核心员工跳槽，有时会带走部分优秀的下属，可能对企业的发展造成致命的打击，甚至引发企业全面的经营危机。另外，企业高层管理者的离开还会影响企业形象，掌握核心技术或商业机密的核心员工的跳槽，可能导致企业赖以生存的核心技术或商业机密的泄露。

2. 裁员

在企业面临困境的时候可能不得不进行裁员，这是企业的无奈之举，在实际操作中应谨慎使用。另外，企业并购后员工的去留的问题也要引起重视。企业本想借并购强化竞争力，但往往事与愿违。解雇员工要讲求技巧，否则可能会给企业带来不必要的麻烦，如出现劳动争议纠纷、企业形象受损等风险。

3. “空降兵”

企业在发展壮大后，对管理层提出了更高的要求，为了弥补原有管理者在能力上的不足，通常会实施“空降兵”战略。但是，企业中经常会出现一个奇怪的现象：一些原先成就斐然的中高级人才被企业高价聘用后，其表现却不尽如人意。企业高层管理者出现水土不服的情况，可能与变化的环境以及企业文化的差异有关。

4. 安置与处理转岗和富余员工

企业变革中，不可避免地存在着有些员工面临转岗或者被辞退的情况。为了减少与员工产生劳动纠纷，企业应当采取正确的处理方法。在企业变革与员工自身利益方面可能存在着某些冲突，这就要求管理者在处理这些冲突的过程中，既要兼顾企业的利益，也要保护好员工的权益，只有做好这两方面的协调关系，一个企业的变革才能处于有利的地位。

（七）人力资源外包风险

人力资源外包是近年来兴起的一种资源外包形式，具有降低企业运营成本、培育核心竞争能力、专注于自身核心业务与战略性活动、获得外部专业化的外包服务与整合高技能的人力资源专家等优势，日益显示出快速的成长性和市场潜力。

1. 来自外包服务商的风险

在人力资源外包中，企业与人力资源外包服务商之间形成了“委托—代理”关系。由于信息的不对称，企业无法真实且全面地了解人力资源外包商的经营业绩、社会声誉、发展状况、成本结构等信息，以致人力资源外包前未能筛选到合适的外包商，造成逆向选择的结果。外包后，也可能面临外包服务商未尽力执行受托工作或采取不利于外包企业的行为等风险。

2. 来自企业经营安全的风险

人力资源外包时，企业与外包服务商在合作过程中有关企业知识与信息的共享是必然的。由于外包服务商的人员素质、职业道德以及管理水平等原因，可能存在多种泄密的机会和途径。对企业有价值的信息一旦泄露，可能造成无法挽回的损失，这是人力资源外包中面临的最大风险。

3. 来自员工方面的风险

人力资源外包对于企业及员工是一种变革。原先的管理流程、职责分配、上下级关系及个人的职业发展可能有不同程度的改变，员工常常会产生各种顾虑、猜疑和不满。如新旧管理制度的差异以及内部员工和外部人才的平衡问题，可能在一定程度上加剧矛盾或引发内部冲突。

4. 来自文化差异的风险

企业文化的形成是一个长期的过程，且一旦形成就很难改变。人力资源外包涉及企业与外包服务商双方的人力资源整合，两者之间在一定程度上是一种合作行为，在合作过程中必然产生企业文化的交叉与碰撞。若外包商提供的服务内容不能很好地适应企业的文化，则会造成服务质量与效率的下降，引起企业员工的不满，弱化企业文化的凝聚功能。

（八）职业安全与健康风险

职业安全与健康是指工作场所中影响员工、临时工、顾客及相关人员健康的条件与因素。职业安全与健康防范指预防因工作导致的疾病，并防止原有疾病的恶化。职业安全与健康风险主要表现为工作中因环境及接触有害因素而引起人体生理机能的变化。

1. 职业安全与健康风险的来源

（1）物理性危害：如噪声、极端温度的工作环境。

（2）化学性危害：如暴露于有害化学物质环境中，或吸入有害化学物质。

（3）生物性危害：如传染性疾病或细菌。

（4）社会性/生理性心理危害：如压力、工作场所暴力行为。

（5）行为性危害：包括指挥错误、操作错误、监护失误等，如在工作场所滑倒、绊倒、坠落、擦伤、碰伤等。

2. 职业安全与健康风险的分类

首先，职业安全与健康风险是按照导致事故和职业危害的直接原因进行分类的。参照卫生部（现国家卫生健康委员会）、劳动人事部（现人社部）、财政部、全国总工会等颁发的《职业病范围和职业病患者处理办法的规定》，将危害因素分为生产性粉尘、毒物、噪声与振动、高温、低温、辐射（电离辐射、非电离辐射）、其他危害因素七类。

其次，职业安全风险按严重度等级，从高到低分为严重的、灾难的、轻度的、轻微的四个等级，具体见表 10-1。

表 10-1 职业安全风险严重度等级表

严重性等级	等级说明	事故后果说明
Ⅰ	灾难的	人员死亡或系统报废
Ⅱ	严重的	人员严重受伤、严重职业病或系统严重损坏

续表

严重性等级	等 级 说 明	事故后果说明
Ⅲ	轻度的	人员轻度受伤、轻度职业病或系统轻度损坏
Ⅳ	轻微的	人员伤害程度和系统损坏程度都轻于Ⅲ级

再次，按职业安全风险发生的可能性，从高到低分为频繁、很可能、有时、极少、不可能五个等级，具体见表 10-2。

表 10-2 职业安全风险发生可能性表

可能性等级	说 明	单个项目具体发生情况	总体发生情况
A	频繁	频繁发生	连续发生
B	很可能	在寿命期内会发生若干次	频繁发生
C	有时	在寿命期内有时可能发生	发生若干次
D	极少	在寿命期内不易发生，但有可能发生	不易发生，但有理由可预期发生
E	不可能	极不易发生，以至于可以认为不会发生	不易发生

3. 职业安全与健康风险的主要原因

造成工作场所危险的主要原因包括员工、设备、材料与环境四类。分析职业安全与健康风险成因，并采取针对性的防范措施，才能有效地避免工伤与职业疾病的发生。

(1) 员工：员工是否都接受了良好的培训并有足够的工作能力？员工是否劳动过量？是什么激励着员工工作？管理者与员工是否有足够的交流？

(2) 设备：设备及工具是否适用于完成工作？设备是否经过正确安装及保养？是否按照制造商的说明书规定进行操作？

(3) 材料：使用哪些材料？是否正确使用？储存及处理材料是否妥当？

(4) 环境：工作场所在哪里？工作环境是否有潜在危险？例如，致险因素有设施摆放、通风系统、照明装置、行走路面等。

管理者了解导致工作场所危险的主要原因后，还需定期进行危险评估工作，及时识别与排除工作场所的危险源。

三、人力资源各职能的风险应对

(一) 员工招聘风险的防范策略

1. 科学制定招聘标准

企业要结合自身管理控制模式和情况确定各岗位工作流程，形成详细的工作说明书，为招聘和绩效考核等工作提供依据。企业应根据实际需求，科学设置招聘标准以及各标准的权重问题。在进行招聘活动之前，将招聘标准设置得详细且清晰，会大大降低招聘中的成本，也会帮助企业找到最需要的人。

2. 完善企业招聘制度

①招聘人员应严格审查应聘者的身份证明与履历，确保其资料的真实性。因为签订劳动

合同后，即使因为员工存在欺诈行为致使劳动合同无效，用人单位也要支付劳动报酬。

②用人单位招聘过程中，应当如实告知员工工作内容、工作条件、工作地点、职业危害、安全生产状况、薪资福利等信息。对于敏感的问题可通过《知情书》签字备案，防止后续出现纠纷。如果用人单位在招聘过程中没有履行法律规定的告知义务，就有可能造成合同无效。如果对员工造成损害，应当承担赔偿责任。

③不得扣押应聘者的居民身份证和其他证件，不得要求应聘者提供担保或者以其他名义向其收取财物。

3. 加强岗位管理工作

企业在招聘时要详细了解应聘者的工作经历和能力，并对相关岗位的工作任务、工作能力要求进行科学分析，确保招聘的员工可以胜任岗位工作。在员工招聘或者内部人员调动时，企业应该按照科学合理的招聘和晋升制度，严格采用各种人事测评方法和绩效考核方法对应聘者的知识、技能、个性进行合适性评估，将合适的人放在合适的岗位上，以降低人力资源管理风险。

（二）人员配置风险的应对

科学的人员配置强调对人才的合理使用，使其在企业的经营管理中发挥作用，创造价值。但是如果在错误的时间把错误的人放在错误的岗位上，则可能对企业和员工双方均造成损失。

1. 建立人力资源风险管理体系

人员配置风险防范的重点在于建立事前风险防范和事中风险控制机制。企业必须树立事前风险防范意识，并建立相应的监督体制，以确保防范意识落实到现实的管理过程中。如建立网上的数据记载机制，对记载数据进行分析并合理利用。事中预防监控是事前防范的延伸。企业通过完善新员工的培训机制和在职员工的考核机制，定期对重点岗位员工的工作状况进行调查，有利于提高员工的职业素养与技能水平，降低员工不能胜任的风险。

2. 完善人力资源管理信息系统

信息是人力资源管理的重要依据，信息不对称、不完全是产生道德风险和契约风险的根本原因。为了防止这类风险的发生，必须完善企业信息系统，提高信息管理水平。为此，企业要重视人力资源管理信息系统的建设，全面收集企业内外部的信息，加强信息的过程管理与信息管理的监督和考评。

3. 加强员工激励

研究表明，员工流失风险事件的发生与激励是否到位密切相关。如果激励到位则能够减少人力资源风险事件的发生。因此，企业应加强制度管理，健全各项规章制度，加强监督管理，保证制度得到全面履行。例如，完善员工激励机制，力争做到激励公平，做到多元化激励、差异化激励、人性化激励和长期化激励，从而减少人员流失风险的发生。

（三）员工培训风险的应对

员工培训与开发是企业人力资本投资的重要途径，也是引发人力风险的原因之一，可从制度约束、职业管理、待遇保障、企业文化等方面应对风险。

1. 充分利用制度约束

目前，企业普遍采用的办法是要求员工在接受培训前签订《培训服务协议书》，规定员工接受培训后在本企业的最短服务年限，如果未满服务期要离职，应补偿企业的培训损失。例如，出资培训应签订培训协议，确定企业与受训员工双方的权利与义务，约束员工的行为。培训协议对培训结束后员工的服务期和违反培训协议应承担的责任做出明确约定，违约责任一目了然，以此有效地防范培训后员工的恶意跳槽。此外，企业财务部门应加强培训费用管理，人力资源部门应建立培训档案，为日后的争议或诉讼提供证据支持。

2. 培训与职业生涯管理相结合

员工的职业发展与企业的发展是相辅相成的。要使培训后的员工队伍更加稳定，关键是通过培训活动，促进组织目标与员工个人目标的共同实现。培训者要在员工的需求和企业的需求之间寻找最佳结合点，在时间和空间上最大限度地贴近企业管理实际，使员工受训后能够将培训内容运用于实际工作，促进员工的技能与职业生涯的发展。培训和晋升要配套设计，既针对员工的具体情况，又体现企业的总体规划，同时具有挑战性，使受训员工与企业紧紧联系在一起。

3. 制订科学合理的培训计划

培训计划应从受训员工的实际需求出发。根据培训对象选择恰当方法，根据上一年的培训计划总结经验，弥补与改进下一阶段的任务与计划。不仅要充分考虑不同培训方法的适用范围和优缺点，也要综合考虑受训员工的需求与反应。另外，培训计划执行过程中要明确培训目的，提高受训员工的认知度及参与态度，并采用有效的培训评估方式，避免培训不当的风险。

4. 保障受训员工待遇与成长

对受训员工的妥当安置与待遇保障可在一定程度上减少员工流失。例如，根据受训员工的实际技术业务能力，合理调整工作岗位及其薪酬待遇。随着员工职位的提升，其经济收入也随之增加，员工离职意向就会大大减少，有助于降低员工培训后的离职风险。

5. 通过企业文化凝聚人才

企业文化是具有自身特点的物质文化和精神文化的总和，具有导向、约束、凝聚、激励、调适、辐射等多种功能。在企业培训过程中，将文化培训贯穿其中，通过管理理念和企业文化凝聚人才，充分发挥企业文化的引导作用，促进企业目标与员工个人目标相结合，培养员工的忠诚度与敬业度，有利于降低员工的培训风险。

（四）绩效考评风险的应对

1. 制定科学的绩效考核政策

制定绩效考核政策应充分考虑企业所处行业、技术的特点、组织机构规模、企业生命周期、企业文化等。根据企业的环境、战略目标和人力资源管理的需要，制定相应的绩效考核政策和程序。绩效考核结果应与薪酬、激励、培训和职位调整等人力资源管理职能有机结合，实现整合效应。具体而言，企业可以采取以下措施：一是明确企业目标，根据企业的战略目标，制定合理的绩效考核标准；二是合理设置绩效考核内容，确定绩效考核的标准与流程；三是选择合理的绩效考核方式，根据企业的实际状况选取最佳的绩效考核方式；四是建立健全绩效考核体系，使其具有个性化、全员化的特点，不断完善考核制度。

2. 沟通绩效考核的标准

实施绩效考核不仅要认真制定各项考核标准，而且应注重与相关员工的沟通交流，争取达成共识。为了减少纠纷，可以签订书面的绩效考核指标书或者相应的文件。加强考核者与员工之间的沟通，减小考核偏差，增强员工对绩效考核结果的认可，使员工支持绩效考核的实施。在此基础上，绩效考核实际上成了员工履行约定的过程，可以减少很多纠纷，使绩效考核达到应有的效果。

3. 加强培训提升绩效

员工绩效不佳的原因之一是员工不了解具体的绩效考核标准。因此，加强员工培训，让员工熟悉绩效考核的过程与标准，不失为避免绩效考评风险的一种方法。另外，企业要客观地选择绩效考核人员，对考核人员进行培训与监控，注重考核者综合素养的提升。避免由于考核者自身的因素，影响绩效考核的实施与结果。对于那些工作积极且认真负责，但由于能力不足导致绩效不佳的员工可给予关怀或帮助。在解除员工劳动合同时，可为其提供职业介绍机构的信息，便于其寻找工作；或赠送相关的培训课程帮助其提升就业能力。这样不仅会让离职员工感到温暖，也会对现任员工产生激励作用。

4. 确保绩效考核的公平与合法

企业应依法办事，确保绩效考核过程与结果的合法性，不能随意地对法律法规进行解释。注意收集书面证据，如被考核者本人签名的考核表、事先双方签字认可的考核标准等。一旦发生由于绩效考核而引发的危机，如纠纷、仲裁、诉讼等，企业要注意摆事实、讲道理、出示证据，做到妥善解决。

（五）薪酬管理风险的应对

1. 构建公平且合理的薪酬制度

在建立薪酬体系的过程中，工作分析和工作评价是最基本的工作，也是保证薪酬内部公平的关键。企业在开展工作评价过程中，应结合具体岗位要求对其进行评估，而非针对员工自身进行评价。企业应构建科学的工作评价体系，保障员工薪酬分配公平。要根据岗位的实际价值制定相应薪酬，确保员工认识到薪酬能够客观、公正地反映出岗位所拥有的价值。

2. 完善激励与约束机制

企业要认真总结管理风险，从预防风险发生的角度建立企业的激励机制、奖惩机制、约束机制等。加强企业内部人力资源投资的会计核算工作，形成科学合理的员工评价制度、薪酬激励制度等。协调员工个人和组织发展特点，加强企业内部的沟通。

3. 创建多层次的奖励机制

在薪酬福利管理过程中，企业不仅要满足员工的物质需求，还要兼顾员工的精神需求。这就要求企业在固定薪酬之外建立多层次的奖励机制，其中应包括荣誉奖励、现金奖励，还可以从提升员工的生活品质与社会地位等方面加以考虑。对那些为企业做出特殊贡献以及在改革创新中表现突出的员工而言，不仅可以得到奖金鼓励，还能同时获得荣誉表彰，甚至有机会进行深造，使员工树立起使命感，并获得成就感，从而充分发挥员工的聪明才智，为企业做出更大的贡献。

（六）人事变动风险的应对

1. 规范企业用工行为

从招聘员工开始至劳动合同解除、终止，企业用工的全过程均应有相应的法律法规作为支撑。劳动合同的签订，试用期的约定和管理，规章制度的公开、透明和合法，解雇员工的有法可依，及时支付劳动报酬，及时为解除劳动合同的劳动者办理相应手续等均需规范操作。

2. 及时处理纠纷与诉讼

出现劳动纠纷时，企业应及时成立协调机构，充分了解纠纷的起因和实质，尽量用协调一致的方式化解纠纷。若无法化解或企业不存在过错，则可选择诉讼方式维护权益，但应及时收集和保存相关凭据信息，包括《劳动合同书》、出勤记录、薪酬支付记录、社会保险缴纳记录、违纪违章记录等。

3. 做好离职面谈与隐患处理

通过有效的离职面谈，不仅可以获知员工离职的真实原因，而且可为激励留任员工提供决策依据。在防范人事变动风险的过程中，还需注意处理好离职员工带来的隐患。例如，对企业有成见的员工在离职时可能散发对企业不利的负面信息，企业应采取相应的防范措施。另外，要根据法律规定严格履行员工离职的步骤和工作交接，避免事后发生劳动争议纠纷，使企业处于被动地位。

4. 加强企业文化建设

优秀的企业文化是提高人力资源管理风险防范水平的重要条件。企业应该从招聘阶段就着手加强员工对企业文化的认同度。同时，完善的培训机制能够为企业形成优秀的人才队伍提供帮助。从实际出发，结合员工自身需求和特点，提供针对性的培训机会，有利于培养员工的忠诚度。在日常管理中，企业也可以将自身文化纳入员工考核体系，实时掌握员工对企业文化的认同度，为人力资源管理风险防范提供保障。

（七）人力资源外包风险的应对

1. 选择合适的人力资源外包商

首先，企业要认真审核人力资源外包商的报价，选择性价比高的外包商。其次，企业要确立科学的人力资源外包商选择流程，以消除信息不对称产生的逆向选择。企业应识别人力资源管理中具有与同行业企业相比处于劣势的业务，对这些业务是否适合人力资源外包进行评估。外包商的选择应从信誉、财务状况、专业水平、行业知名度及与企业文化的兼容性等方面进行考量。根据企业外包的业务及实际情况的不同，选择人力资源外包商的侧重点也不尽相同。因此，应根据企业实际情况对不同业务的各指标设定不同的权重，对候选的人力资源外包商进行综合评分，与评分高的人力资源外包商签订外包协议。再次，企业为降低道德风险，可在协议中提供适当诱因，给予人力资源外包商一定激励措施，同时在外包后加强过程管理与监控，抑制人力资源外包商的机会主义行为。最后，企业需拟定退出机制与备选方案，以备在人力资源外包商的服务无法改善时，转换外包商或收回自行处理。在外包合作过程中，企业应建立与完善人力资源信息管理系统，对相关知识与信息进行整理记录，避免其信息因人力资源外包商的变动而流失。

2. 抵御来自企业经营安全方面的风险

企业在分析自身特质的基础上，确定人力资源外包的具体项目。由大卫·派克（David Le Park）和斯科特·斯内尔（Scott Snell）[①]共同创立的人力资本混合雇佣模型理论指出，人力资源管理各项活动可按照战略价值高低和独特性的强弱进行划分，战略价值越高越关系到企业的核心竞争优势，独特性越强越需要较高水平的人际关系技巧。独特性强的活动往往是指具有很强的企业个性特征，与企业的长远发展密切相关的活动。活动特征为独特性强、战略价值高的业务不易于普遍推广，对外包服务商不易达到规模经济。企业如果将其外包，则必然会引起成本的上升。独特性弱的活动意味着完成这些活动不需要高水平的人际关系技巧，多数是一些事务性的、程序化的活动；战略价值高，意味着对企业推行竞争战略的能力有直接影响。

① 大卫·派克（David Le Park），斯科特·斯内尔（Scott Snell），美国马里兰大学教授。

活动特征为独特性弱、战略价值高的业务虽然关系到企业的竞争优势，但是可以通过人力资源管理软件或数据库升级逐渐标准化，因此适合外包。活动战略不直接影响企业竞争战略的实现，同时具有较弱独特性的业务活动，外部市场上标准化的服务足以满足市场的需求，将其外包比企业自己运营更有效率。对竞争战略来说影响较低，但具有高度的独特性，需要很高的人际关系技巧，如裁员咨询等，最好由企业自己执行。

3. 防范来自员工抵触的风险

人力资源外包公司应着手开展以下工作，降低来自员工方面的风险。首先，加强宣传引导，赢得员工对人力资源外包的认同与理解。人力资源外包是一种变革，当企业多数员工不愿做出改变，或员工对人力资源外包有极强的抵制情绪时，外包效率将大幅下降，所以应及时加强开导。其次，企业应与人力资源外包商密切沟通，发现问题并及时解决，采取因地制宜的措施，弹性处理人力资源业务。定期审查外包商履行义务情况的报告，对报告的准确性和协议执行状况做出有意义的评价，定期调查员工对外包商提供服务的满意度，这些措施都有利于降低来自员工抵触的风险。

（八）职业安全与健康风险应对

生产规模的扩大和集约化程度的提高，对企业的质量管理和经营模式提出了更高的要求。如今，越来越多的企业增加在员工职业安全与健康管理方面的投入，建立和完善职业安全与健康管理制度，以有效降低职业安全与健康事件的发生。

1. 明确企业和员工的责任与权利

根据《职业健康安全管理体系要求及使用指南》，企业和员工都有相应的责任与权利。如企业有义务提供“一个没有公认的危险因素的工作场所”，分析与识别职业安全与健康的风险因素，并对其进行风险管理与控制。员工有责任遵守相应的职业安全和健康管理标准，遵守企业制定的安全与健康规定，并及时上报危险情况。

2. 编制危险控制计划

根据职业安全的危险程度，企业应采取相应的控制措施。常见的控制措施有以下五类（见表 10-3）。

表 10-3　编制危险控制计划

危险程度	措施
可忽略的	无须采取措施且不必保持记录
可容许的	不需另外的控制措施，需要监控来确保控制措施得以维持
中度的	努力降低危险，但要符合成本-效益原则
重大的	紧急行动，降低危险
不可接受的	只有当危险已降低时，才能开始或继续工作，为降低危险不限成本。如果以无限资源投入也不能降低危险，则不许工作

3. 加强职业安全与健康培训

作为服务性企业，多数旅行社、酒店、旅游景区等都非常重视旅游者的安全与健康，但却忽略了员工的安全与健康问题。要强调“居安思危”，强化企业的风险意识，提高管理者的安全意识，培养员工的安全防护意识。要求全体员工参加全过程、全方位的安全培训，做好员工的安全防护，提高员工防范和处理风险的能力，才能从源头上保障职业安全与健康。

知识活页　职业健康安全管理相关法规

第三节　旅游人力资源风险管理

人力资源风险作为一种资源风险，不仅像一般的资源一样存在短缺风险、积压风险、流失风险，还具有特殊的、专有的风险，如增值风险、保密风险、竞争风险等，而且这些风险存在于日常的人力资源管理工作中。旅游企业在经营管理过程中，应关注人力资源风险的防范与管理。

一、旅游人力资源风险管理的特征

（一）波动性

旅游产业是高度环境敏感性行业，极易受到外部突发事件的影响。2020 年新冠肺炎疫情使旅游业受到重创，很多企业处在基本停业的状态；旅游企业出现大规模的裁员与转岗，从业人员工资大幅缩减。在这场空前的行业危机面前，只有管理者审时度势，合理进行人员安排，才能在行业逐步复苏过程中，及时保障人员供给。

（二）脆弱性

旅游企业的基层员工具有年轻化、高流动的特点，敬业度与忠诚度较低，需管理者给予更多的人文关怀，培养其职业兴趣与奉献度。随着职位的提升，旅游企业高管的收入上升幅度较高，但是许多年轻人并不能从最辛苦的基层工作中坚持下来，只有通过职业生涯规划和企业高层管理者的示范与激励，才能留住优质的旅游人力资源。

二、旅游人力资源风险管理存在的问题

（一）人力资源风险防范意识薄弱

目前，旅游企业缺乏风险管理的相关文化。管理者对人力资源风险的认知程度较低，风险防范意识不足。在出现人力资源管理危机时，才意识到风险防控的必要性。部分管理者把企业文化建设视为“形象工程”，或错误地认为企业文化的相对稳定等同于固定，更有管理者把企业文化建设混同于思想政治工作或开展文体活动。

（二）缺少风险预警管理体系

目前，我国多数旅游企业的人力资源风险预警体系尚处于萌芽阶段，未能起到预警与防范

作用。另外，旅游企业缺乏合理的人力资源风险管理流程，在风险管控中，没有明确的管理规划，缺乏有效的反馈和监控，往往只是就事论事，停留在解决人力资源风险的具体事件的层面上。

（三）缺乏风险管理专业团队

风险管理并非只是人力资源管理者的职责，而是企业内各部门的共同责任。因为人力资源风险种类繁多，一个有效的风险管理团队应该由高层管理人员和各方面的优秀人才组成。这些人才在企业常态时除了干好本职工作外，还应起到防范和预警企业风险的作用。目前，旅游企业拥有专业人力资源风险管理团队的比例很低，缺乏相应的专业指导。因此，在处理人力资源风险问题时缺乏足够的信心与能力。

（四）人力资源管理法律风险较突出

随着《中华人民共和国劳动法》《中华人民共和国劳动合同法》修订版的正式实施，旅游企业的劳动用工问题面临更大的风险。如钟点工、临时工多从事清洁、厨工等岗位，未签订劳动合同，存在着用工的随意性和不连续性。部分旅游企业未按国家规定给员工办理社会保险，或未按规定支付试用期工资，诸如此类的情况都可能引发劳动争议与纠纷。

三、旅游人力资源风险管理的对策建议

（一）提高人力资源风险管理意识

旅游企业管理者应确立风险意识，建立风险管理文化。通过调查研究与汇总分析，了解人力资源风险的产生规律与方向，做好风险隐患预警。加强管理，建立合理制度，避免和减少人力资源风险。塑造机制，有效监控，提高企业应变人力资源风险的综合能力，减少企业和员工的损失。

（二）建立人力资源风险预警管理体系

建立风险预警管理体系能使企业时刻关注变化，防患于未然，减少企业的损失。从采集信息到风险监测、状态分析、判断、选择工具、管理的实施与评价等一系列的程序为企业管理者提供决策依据。目前，我国的风险管理专业服务市场尚不发达，但已有一些管理顾问和咨询公司注意到这一商机，推出风险管理项目。因此，有能力的企业可以自建风险预警管理体系，而能力不够的企业可聘请管理顾问和咨询公司来建立风险预警管理体系。

（三）健全人力资源风险管理流程

人力资源风险管理必须遵循一定的流程。一般分为风险的识别、评估、防范、协调等环节。风险识别是风险管理的基础，是对企业面临的尚未发生的各种风险进行系统分析的过程。常用的分析方法有文件审查法、脑力激荡法、专家匿名问答法、专家访谈法、检查清单法、鱼骨图、矩阵分析法等。风险评估是指运用定量分析方法对特定风险发生的可能性或损失范围进行估计与衡量。常用的风险管理与统计工具有失效模式与应变计划、风险评估矩阵表、风险指数计算法、假设检验、失效树分析、决策树分析等。风险管控则包括风险回避、风险转移、风险减轻等方法，工具包括危机处理机制、管制计划等。

（四）建立人力资源管理信息系统

信息不对称是导致人力资源风险的关键原因。为减少信息不对称，加强监督、管理与考评，建立和完善人力资源信息管理系统尤为重要。人力资源信息的内容包括企业内外部的信息。其中，内部信息包括在职与离职人员信息、员工工作动态跟踪信息、人才储备信息等。企

业可通过这些信息及时了解员工情况，发现并处理可能存在的问题。系统记录员工的家庭、教育、背景、知识、技能等信息，以便制定针对性的激励政策。企业的外部信息包括同业人员信息、同业人才需求信息、人才供应状况信息等。了解其他企业尤其是直接竞争对手企业的薪资福利水平，以及行业平均薪资水平，可以帮助企业更好地制定薪酬政策，防止因薪酬问题而导致的人才流失。

（五）防范人力资源各职能的风险

人力资源风险管理的主要目标是控制与处理风险，减少和避免损失，以保持企业人力资源管理活动的顺利进行，提升企业的核心竞争力。首先，在人力资源风险管理目标的指引下，借助各种方法识别风险类型、评估风险大小；其次，选择各种有效的风险管理工具进行风险控制、规避以及转嫁；最后，实施与评价风险管理。企业应建立起人力资源风险管理的预警管理体系，及时、迅速地预测、把握风险动态，以管控为内容，才能实现风险管理的目的。例如，通过详细明确的工作分析，以及科学合理的员工测试来管控招聘风险；通过制度约束、针对性的有效培训来管控培训风险；通过公开评价标准，运用合理的评价工具，制定绩效评价制度以及加强培训来管控绩效考核风险；通过建立离职审查制度，和员工签订离职竞业限制合同来管控离职风险。

本章小结

(1) 人力资源风险管理的概述。人力资源风险管理是指在工作分析、招聘与录用、职业计划、绩效考评、工作评估、薪酬福利管理、员工激励、培训开发、员工关系管理等各个环节中进行风险管理，防范各类人力资源风险的产生。人力资源风险管理具有正相关性、可控性、动态性与弱化倾向性等特点。人力资源风险可根据人力资源管理的职能、人力资源风险的已知程度、人力资源风险的来源进行分类。人力资源风险管理包括制度合规化、执行合理化、风险管理体系化、风险管理信息化四个发展阶段。

(2) 人力资源风险管理的过程。人力资源风险管理过程包括风险识别、风险分析、风险应对、风险监控四个环节。每个环节的概念、步骤与方法各不相同。

(3) 人力资源各职能的风险分析。对员工招聘风险、人事决策风险、员工培训风险、绩效考评风险、薪酬管理风险、人事变动风险、人力资源外包风险、职业安全与健康风险八个部分分别进行分析。

(4) 人力资源各职能的风险应对。从员工招聘风险、人员配置风险、员工培训风险、绩效考评风险、薪酬管理风险、人事变动风险、人力资源外包风险、职业安全与健康风险等方面提出人力资源风险的应对策略。

(5) 旅游人力资源风险管理的特征、存在的问题与对策建议。旅游人力资源风险管理具有波动性与脆弱性的特点。旅游企业存在人力资源风险防范意识薄弱、缺少风险预警管理体系、缺乏风险管理专业团队、人力资源管理法律风险较突出等问题，可从提高人力资源风险管理意识、建立人力资源风险预警管理体系、健全人力资源风险管理流程、完善人力资源管理信息系统、防范人力资源各职能的风险等方面采取应对措施。

思考与练习

1. 什么是人力资源风险管理？
2. 结合实例分析人力资源管理风险管理的重要性。
3. 简述人力资源风险管理的过程。
4. 试结合实例谈谈人力资源各职能的风险应对。

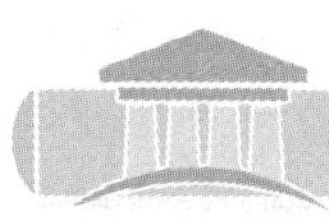

案例分析

海底捞赢了吗？

2017年8月25日，海底捞发生了一起重大危机事件。事情经过如下。

8月25日11:00，《法制晚报》记者几经暗访后报道，在海底捞的后厨发现，有老鼠爬进装食品的柜子，扫帚、簸箕、抹布与餐具一同清洗，洗碗机内部肮脏不堪，顾客用过的漏勺被拿来掏下水道。海底捞瞬间成为众矢之的。

8月25日14:46，海底捞发出致歉信，正式承认媒体披露的问题属实，表示“感到非常难过和痛心，也十分愧疚”。报道一出，海底捞的形象迅速崩塌。

8月25日17:16，海底捞继续发出关于这起事件的处理通报，正式宣布北京劲松店、太阳宫店停业整改。通报关键词为：“这锅我背”“这错我改”“员工我养”。

8月25日18:00，对于海底捞危机事件的网上评论的风向出现明显改变，围观者纷纷站队，理解和原谅之声汹涌而来，海底捞以瑕不掩瑜、可谅解的姿态，让局势迅速发生逆转。

8月27日15:00，海底捞官网发布《关于积极落实整改，主动接受社会监督的声明》，表示对有关部门的约谈内容全部接受；同时将媒体和社会公众指出的问题和建议也全部纳入整改措施。事发期间，线上线下的消费者或者非消费者竟然形成了几个阵营，有人大失所望，有人愤恨难平，有人忠诚维护，有人大度宽容。

海底捞本次的危机事件给我们提供了一次观察企业、理解风险管理的真实案例。坦率来讲，海底捞的危机处理是成功的。这个领衔中国餐饮业的知名品牌在危机出现后，守住了一个“诚”字，以令人措手不及的“好态度”，不抵赖、不狡辩，迅速、坦诚，在三小时内化险为夷。前后抡起了“三板斧”：第一招，及时发出致歉信，表明态度；第二招，处理通报，关停涉事的两家店，彰显行动；第三招，发布接受约谈和监督的声明，再次强调态度，突出行动。三招过后，及时制止了负面信息的扩散，态度深入人心，招招入骨。难怪海底捞能够转移危机核心，成为危机处理的新样板。海底捞危机处理的成功得益于三点，三大因素缺一不可。首先，采取了正确的危机处理原则和方法；其次，遇到了对于食品安全不太苛刻的善良的中国消费者；最后，遇到了对于食品安全同样还没有那么苛刻的宽容的政府监管者。

在网上的一片呼声中，海底捞被抬上了管理典范的神坛。有人说，海底捞又赢了，不仅赢回了客户的芳心和对品牌的忠诚度，还树立了危机处理的榜样。从危机处理角度看，对于本次危机事件来说，海底捞的处理是成功的。可是，海底捞真的赢了吗？其实不然，海底捞要想持续赢下去，就要对包括食品安全在内的各种风险进行控制，否则，终有可能从神坛跌落。究其根本原因，还是需要从全面风险管理的视角深入剖析。对于企业管理而言，首先应认识到风险的存在，以实际行动杜绝已知风险。案例中，对于海底捞后厨的卫生事件而言，其从一开始就未认识到卫生对于餐饮企业的重要性，得益于后续的及时处理，才未给企业造成巨大的损失。因此，在风险认识方面，海底捞还有待改进。希望通过此次危机事件，让海底捞意识到全面风险管理的重要性。

（资料来源：根据相关资料整理。）

问题：

1. 海底捞存在的重大风险是什么？
2. 你对海底捞此次的危机事件有何看法？

参考文献

References

[1] 加里·德斯勒.人力资源管理[M].刘昕,译.14版.北京:中国人民大学出版社,2017.
[2] 彭剑锋.人力资源管理概论[M].3版.上海:复旦大学出版社,2019.
[3] 谢礼珊.旅游企业人力资源管理[M].2版.北京:旅游教育出版社,2014.
[4] 严伟,戴欣佚.旅游企业人力资源管理[M].上海:上海交通大学出版社,2009.
[5] 郝树人,朱艳.旅游企业人力资源管理[M].大连:东北财经大学出版社,2004.
[6] 肇静玮,陈畅.旅游人力资源管理[M].2版.北京:电子工业出版社,2018.
[7] 潘泰萍.工作分析:基本原理、方法与实践[M].上海:复旦大学出版社,2011.
[8] 萧鸣政.工作分析的方法与技术[M].4版.北京:中国人民大学出版社,2014.
[9] 褚倍.酒店人力资源管理——理论实践与工具[M].武汉:华中科技大学出版社,2017.
[10] 罗旭华.酒店人力资源开发与管理[M].2版.北京:旅游教育出版社,2016.
[11] 李志刚.酒店人力资源管理[M].重庆:重庆大学出版社,2016.
[12] 沈雁飞,余世勇.旅游景区人力资源管理[M].北京:旅游教育出版社,2012.
[13] 任巍.人力资源管理[M].北京:机械工业出版社,2011.
[14] 中国就业培训技术指导中心.企业人力资源管理师(三级)[M].3版.北京:中国劳动社会保障出版社,2014.
[15] 闫飞龙.人力资源管理[M].北京:中国人民大学出版社,2018.
[16] 罗旭华.酒店人力资源管理[M].北京:机械工业出版社,2012.
[17] 庄军,伍剑琴.酒店人力资源管理[M].广州:广东旅游出版社,2012.
[18] 吴应利,刘云,翟俊.旅游企业人力资源管理[M].北京:中国旅游出版社,2016.
[19] 邹晓.旅游饭店员工培训效果评估研究[D].镇江:江苏大学,2009.
[20] 董克用.人力资源管理概论[M].4版.北京:中国人民大学出版社,2015.
[21] 葛玉辉.人力资源管理概论[M].3版.北京:清华大学出版社,2013.
[22] 周亚庆,黄浏英.酒店人力资源管理[M].北京:清华大学出版社,2011.
[23] 尹振菲.人力资源管理中薪酬管理的作用分析[J].经营管理者,2016(25).
[24] 李兴军,徐文胜.人力资源管理[M].北京:中国人民大学出版社,2017.
[25] 陈彦章,戴翔玉,焦艳丽.旅游人力资源管理[M].北京:电子工业出版社,2013.
[26] 李新建,孙美佳.[M].北京:中国人民大学出版社,2015.
[27] 王长城,关培兰.员工关系管理[M].武汉:武汉大学出版社,2010.
[28] 吕宛春,赵书虹,罗江波.旅游企业跨文化管理[M].天津:南开大学出版社,2009.
[29] 余建年.跨文化人力资源管理[M].武汉:武汉大学出版社,2007.

[30] 胡军.跨文化管理[M].广州:暨南大学出版社,1995.
[31] 陈晓萍.跨文化管理[M].3版.北京:清华大学出版社,2016.
[32] 李燕萍,李锡元.人力资源管理[M].2版.武汉:武汉大学出版社,2012.
[33] 张满林,周广鹏.旅游企业人力资源管理[M].北京:中国旅游出版社,2019.
[34] 王娜娜.跨国酒店在华实施跨文化管理研究[D].济南:山东师范大学,2010.
[35] 万君宝.西方跨文化管理研究的层次分析与时间演进——文献综述[J].上海财经大学学报(哲学社会科学版),2007(4).
[36] 王朝晖.跨文化管理[M].北京:北京大学出版社,2009.
[37] 田明华,陈建成,王自力.企业重组中的文化冲突、文化特征和文化整合[J].科技与管理,2000(1).
[38] 陈弘.企业跨国并购中的文化冲突与整合[J].求索,2006(7).
[39] 杨柳,尹雪梅.企业跨国经营中跨文化管理策略研究[J].求索,2010(9).
[40] 龚友国,戴斌.旅游企业国际化及其运作研究[J].财贸研究,2000(6).
[41] 罗帆,朱新艳.人力资源风险管理[M].北京:科学出版社,2016.
[42] 程向阳.人力资源操作与风险规避指引手册[M].2版.北京:北京大学出版社,2011.
[43] 乔继玉.人力资源管理与风险防范实用工具大全[M].北京:化学工业出版社,2016.
[44] 向佐春.试论西方人力资源管理思维方式的沿革——从线性思维到复杂性思维[J].南开管理评论,2000(5).
[45] 刘大卫.绩效考核的风险防范及其危机处理[J].中国人力资源开发,2007(2).

教学支持说明

为了改善教学效果，提高教材的使用效率，满足高校授课教师的教学需求，本套教材备有与纸质教材配套的教学课件(PPT 电子教案)和拓展资源(案例库、习题库视频等)。

为保证本教学课件及相关教学资料仅为教材使用者所得，我们将向使用本套教材的高校授课教师免费赠送教学课件或者相关教学资料，烦请授课教师通过电话、邮件或加入旅游专家俱乐部 QQ 群等方式与我们联系，获取“教学课件资源申请表”文档并认真准确填写后发给我们，我们的联系方式如下：

地址：湖北省武汉市珞喻路 1037 号华中科技大学出版社有限责任公司营销中心

邮编：430074

电话：027-81321902

传真：027-81321917

E-mail：yingxiaoke2007@163.com

旅游专家俱乐部 QQ 群号：758712998

旅游专家俱乐部 QQ 群二维码：

群名称:旅游专家俱乐部5群
群　号:758712998

教学课件资源申请表

填表时间：________年____月____日

1. 以下内容请教师按实际情况写，★为必填项。
2. 相关内容可以酌情调整提交。

<table>
<tr><td rowspan="2">★姓名</td><td rowspan="2"></td><td rowspan="2">★性别</td><td rowspan="2">□男 □女</td><td rowspan="2">出生
年月</td><td rowspan="2"></td><td>★ 职务</td><td colspan="2"></td></tr>
<tr><td>★ 职称</td><td colspan="2">□教授 □副教授
□讲师 □助教</td></tr>
<tr><td>★学校</td><td colspan="3"></td><td>★院/系</td><td colspan="4"></td></tr>
<tr><td>★教研室</td><td colspan="3"></td><td>★专业</td><td colspan="3"></td><td></td></tr>
<tr><td>★办公电话</td><td colspan="2"></td><td>家庭电话</td><td colspan="2"></td><td>★移动电话</td><td colspan="2"></td></tr>
<tr><td>★E-mail
（请填写清晰）</td><td colspan="5"></td><td>★QQ 号/微
信号</td><td colspan="2"></td></tr>
<tr><td>★联系地址</td><td colspan="5"></td><td>★邮编</td><td colspan="2"></td></tr>
</table>

★现在主授课程情况		学生人数	教材所属出版社	教材满意度
课程一				□满意 □一般 □不满意
课程二				□满意 □一般 □不满意
课程三				□满意 □一般 □不满意
其　他				□满意 □一般 □不满意

教 材 出 版 信 息		
方向一		□准备写 □写作中 □已成稿 □已出版待修订 □有讲义
方向二		□准备写 □写作中 □已成稿 □已出版待修订 □有讲义
方向三		□准备写 □写作中 □已成稿 □已出版待修订 □有讲义

请教师认真填写表格下列内容，提供索取课件配套教材的相关信息，我社根据每位教师填表信息的完整性、授课情况与索取课件的相关性，以及教材使用的情况赠送教材的配套课件及相关教学资源。

ISBN（书号）	书名	作者	索取课件简要说明	学生人数 （如选作教材）
			□教学 □参考	
			□教学 □参考	

★您对与课件配套的纸质教材的意见和建议，希望提供哪些配套教学资源：